企业组织惯性对组织变革的作用机制研究

Research on the Function Mechanisms of Enterprise Organizational Inertia on Organizational Change

秦　铮◎著

经济管理出版社
ECONOMY & MANAGEMENT PUBLISHING HOUSE

U0671361

图书在版编目（CIP）数据

企业组织惯性对组织变革的作用机制研究/秦铮著．—北京：经济管理出版社，2020.9
ISBN 978 - 7 - 5096 - 7430 - 7

Ⅰ．①企…　Ⅱ．①秦…　Ⅲ．①企业管理—组织管理学—研究　Ⅳ．①F272.9

中国版本图书馆 CIP 数据核字（2020）第 158465 号

组稿编辑：申桂萍
责任编辑：宋　佳　申桂萍
责任印制：黄章平
责任校对：王淑卿

出版发行：经济管理出版社
　　　　　（北京市海淀区北蜂窝 8 号中雅大厦 A 座 11 层　100038）
网　　址：www. E - mp. com. cn
电　　话：(010) 51915602
印　　刷：唐山昊达印刷有限公司
经　　销：新华书店
开　　本：720mm × 1000mm/16
印　　张：13.25
字　　数：251 千字
版　　次：2020 年 10 月第 1 版　　2020 年 10 月第 1 次印刷
书　　号：ISBN 978 - 7 - 5096 - 7430 - 7
定　　价：58.00 元

·版权所有　翻印必究·

凡购本社图书，如有印装错误，由本社读者服务部负责调换。
联系地址：北京阜外月坛北小街 2 号
电话：(010) 68022974　　邮编：100836

前　言

当前，人类已经进入第三次工业革命时代，新技术、新能源的不断出现带动企业不断改变自身的管理模式、运行方式和组织形式等，企业如何不断变革以适应环境变化，成为理论界和实业界共同关注的焦点。但由于组织变革面临着许多障碍，变革失败率长期居高不下，从而形成了"不变革等死，变革找死"的局面。理论研究表明，组织变革的障碍多与组织惯性有关，但是，组织的平稳发展亦离不开组织惯性的作用，那么组织惯性究竟会对组织变革产生什么样的影响，企业怎么样才能成功实施变革并实现持续发展？这就是本书研究的问题之所在。

为此，必须揭开组织惯性对组织变革作用机制的秘密，所以本书所关注的核心研究问题是：企业的组织惯性对组织变革的作用机制是怎样的？它包含以下几个子问题：第一，组织惯性对组织变革的影响是否是两面的？或者说，组织惯性是否具有双重属性？第二，如果组织惯性存在双重属性，那么各自的属性中包含哪些因素？第三，组织惯性如何导致了组织变革或不变革的效果？负面的作用机制是怎样的，正面的机制又是怎样的？

为了解决以上问题，本书主要研究了以下几方面的内容：第一，研究了组织惯性的属性；第二，研究了组织惯性的因素分解；第三，研究了组织惯性对组织变革的作用路径；第四，研究了变量间关系，验证和修正了模型与假设。本书主要采用了量化的实证研究方法，通过问卷调查的方式获取数据，然后进行分析，经由分析结果最终得到以下结论：

第一，组织惯性具有两重属性，既有僵化性，又有动态性。僵化惯性对组织变革具有负面作用，而动态惯性对组织变革具有正面作用。

第二，僵化惯性对组织变革的负面作用遵循僵化惯性—路径依赖—组织变革的作用机制，即僵化惯性导致产生路径依赖，而路径依赖阻碍组织变革。其中僵化惯性包含惰性、刚性、抗性三个要素，僵化惯性越强，组织变革的可能性越小。

第三，动态惯性对组织变革的正面作用遵循动态惯性—资源拼凑—员工承诺—组织变革的机制，即动态惯性促进资源拼凑行为的发生，而资源拼凑有利于提高员工承诺，员工承诺又促进了组织变革的成功实施。动态惯性由动量和惯例两个要素构成，动态惯性利用得越好，组织变革的可能性越大。

第四，企业外部网络关系有利于缓解企业发展路径的锁定，企业群体可以带动企业个体的发展变革。员工承诺是企业个体实施组织变革的重要一环，组织变革的实施必须激发员工的积极作用。

第五，动态惯性本质上就是一种快速变化的惯性，可在重复迭代中达到短期惯性促进长期变革的效果。它有利于促进组织变革的发生，企业可以通过对组织动量和惯例的充分利用来实现成功变革，以破解"不变革等死，变革找死"的难题。

目　录

第一章 导论

本章主要介绍了本书研究的总体情况，第一节介绍研究的现实背景和理论背景，并由此提出研究问题；第二节规划和安排研究内容以及结构章节，继而提出研究的理论意义和实践意义；第三节提出研究所用的研究方法，并规划研究的技术路线。

第一节 研究背景与问题提出

一、研究背景

（一）现实背景

纵观人类工业化历史，我们经历过两次工业革命：以蒸汽技术为动力基础，以煤炭为能源基础的第一次革命——以"纺纱机"的应用为标志实现了工业生产从手工作坊向工厂制的转变；以电力技术为动力基础，以石油为能源基础的第二次革命——以"福特流水线"的发明应用为标志实现了公司制大规模生产。从以往的历史不难看出，每一轮新技术的出现都会带动新能源的开发利用，而新能源和新技术的结合引发工业生产方式的巨变，最后改变人们的生活方式，影响全社会。也就是说，科技革命引发能源革命，二者结合推动工业革命，最后彻底改变人类的生产方式和生活方式。

当前，信息技术的飞速发展以及清洁能源的逐步崛起正在把人类推向第三次工业革命的高潮。在信息技术的发展史上，先后出现了以计算机为主（1985 年以前）和以互联网为主（2005 年以前）的重大技术变革，它们深刻地改变了社会生产方式、生活方式和企业管理方式，如今我们同样正在经历着以"大、智、移、云"为代表新的重大技术变革（王钦，2014；邬贺铨，2016），出现了一系列的新技术和新材料，例如，大数据、云计算、移动互联网、物联网、3D 打印、区块链、人工智能、石墨烯、能源互联网等，从本质上讲，这些技术变革代表的是"机器算法的跃进""更大规模的互联"以及"材料和能源的突破"，它们同样会给企业带来重要的影响，甚至会催生全新的企业组织形式。而在这些通用技术基础之上的破坏性创新层出不穷，新产品、新服务加速涌现，企业稍有不慎就有可能全面颠覆。

在这样的现实背景下，企业如何避免被淘汰，实现持续成长，成为一个重要的问题。企业要想跟上时代变化，自身就必须做出改变并不断变革，因而众多企业把关注焦点转到了组织变革之上。然而现实中，企业进行组织变革的失败率却高居不下，以至于业界流传着"不变革等死，变革找死"的说法，可见组织变革并非易事。究其原因，是因为组织内部存在着僵化的问题，组织提供的产品和服务与客户的精准需求之间存在着无法逾越的障碍（王钦，2016）。组织僵化使得组织变革困难重重，如何克服僵化问题，实现组织变革和持续发展，成为企业面临的现实困难。

（二）理论背景

在理论界，学者认为，在复杂、多变的环境下，企业应该不断自我变革以跟上日益变化的时代需求。

克里斯坦森（2014）提出了颠覆式创新理论（有时也叫"破坏性创新"或"突破式创新"）。他认为，企业面临的被破坏性技术颠覆的可能性越来越多，由于破坏性技术在出现伊始往往不引人注目，也不能带来较大利润，甚至还会遭受失败，因而会麻痹成功的管理经验，成功企业内部所蕴含的强大力量往往阻碍自己开发破坏性技术或进行破坏性创新。但由于破坏性技术的潜力和成长速度是巨大的，经过足够的投入和产品性能提升之后，破坏性技术通常能够颠覆原有的市场[1]。正如历史上数码技术曾经颠覆胶卷技术一样，当下正在兴起的众多新科技潜藏着颠覆性效果，例如，电动汽车对化石燃料汽车的颠覆也是不可逆转的趋势，由此汽车制造企业不得不考虑进行变革以适应环境变化。

在破坏式创新理论的基础上，唐斯和纽恩斯（2014）提出了大爆炸式创新理论。他们认为，某种创新从诞生之时起，就比其他竞争产品和服务的质量更优、价格更低，它能够在破纪录的短时间内撼动成熟行业，使之迅速倾塌，这就是所谓"爆炸"的直观含义。大爆炸式创新理论比破坏式创新理论更进一步，因为它认为新技术带来的颠覆不仅可以是低端颠覆高端（这是克里斯坦森主要探讨的情况），还可以是高端颠覆低端或者平行颠覆，总之颠覆可以从"四面八方"涌来。大爆炸式创新者往往不会遵循传统的竞争规则，也不会分析主流产品，甚至不会把在位企业视为竞争对手，而只是抓住用户需求[2]，向市场推出新的产品和

---

① 市场颠覆是指新产品代替了市场上的主流产品，或者是占领了主流市场。

② 在互联网时代，"用户"和"顾客"不是同样的概念，"用户"更多地强调的是一种和企业的高度互动关系，用户是有名的，注重个人体验，而"顾客"仅仅是一种交易关系，是无名的。

服务，把用户吸引到全新的业务上来。为了不被颠覆，企业有时不得不进行自我颠覆，这就是组织变革受到重视的原因。

查尔斯·汉迪（2017）提出了第二曲线理论，认为企业（包括个人）应该不断向自己发出挑战，在走向成功的巅峰之前进行转轨，以免最终坠入低谷，即所谓的自我颠覆、二次重生。第二曲线是相对于传统的"S型曲线"或叫"第一曲线"而言的，如图1-1所示，企业如果持续在某项产品上追加投资，产品销量虽会不断增加，但最终会达到某一点，之后不可避免地下降，企业从不断增长至巅峰到逐渐跌入谷底的成长轨迹，看起来就像字母S一样。为了避免这种衰败现象，企业就必须主动寻找第二曲线，创造二次成长。实现二次增长的关键在于，企业必须在第一曲线到达巅峰之前就开始开展新业务并实现增长，这一方面是为了保证企业有足够的实力（财力和时间）去探索二次增长，另一方面也保证了在第一次增长衰败时第二次增长能及时引领发展，如此反复，再实现第三次、第四次甚至无数次的增长。企业能否敢于自我改革，能否找准变革时机，就决定了企业是否能够实现持续成长。

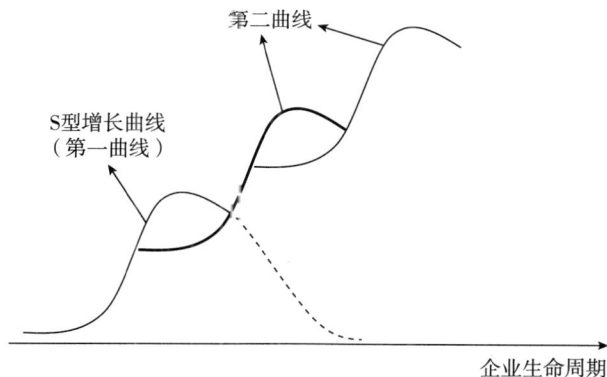

图1-1 实现企业持续成长的第二曲线

资料来源：［英］查尔斯·汉迪. 第二曲线：跨越"S型曲线"的二次增长［M］. 北京：机械工业出版社，2017.

技术变革给企业带来的就是更多的颠覆，要么自我颠覆，要么被他人颠覆。面对市场需求多变、行业界限不清晰、信息更新速度快的新形势、新环境，不确定性急剧增加，企业的竞争优势不是主要来自巧妙的市场定位、提供擅长的产品与服务，以及扩大规模这些"第一级能力"，而是主要来自不断适应新环境的"第二级能力"，即"适应力"，企业不应该只是擅长做一件事，而是必须擅长做全新的业务（Reeves和Deimler，2011），擅长进行自我变革。

二、问题提出

前文已经提到，组织变革的失败率实际上是较高的，在很多时候企业并非不想变革，而是担心变革效果并不理想，甚至比预期还要糟糕，而且变革受挫或失败的案例要比成功者更多、更常见（陈麒，2011）。那么，导致组织变革失败的原因是什么？

理论界的研究表明，企业的组织变革过程充满着很多阻碍因素。第一，不确定性。未来是不确定的，组织变革后要达到的状态难以把控，这种不确定的状态给组织成员带来不安全感，从而排斥变革，继而想保有现存状态（邸杨和孙聘，1998；王玉峰和杨多，2014）。第二，利益损失。组织变革一旦进行，将会导致利益的再分配，组织成员倾向于进行权衡，避免自己的利益受损，从而对变革进行抵制（陈春花和张超，2006）。第三，冲突和混乱。发起变革后，组织内部出现一定程度的混乱，角色和职责不清晰，过渡状态持续时间过长而致最终偏离预期，导致失败（Oreg 等，2011）。

这些阻碍因素虽不全面但极其有代表性，经过深入挖掘和追踪可以发现，它们与组织惯性有着紧密的联系，经常被学界归于组织惯性中统而论之，组织惯性与组织变革之间有着不可分离的联系。甚至有学者认为，组织惯性是依附于组织变革而存在的，只有当组织变革时惯性才能显现，否则就是隐藏而不可认知的（吕一博等，2016），足见二者的关系紧密。

对组织惯性的认识，传统观点认为惯性对组织是有害而无利的，原因在于惯性导致企业创新不足（姜春林等，2014），不想变革、不能变革或变革失败（Godkin 和 Allcorn，2008；Le Mens 等，2011），以及担心最终企业绩效的损失（Nedzinskas 等，2013）。但也有一些观点认为，组织惯性对组织的健康发展是必需的，因为组织惯性为组织提供了稳定的效率来源，稳定性和工作效率对于企业生存是必不可少的（Hannan 和 Freeman，1984；白景坤，2017）。

实际上，深入地分析以往的研究会发现，组织惯性对组织的变革和发展存在着双重属性，既有有利的一面，也有不利的一面。从过程的角度来看，在稳定期，组织惯性实际上对组织是非常必要的，它为组织效率的提升提供了重要保证。在变革时，组织惯性对变革实施有一定的不利影响，造成一些抵制作用；但同时惯性也为变革起到了稳定器的作用，脱离了惯性的激进变革，就像拐弯的汽车失去了平衡，极易脱离轨道，从而造成混乱和失败，这就是许多变革企业走向崩溃的原因。而在变革后，企业仍要形成惯性，只不过这已经是重构之后的惯性，它要为新一轮循环做好准备。从这个角度来看，组织变革过程其实就相当于一个组织惯性的重构过程。

虽然如此，组织惯性对组织变革的影响作用仍然不够清晰，关键原因在于这个过程缺乏一个作用的传导机制。从惯性一端到变革/不变革一端，中间究竟发生了什么，这个作用机制当前无法回答，这也就是本书所关注的问题之所在了。此外，有不少研究证据显示，企业的变革很多时候是在不知不觉中完成的，一步步的累积变化最终导致了本质上的变革，而这种变革是稳定的和带有惯性的（高静美和陈甫，2013；Feldman 和 Pentiand，2003），那么，组织惯性本身是不是也可以产生变革的效果，或者说变革是否蕴生于组织的惯性之中？这也是一个十分值得探究的问题。

所以，本书所正式提出的研究问题是，企业的组织惯性对组织变革的作用机制是怎样的？这一核心设问其实包含了若干个子问题：第一，组织惯性对组织变革的影响是否是两面的？或者说，组织惯性是否具有双重属性？第二，如果组织惯性存在双重属性，那么各自的属性中包含哪些因素？第三，根据这些构成因素，组织惯性是如何导致组织变革或不变革的？负面的作用机制是怎样的？正面的机制又是怎样的？

第二节 研究内容及研究意义

一、研究内容

根据前文提出的研究问题，本书所涉及的研究内容有：

第一，研究组织惯性的属性。其目的是要搞清楚组织惯性的双重属性，首先，经由组织变革的相关文献回顾，重清组织变革所面临的矛盾，以及在这些矛盾中，惯性可能扮演什么样的角色；其次，再对组织惯性的相关文献进行回顾，尤其关注组织惯性与组织变革之间关系的研究，找到组织惯性对组织变革不利的一面是什么，有利的一面又是什么；最后，把以上内容结合起来，形成组织惯性双重属性的一个分析框架，为进一步的属性分解做准备。

第二，研究组织惯性的因素分解。目的是要搞清楚组织惯性的构成，从负、正两方面分别展开，负面的惯性代表了组织惯性僵化的一面，正面的惯性代表了惯性动态的一面。从组织惯性的研究文献中，梳理总结僵化的惯性包含哪些要素，动态的惯性又包含了哪些要素，从而使组织惯性成为一个可细化考察的变量。

第三，研究组织惯性对组织变革的作用机制。目的是构建一个路径模型，考察组织惯性对组织变革的影响是如何发挥作用的。首先要根据组织变革的相关研究，对组织变革的要素也进行解构，形成可分析的变量，这样惯性一端和变革一端都有了分析的基础；其次根据文献找到中间传导变量，与"惯性"和"变革"结合形成本书的正式模型，从负面和正面分别来构建各自的模型；最后根据模型提出相关假设，留待进一步的实证分析。

第四，分析变量间关系，验证模型假设。每个模型的具体关系都包括自变量与因变量的关系、自变量与中介变量的关系、中介变量与因变量的关系、三种变量的综合关系、调节变量的作用关系。通过中介效应检验和调节效应检验，来验证文章所提出的假设是否正确，从而判断作用机制模型是否可靠，并根据结果对模型进行修正调节，从而完成对整个问题的研究。

根据以上内容分解，本书的章节安排如下：

第一章，导论。首先介绍本书的研究背景，提出本书的研究问题，对子问题进行界定；其次分解本书的研究内容，介绍本研究的意义；最后介绍本书所用的研究方法，并设计研究技术路线。

第二章，理论回顾与文献评述。主要对相关理论的现有研究文献进行系统的梳理和总结，包括组织变革理论和组织惯性理论两大部分，了解现有研究的进展，发现现有研究的局限，最重要的是，从文献中找到本书研究的理论基础。

第三章，假设提出与模型构建。即构建组织惯性对组织变革作用机制负、正两方面的概念模型，在此基础上提出变量间关系的相关假设，最后形成一个可分析验证的实证模型。

第四章，数据获取。首先，对各变量进行测量设计，形成变量的测量量表；其次，根据测量量表制作调查问卷，用来收集数据；再次，进行预调研分析，发放和收集初始问卷，通过数据分析修改完善问卷，形成正式调查问卷；最后，发放和收集正式调查问卷，对数据进行描述统计。

第五章，组织惯性对组织变革的负面作用机制模型实证检验。根据正式问卷所搜集的数据进行一系列分析，以验证本文所提出的假设是否正确，由此对模型进行检验和修正。具体的分析包括信效度检验、验证性因子分析以及假设检验，而假设检验又包括相关分析、直接效应分析、中介效应分析和调节效应分析。

第六章，组织惯性对组织变革的正面作用机制模型实证检验。内容和分析方法同第五章，但所检验的是正面机制模型，所采用的数据是与正面机制模型变量有关的数据。

第七章，研究结论与展望。首先对实证分析结果进行详细讨论；其次报告研究的主要结论，提出理论和实践思考；最后总结研究的不足，提出未来的研究建议。

二、研究意义

(一) 理论意义

首先，本书拓展了组织惯性的理论内涵。本书中研究的基础假设就是惯性的双重属性，即组织惯性既有僵化的一面，又有动态性的一面，这相比现有文献只关注惯性的某一种属性更进了一步，也为组织惯性的要素解构提供了新的探索思路，对组织惯性的内涵有一定的扩展。其次，本书丰富了组织惯性和变革的测量评定方法。本书中采用了问卷调查法，对各种变量开发设计了测量量表，这对以往的研究是有益的补充，尤其对于组织变革，本研究提供了测量量表，这对判定组织变革与否以及变革程度的大小提供了可能性。最后，丰富了组织惯性到组织变革的机制探索，通过路径研究，试图解释中间的过程黑箱，有助于在惯性理论和变革理论之间建立更加紧密的联系。

(二) 实践意义

首先，本书有助于企业更加全面地认识组织中存在的惯性问题。很多事物都具有两面性，需要辩证看待。例如，组织内的冲突、变革的抵制、惯性的影响等都是从最初认知上的强烈反对逐渐走向接受其有利的一面，最终到辩证对待。认识更加全面就更能够扬长避短。于企业来说，这可以更好地避免惯性不利的因素，发挥和利用其有利的因素。其次，本书为企业成功实施变革提供了路径参考。本书研究了组织惯性对组织变革的作用机制，阻碍变革的路径和促进变革的路径都有一定的探索，这为企业进行变革路径选择提供了借鉴，有利于企业认清哪些因素对变革更重要，需要特别关注，并且使企业清楚哪些因素需要优先关注，哪些需要后续关注，对企业来说具有一定的指导意义。

第三节 研究方法与技术路线

一、研究方法

(一) 文献分析法

文献分析在本书研究中具有重要的作用，因为本书所提倡的模型假设主要是从现有文献的分析中拓展总结出来的，文献为本书提供了重要的理论基础。本书首先对组织变革的相关文献和组织惯性的相关文献进行了回顾总结，确定了文章的研究主题为组织惯性对组织变革的作用机制；其次，根据文献的详细梳理，组织惯性对组织变革具有不利的和有利的两方面影响，从而确定了作用机制研究上的负、正两方面机制的拆分；再次，根据现有文献对一系列概念的内涵进行了分析，包括组织变革和组织惯性的定义，以及组织惯性所可能包含的要素，即惰性、刚性、抗性、动量、惯例的含义，在充分的文献分析基础上提出了"僵化惯性"和"动态惯性"的概念；最后，依据文献的理论基础，构建了组织惯性对组织变革的作用机制模型，为后文的定量实证研究做好了理论准备。

（二）问卷调查法

采用问卷调查法的原因是本书构建了组织惯性对组织变革作用机制的理论模型，而且需要借助于数据对其进行实证检验，而本书获取这些数据所采用的方法就是问卷法。研究采用的问卷调查经过了两个阶段：第一个阶段是利用初始问卷进行预调研，利用搜集到的数据对问卷进行完善和修正；第二个阶段是利用正式问卷进行正式调研，获取用于实证分析的正式数据。在正式调研中，调查问卷通过线下纸质版问卷和线上网络版问卷两种形式进行了发放和收集，样本企业来自于全国 26 个省份，共 96 个城市，企业年限均在 2 年以上。通过问卷调查，共收集了 599 份的有效样本数据，为定量实证研究提供了有效的数据来源。

（三）定量实证法

这是本书进行数据分析和模型假设验证的主要方法，其分析包括数据预处理和正式分析两个阶段。在数据预处理上，遵循以下步骤：第一，对数据进行标准化处理；第二，评估数据质量，包括描述性统计（最大值、最小值、均值、方差等）和正态性检视；第三，进行信效度分析。在正式分析上，遵循以下步骤：第一，对各潜在变量的测量模型进行有效性检验，即对结构方程模型中的"测量模型"进行检验；第二，应用样本数据对本文提出的理论模型进行结构方程模型分析，检验"结构模型"是否成立，这样可以验证理论模型的直接效应和中介效应是否成立；第三，利用样本数据对理论模型进行层次回归分析，检验模型的调节效应是否成立；第四，根据数据分析结果对模型进行必要的调整。在本书的定量实证分析中，用到的数据分析软件有 Amos 和 SPSS 两种，前者主要用于结构方程模型分析，后者则可用于描述性统计、信效度分析、层次回归等。

二、技术路线

本研究主要分为四个研究阶段：第一阶段提出研究问题，主要根据现实背景和理论背景，从而发掘和确定本文的研究问题，对问题进行界定；第二阶段确定理论基础，主要根据文献的回顾和梳理，来找到本研究的理论支撑，推导出理论预设；第三阶段提出假设与模型，即构建概念模型，然后提出相关假设，从而形成可分析验证的实证模型；第四阶段进行量化实证研究，即收集数据并分析，以验证模型和假设。详细的技术路线示意图如图 1 - 2 所示。

提出 研究问题	-----	现实背景 → 问题提出（界定） ← 理论背景

```
┌─────────────────────────────────────────────┐
│  现实背景  →  问题提出  ←  理论背景           │
│              （界定）                         │
└─────────────────────────────────────────────┘
```

提出研究问题 ┄┄┄ 现实背景 → 问题提出（界定） ← 理论背景

确定理论基础 ┄┄┄ 文献回顾与评述
　　　　　　　　　　　组织变革相关理论　　　组织惯性相关理论

提出假设与模型 ┄┄┄

理论分析框架
对组织惯性的构成要素进行解构，形成负面、正面两方面分析的概念模型

提出假设
根据概念模型对变量间关系进行分析，提出相应的假设，包括相关关系、中介效应和调节效应

模型构建
由相关假设而形成可供检验的实证模型，负面作用机制模型和正面作用机制模型分开构建

量化实证研究 ┄┄┄

数据获取
量表设计 → 专家建议
预调研 ← 问卷设计
问卷修改 → 正式调研

数据分析
描述统计 → 信度分析
验证性因子分析 ← 效度分析
相关分析 → 假设检验

研究结论与展望

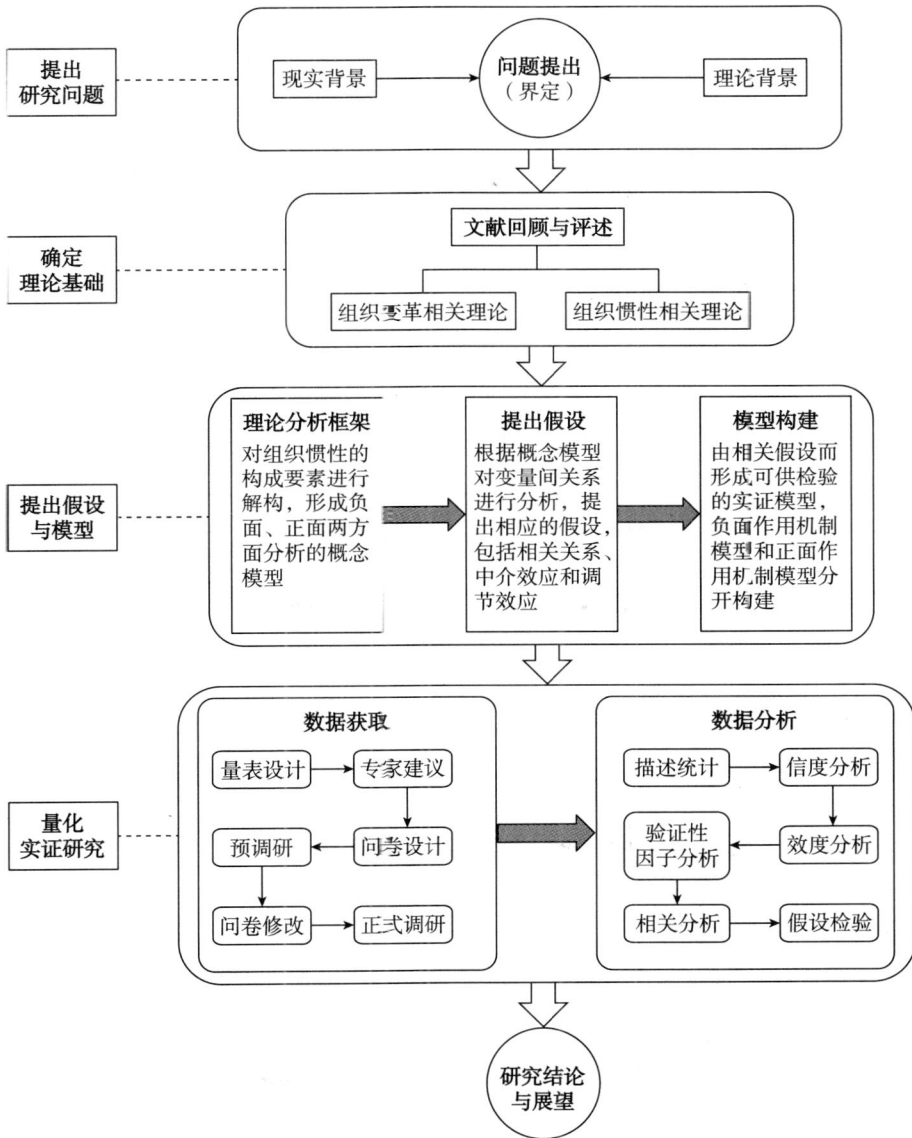

图1－2　本书中研究的技术路线

第二章 理论回顾与文献评述

本章主要对相关理论和文献进行回顾梳理，了解当前研究进展，总结现有研究的不足，并为本书中研究寻找理论基础。第一节总结梳理组织变革理论的相关研究；第二节总结梳理组织惯性理论的相关研究，包括组织惯性对组织变革的影响研究；第三节对两类研究的文献进行评述。

第一节 关于组织变革的研究

一、组织变革的含义

关于组织变革理论的研究，国外起步于 20 世纪 70 年代，国内起步于 90 年代，国外比国内早约 20 年。对于组织变革本身的含义，虽然有不少观点，但这一概念没有形成统一的认知，而且在很多情况下，组织变革被当作一个默认的概念来研究，以至于许多研究看似在研究同一个问题，实际上它们有可能在表达两个不同的概念。因此，梳理清楚组织变革的含义，找出已有研究中共同的本质意义是必要的。

借鉴前人的梳理（孟范祥等，2010），本书总结了一些国外关于组织变革的经典定义如表 2 - 1 所示。从表中可以看出，这些定义涉及以下四点：第一，把组织变革视为一个过程，牵涉各种做出改变的活动；第二，组织变革涉及一些维度，要考虑哪些维度的变化包含于变革中，哪些不在其中，但是维度不统一；第三，所有涉及的变化可以是平缓的，也可以是激烈的，它们都有可能被视为变革；第四，组织变革是一种手段，而不是目的，真正的目的在于获取绩效或竞争力等。

同样，国内也有关于组织变革的定义，本书将其整理汇总如表 2 - 2 所示。从表中可以看出，这些定义基本上也都包括国外定义的某些方面，如变革的过程性、目的性、维度等。除此之外，国内学界对此的定义很明显还有两个特点：第一，试图在定义中包揽尽可能多的信息，尤其是变革的要素；第二，强调环境的

表 2 - 1　国外文献关于组织变革的经典定义

学者及年份	组织变革的含义
Webber（1979）	由改进组织的政策结构或是改变人们的态度或行为，以增进组织绩效的行为
Dessler（1980）	旨在增进组织效能而改变组织的结构、技术或人员的方法
Michael（1982）	组织经营行为与环境变化无法协调时，组织为适应环境变化而从事的调整过程
Levy 和 Merry（1988）	组织在无法继续以惯例连续运作的情况下，为了生存而在每一组织结构上做的重大调整，包括组织使命、目标和企业文化的变革
Recardo（1991）	组织为使其成员行为与以前有所不同所做的策略调整或计划
Daft（1994）	组织变革是一个组织采用新的思维或行为模式的过程，人员的行为及态度的改变是组织变革的根本
Hill 和 Jones（1998）	企业从目前的状态到未来理想的情境，而采取的增加其竞争优势的活动，主要包括改造、流程重组和创新三种活动
Sarkar（2017）	企业产品、服务、商业模式、惯例、实践或政策的任何改变
Schweiger（2018）	从最初的刺激开始，激励组织从一种状态转移到另一种状态的过程

资料来源：孟范祥. 组织惯性对企业组织变革影响机理及系统动力学模型研究 [D]. 北京：北京交通大学，2010.

重要作用，国内学者往往认为变革是由环境变化引起的，或者是为了适应环境变化。

表 2 - 2　国内文献关于组织变革的经典定义

学者及年份	组织变革的含义
何心展和康廷虎（2004）	组织变革是一个包含了不同变革类型，其间又相互联系的动态过程
余伟萍和段桂敏（2004）	组织依据外部环境和内部情况的变化，及时调整并完善自身结构和功能，以提高其适应生存和发展需要的应变能力
张雪冰和杨忠（2006）	组织根据环境的变化，及时对组织中的要素进行结构性变革，以适应组织生存和发展的需要的过程。本质上是一种组织学习行为
逯笑微和原毅军（2008）	组织为求得持续生存和发展，因内外部环境的渐变性改变，而主动或被动采取的全局性或局部性的变革
毛忞歆和龙立荣（2009）	通过修正组织的结构、目标、技术、人员或工作任务等来改变组织内部一些不协调的状况

学者及年份	组织变革的含义
高天鹏（2010）	运用行为科学和相关管理方法，对组织的权利结构、组织规模、沟通渠道、角色设定、组织与其他组织之间的关系，以及对组织成员的观念、态度和行为，成员之间的合作精神等进行有目的的、系统的调整和革新，以适应组织所处的内外环境、技术特征和组织任务等方面的变化，提高组织效能的过程
张晓东等（2012）	为了适应新环境的变化和提升组织绩效，运用科学的管理方法对组织的规模、权力结构、角色设定、沟通渠道、组织与组织之间的关系，以及组织个体成员的理念、态度与行为、成员间的合作模式进行全面的、系统的、有目的的优化与调整
陈劲等（2012）	企业开放式创新的实施过程实际上就是组织变革的过程。组织变革就是要调整企业的组织和管理模式
刘思亚（2014）	在遭遇外界环境冲击时，组织为配合内在环境的需要而对企业流程运作重新检视和调整，以维持自身的均衡，适应外部环境的变迁
张婕等（2016）	对组织原有的生产方式与方法、价值观等重新释义与构建的一系列关键事件的有机组合
李黎（2017）	根据内外环境的变化，对组织中的各种要素进行重组的过程

综合国内外关于组织变革的含义研究，本书认为可以把组织变革界定为：企业在可操作层面上，对自身各组织要素进行改进和调整的持续过程，直到引起明显的、质变的以及适应环境的结果。这样的定义存在四个好处：首先，就是说明了"变"的程度，即要明显的和质变的，并非改动一点就属于变革；其次，隐含了变革成功与否的衡量，那就是与环境的匹配，如果不匹配预示着变革不成功，而匹配度的衡量可以根据实际情况采用不同的标准；再次，其含义的范围可大可小，因为变革的要素多与少、有序与无序、线性与非线性，以及变革行为的平缓与激烈等都是可以根据具体情况来定的，并非一种情况属于变革，另一种情况就不属于；最后，正因为这种灵活性，它有利于和其他近似概念进行对比和区分，可视研究目的进行调整。所以，从以上意义上来讲，这是一个近似"万能"的定义，不同情形可各取所需，但是其本质是确定的。

二、组织变革的研究视角

关于组织变革理论，其研究可谓纷繁复杂，众说纷纭，但是每个研究都有其基本的假设和出发点，因而归属于不同类型的研究视角或研究层次。Jacobs 等

（2013）认为，组织变革的研究可以有三个层次，分别是微观层次、中观层次、宏观层次。其中，微观层次关注于企业中人员的思想和心理活动，尤其是组织变革对接受者产生的影响；中观层次关注于组织整体，包括组织变革环境，以及组织变革如何影响制度和如何受制度影响等；宏观层面关注于组织群体，研究环境对组织群体的影响。

但实际上，这里的微观层次也可以被认为包含于中观层次中，从而把研究层次分为微观和宏观两种，Astley 和 van de Ven（1983）的研究即如此划分，事实上，他们采用了双维度划分标准，对组织变革的研究视角做出了最为系统的分类，如图 2－1 所示。他们用两个维度来区分不同的研究视角：第一个维度是研究的层次，分为微观层面和宏观层面两种。第二个维度是人性假设，分为决定论和唯意志论，决定论即认为组织人员只能被动回应，而唯意志论认为人员可以主动行动。由此形成了系统结构观、战略抉择观、自然选择观、集体行动观四种视角。

系统结构观（System－structural View）关注企业微观层面，认为组织行为是被决定的、受限制的、适应性的，企业内角色和职位具有层级安排，为了有效地实现系统功能，管理角色是反应型的，组织变革就是分解和整合角色，以使子系统适应环境、技术、规模和资源需求的变化。

	被动回应	主动行动
宏观层次	**自然选择观** 主要观点：经济环境的演进有变异、选择、保留三个阶段，企业的成长是经济环境自然选择的结果 理论体系：行业经济学、经济学历史、组织生态学等 3	**集体行动观** 主要观点：管理人员通过互动可以促进网络资源及共生环境的构建 理论体系：政治经济学、网络经济学等
微观层次	**系统结构观** 1 主要观点：企业行为是管理人员对外部环境的被动回应，变化应该归于企业对外部环境的适应调整 理论体系：系统理论、结构功能主义、权变理论等	**战略决策观** 主要观点：强调企业的主观能动性，相信企业行为能够改造外部经济环境 理论体系：行动理论、当代决策理论、战略管理理论等

图 2－1　组织变革理论的四种研究视角

资料来源：Astley W. G., van de Ven A. H. Central perspectives and debates in organization theory ［J］. Administrative Science Quarterly, 1983, 28（2）: 245－273.

战略决策观（Strategic Choice View）也关注微观层面，但它认为组织行为是构建的、自主的、制定的，企业的员工及关系被组织起来并社会化，用以服务当权者的选择和目标，管理角色是前摄型的，组织变革就是环境和结构被制定出来以体现当权者行动的意义。

自然选择观（Natural Selection View）关注宏观层面，它不再局限于单个企业内部。此类视角认为组织行为是随机的、自然的、环境选择的，外部环境竞争和承载能力预先地决定了企业生存的生态位，管理角色只能是怠慢型的，组织变革就是环境变化、选择和保留的结果，经济环境限定了组织成长的方向和范围。

集体行动观（Collective – action View）也关注宏观层面，但它认为组织行为是合理的、共同构建的、行政协商的，组织结构是由半自治的团体组成的社区和网络，他们相互影响着去修改和构建集体环境、规则和选项，组织就是进行集体控制、解放和放大个人行动，管理角色是互动型的。组织变革就是进行集体商讨、冲突、谈判，各团体相互修正以达到妥协。

在这些不同的研究视角中，其实存在着两大核心争论，其一是"结构形式—个人行动"的争论，其二是"部分—整体"的争论。"结构形式"偏向于组织结构是被决定的，组织成员可以发挥的主动作用很有限；"个人行动"偏向于人始终掌握着主动权，可以自主行动掌控局面。"部分"观偏向于从细微层面来考察问题；"整体"观更偏向于考虑较大的范围和层次。实际上，这些争论的双方都有其合理之处。实际情况通常是复杂的，各种观点融合在一起，组织既不是完全结构性，也不是完全行动性的，构成组织的人虽然可以自主行动，但是行动受限，"结构"和"行动"的互动促进了组织变化的发生。对"部分—整体"来说，在组织某一个层面上表现出的问题，在另一个层面上可能有完全不同的表现甚至是对立的，不同研究层面关注不同的问题，其参照也不同。忽略任何一面都不全面，例如，激进变革理论过分强调组织中的冲突、胁迫和破坏倾向，而忽视了这些倾向只能通过微观层次上的秩序、共识和团结来实现，也就是说，整体上规划得再好，没有局部支持也是不行的，组织内既要有冲突和破坏，也要有团结和秩序。因此，要想充分认识组织理论，就必须充分认识该领域的基本对立性。

在所有的组织变革理论中，都有一定的理论基础渊源，van de Ven 和 Poole（1995）认为，这些基础的理论渊源有四种：一是生命周期理论；二是目的论；三是辩证理论；四是进化理论。由这四个基础理论中的一个或多个，可以构建出各种各样的组织变革与发展理论。在他们的理论中，"过程"指的是事件随时间发展的排列顺序，即事件序列；"变革"是对组织实体形式、质量、状态差异的观察，是一种事件，该事件导致了前后两种状态的变化；"实体"是指个人工作、工作组、组织策略、程序、产品或整个组织；"发展"是变革的过程，即从实体开始到结束所发生的事件系列。所以，实体发生一次变化称为一个变革事件，多个变革事件组合起来称为组织发展过程，而组织发展可以是前进的（简单到复杂），也可以是倒退的（衰败）。

如图2-2所示，以变革单元为纵轴，包括单一主体和多主体两种类型；以变革模式为横轴，包括先验性的和构建性的两种类型。先验性表示的是规则都是预先决定好的，组织或个体很难发挥自身的能动作用，构建性表示的则是组织和个人可以有所作为，主动变革。由此可以分为四个象限，每个象限是一种基础理论：生命周期理论强调发展是分阶段和顺序的，前一阶段是后一阶段的前兆，事物发展有一定的内在程序，遵循着一定的规则，必须服从和适应这些程序和规则。目的理论强调一个组织实体的发展朝着一个目标或一个结束状态前进，但不规定事件顺序，它有目的地制定发展目标，在内部达成共识，由集体构建完成这一目标。辩证理论认为组织实体存在于一个多元化冲突的情境中，冲突可能来自组织内部，也有可能是组织外部，总之它强调两个及以上实体的对抗冲突，稳定和变革是对抗实体之间一个需要考虑的基本权衡。进化理论则强调事物的发展是变异、选择和保留的连续循环结果，新组织的产生是偶然的，组织的"选择"是通过竞争实现的。

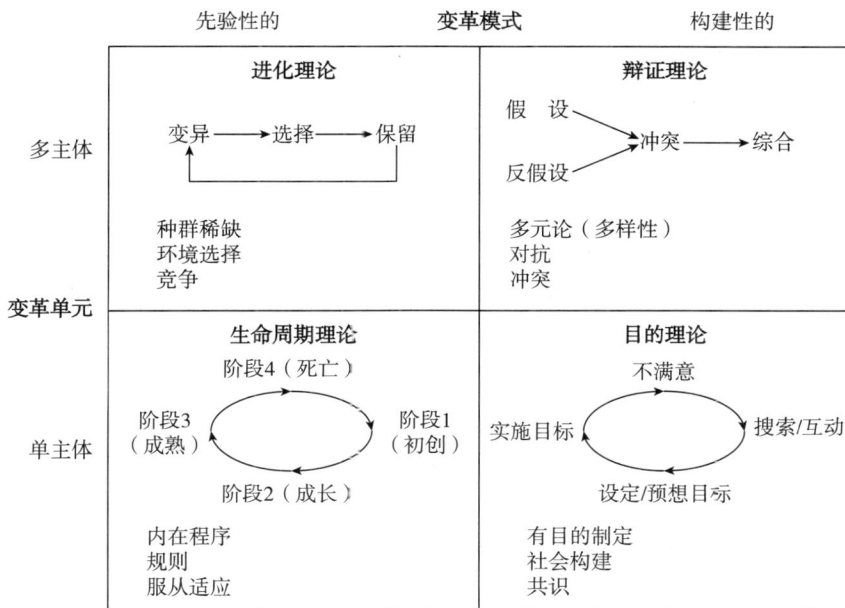

图2-2 组织发展与变革的过程理论类型集

注：箭头表示可能的事件顺序，不表示因果关系。

资料来源：van de Ven A. H., Poole M. S. Explaining development and change in organizations [J]. Academy of Management Review, 1995, 20 (3): 510-540.

如果把这四种基础理论称之为"引擎"，则任何一种组织变革和发展理论都包含这四个引擎中的一个或多个，从而单引擎理论有 4 种，双引擎理论有 6 种，三引擎理论有 4 种，四引擎理论有 1 种，一共有 15 种类型的理论。由以上研究给我们的启示是，每种组织变革的研究首先需要确定自己的视角属于哪一类型，处于整个理论系统的哪一部分，然后才能对照已有研究做出新的发展和贡献。于本书中研究而言，更多的是要关注微观层面单个企业的组织变革问题，并认为组织可以采取主动行动，但同时也会考虑在宏观层面上组织群体对组织个体所施加的影响。

三、组织变革的类型和维度

（一）变革的类型

很多关于组织变革的研究往往会对组织变革进行分类，目前已有的分类方法种类多且类型不一，其中最常见的分类方法是按照变革的程度进行划分，这里的"程度"可以是变革的速度、范围或者变革层级。由此把组织变革进行二分，最常用到的是"渐进式变革"和"激进式变革"两种。前者代表的是速度慢、范围小的组织变化，是一种长期的变化工程；后者代表的是速度快、幅度大的组织变化，是一种迅猛的突变工程。有时渐进式变革也叫作进化式变革（高天鹏，2010），激进式变革也叫作革命性变革或转型式变革（Rafferty 和 Jiemmieson，2017），转型即代表了幅度大、程度深的特征。

类似地，变革也可以分为"计划性变革"和"突发性变革"两类（Burnes，2005）：计划性变革是由企业根据发展战略有计划地发起的变革，通过发动员工参与、组建变革团队等推动；突发性变革则是一种不经意间的变革，没有计划性，但是每天都在发生微小的变化，最终突然形成大的"突发"的变革结果。可以看出，渐进式变革都具有比较好的计划性，而激进式变革都带有浓厚的突发性色彩，所以它们的分类逻辑本质上是一致的。

此外，从变革的层次上来看，可以把组织变革分为"转型变革"和"交易变革"两类（Burke 和 Litwin，1992），其中，转型变革是针对领导、文化、使命和战略的变革，是抽象层次的变革，关注于长期；交易变革针对的是制度、结构、系统（程序）、任务要求、个人技能的变革，是具体层次的变革，关注于短期。在这里，变革的概念范围较大，把转型的含义也包含在其中。

如果把变革划分得更细致一些，可以将其分为三种类型，即微调式变革、累加式变革、转型式变革（By，2005），这里的微调式变革就相当于进行一次简单的改变，而累加式变革则是持续地进行简单改进，转型式变革则相当于激进式变革。可以看出，在这种划分方式下，变革更接近于"变化"的意思，轻度变化即可视为变革发生。

在有的情况下也可以进行复合分类，即同时考虑变革的可计划性和激进程度，如图2-3所示，横轴上看变革的计划程度，分为"有计划"和"无计划"两种，纵轴上看变革的激进程度，分为"渐进式"和"激进式"两种。有计划渐进式的变革可以看作是组织的正常发展，无计划渐进式的变革可以看作是组织的进化，有计划激进式的变革可以看作是组织的转型，无计划激进式的变革可以看作是组织的重大革命（Robertson，1992；孟晓斌等，2008）。

	有计划	无计划
渐进式	发展型变革 （组织发展）	进化型变革 （组织进化）
激进式	转换型变革 （组织转型）	革命型变革 （组织变革）

图2-3　变革程度和规划程度复合分类下的组织变革类型

资料来源：孟晓斌，王重鸣，杨建锋. 企业组织变革中的动态能力多层适应性探析［J］. 外国经济与管理，2008（2）：1-8.

总之，以上所有分类方法的核心依据就在于变革是否明显、激烈，根据大量的文献其实可以看出，学界对于"什么样是变革"是有争议的，根据本章第一小节所做的组织变革定义，其实可以认为渐进的变化不能算作是变革，但渐进变化所造成的明显和深刻的变化效果就是组织变革，本文将依据这种逻辑来展开研究。

（二）变革的维度

从前文组织变革概念的讨论中我们已经得知，组织变革涉及多个维度，组织变革的效果是通过各要素的改变共同体现出来的。但当前的问题在于，组织变革究竟涉及哪些维度，这没有形成统一意见，为此，本书拟借鉴一些重要的研究文献，梳理并统计出现频率最高的变革维度，以为本书的研究提供参考和依据。

利维特（Leavitt，1989）指出，企业组织是由工作任务、组织结构、信息系统和人力资源构成的不断变化的网络，各个维度之间具有紧密的关系，任何一个维度的变化都会影响和带动其他维度的变化，它们之间环环相扣，因此组织变革就是涉及工作任务、组织结构、人员、技术四个维度变化的活动。这得到了大量学者的认可和引用。

Mintzberg 和 Westley（1992）认为，组织变革内容包括组织文化、结构、体系和流程、人员和岗位。变革从抽象到具体，从高层到底层而进行展开，或者也可能从下往上展开，但不管哪种方式，四个要素是紧密联系的，而非单独进行的。这也说明组织变革是一种连锁反应，涉及多个维度，而并非某个要素出现的变化就称为变革。

余伟萍和段桂敏（2004）认为，组织变革有四个维度，即组织流程、结构、人员、文化，这四个要素的变化并没有严格的次序限制，但它们之间不是孤立的，而是协同发挥作用。这也说明组织变革是由多种要素的变化交织而成的。

张雪冰和杨忠（2006）认为，组织变革的本质是一种组织学习行为，组织学习是组织变革的前提，因此，组织变革就是学习机制的改变，而学习机制是由企业结构、制度、文化、技术四个方面的因素共同决定的。所以，组织变革涉及这四个方面。

刘石兰（2006）提出了全面质量管理的四力变革模型，认为围绕全面质量管理而进行的组织变革包括六个方面：一是战略变革，即实施全面质量管理战略；二是组织领导变革，即改变领导方式，包括充分授权、引导持续改进；三是组织学习变革，即培育学习型组织；四是组织结构变革，即以流程为导向，构建跨职能团队；五是考核与激励机制变革，即以质量和过程为中心进行激励和考核；六是组织文化变革，即培育关注顾客、团队合作和持续改进的全面质量文化。

王学东和陈道志（2006）认为，组织的构成包括战略、活动、结构、人员、文化五个部分。其中战略是核心，活动是一种转换，结构是工作分解方式，人员是决定因素，文化是组织精神财富，因而组织变革也是这五个方面内容的变革。

刘洪（2010）认为，企业要想长久发展，必须不断创新，实施创新战略，同时建立与战略相匹配的能力，而能力的建立通过三方面的组织变革实现，即员工管理变革、组织结构变革、领导制度变革，最终建立起"人员—结构—制度"三者与战略相匹配的管理模式。

Chen 等（2018）认为，组织变革包括技术变革和行政变革，其中技术变革涉及产品、服务和流程的改变，它与基本的工作活动有关；行政变革涉及组织结构、行政程序和管理系统的改变。

王凤彬等（2018）认为，组织变革有五项内容，分别是情境响应、观念更新、模式重塑、制度优化、人性适配。情境响应就是发掘企业面临的发展难题、困境。观念更新是改变发展和管理观念，由企业家强制推行变革，破除惯性。模式是对解决某类问题的系统化方案的抽象，是从重复出现的事件中抽象出来的，模式重塑就是从新的重复事件中形成新的系统化方案。制度优化就是把模式固定下来，形成行为规范。人性适配则是通过长期的行为重复，把员工与制度相适配的内在本能激发出来，形成原动力。这五个要素有三种特性：一是时序性；二是循环性；三是要素间的互动性，这体现了一种"系统观"。

其实，有不少学者都认为组织变革的要素不是孤立的，而是互动的，不同要素的变革是一个内部高度联系的动态过程，任何一个维度的变革都将导致其他方面的变革，因此不同纬度之间的相互作用也非常重要。所以不仅需要关注单独的变革方法，而且还要有批判性的系统观，来统筹多维度间的作用关系。把变革方法和批判性系统观结合起来，就是方法论意义上的组织变革管理框架（何心展和康廷虎，2004）。

通过把以上维度观点进行频次统计（包括变革类型里出现的要素），可以得到如表 2 - 3 所示的结果。由此可以看出，组织结构、人员、文化、流程、制度五项出现的频率明显较高。这里的结构要素就是指组织的基本结构安排，人员要素指的是组织岗位和人力资源的变动，文化要素指的是企业文化的改变，流程要素则是指组织工作方式和生产流程的变动；制度要素指的是企业管理系统尤其是管理制度的改变。

表 2 - 3　组织变革要素在现有研究中出现的频次统计

变革要素	研究频次	变革要素	研究频次
组织结构	10	技术	2
人员	8	任务/工作	2
文化	7	情境	1
流程	7	观念	1
制度	5	管理模式	1
战略	4	运行机制	1

四、组织变革的阻碍因素

企业在很多时候知道需要变革，并非不想变革，而是因为变革成功的概率很低，而且就实际反馈的情况来看，变革实施效果通常比预期所想要糟糕，变革受挫或失败的案例相对于那些成功者而言更为常见（陈麒，2011）。根据麦肯锡的研究，来自多个国家的 3199 名企业领导人中，超过 2/3 的人承认，他们过去几年采取的主要变革措施并没有显著改善其组织的绩效（Bareil，2013）。此外，组织变革理论在用于实践时并不如他们描述的那样成功，真正适合管理实践的理论仍然不足（樊耘等，2011）。那么，是什么因素导致组织变革的困难？下文按照时间顺序来总结了一下，并做了一个梳理。

邸杨和孙聃（1998）分析了企业业务流程重组即流程型变革可能遭遇的抵制力量：一是组织成员有技术替代人的担忧，因此抵制引入新技术；二是管理的路径依赖导致抵制变化，因为重组会造成大的管理变化；三是变革后员工的再适应问题，即害怕不确定性和失败；四是个人利益丧失而整体利益增加，二者不协调一致；五是重组后的新管理模式面临着新的协调问题，新流程可能造成组织混乱。简言之，原因主要包含失业的担忧、路径依赖、不确定性担忧、利益损失担忧、协调成本五方面。

陈春花和张超（2006）认为，阻碍企业组织变革的因素主要有三个：第一是个体的抵制，来自于个体惰性、心理抵触、利益损失、安全感丧失等；第二是团体的抵制，来自于群体惯性、信息沟通障碍等；第三是组织的抵制，来自于组织惯性思维、部门抵触、专业化知识的改变成本、组织文化阻碍等。他们是从个体、团体和组织三个层面寻找原因的。

Oreg 等（2011）认为，组织变革会导致正常任务的混乱，使工作环境发生重大变化，产生不确定性，而不确定性会给员工带来高度的工作不安全感，这通常转化为工作压力。在这种情况下，员工倾向于通过应对策略抵制变革。他们对大量变革研究文献的综述表明，组织成员的变革反应会随时间的发展而变化，而非是静态的。这说明工作不确定性对员工所造成的压力是变革的主要障碍。

陈麒（2011）认为，制约组织变革顺利实施的真正原因是潜伏于个体和群体层面的认知刚性和组织文化刚性的冲突，而认知刚性又是嵌套在组织文化刚性当中的。文化刚性对组织变革的阻碍作用通过三个层面表现：一是个人层面，影响组织成员的价值取向和信念往往固化员工的认知、判断和行为模式；二是团体层面，团体形成共享态度和价值观，出现群体思维和一致性约束，难以接受异质思想；三是组织层面，组织记忆会弱化组织创新。可以看出，该研究强调了文化的作用，并且也认为阻碍来自个体、团体和组织整体三个层面，这里的文化刚性应属于组织惯性的范畴。

关于组织文化的作用，樊耘等（2011）认为，其并非是单一性的，组织文化既有"友好性"的一面，又有"一致性"的一面，组织文化的友好性有利于推动组织成员对组织变革的认知和行动，而组织文化的一致性会阻碍成员对组织变革的认知和行动，因此要想推动组织变革，应该追求制造一点有差异且友好的文化，但如何营造这种文化尚且无法回答。这里蕴含了一种思想，即某种因素的作用可能是双面的，阻碍组织变革的因素在某些场景下也有可能对组织发展有利，这种思想在后文关于组织惯性的文献梳理中会越发清晰。

还有的学者专门关注于组织成员因素，认为组织中的"人"才是决定变革成败的关键。大量事实证明，即便是关注了外部环境、内部结构和制度等，如果组织成员行为不受重视，变革失败是必然的（王玉峰和金叶欣，2013）。尤其是数量最多的普通员工，员工因素发挥不好，主要是因为员工感觉到变革的压力，而压力又主要来源于不确定性，所以员工对变革的"不确定性"认知是阻碍变革的关键力量（王玉峰和杨多，2014）。

但是，对于组织变革的抵制力量，也并非都是有害的，部分学者对于文化的研究已经体现出了这一思想，Bareil（2013）明确指出，对于组织变革抵制力的理解存在着两种范式，传统范式认为变革抵制力是一种不好的因素，需要克服或消除；而现代范式认为变革抵制力是一种宝贵的资源，这种抵制行为其实是一种反思和反馈，是为了更好地理解、调整和改进变革举措。面临员工抵制，企业首先应该使用现代范式来处理抵制，只有当这些策略没有导致明显变化时，才应该考虑质疑、改变或放弃变革本身，或者改变特定策略。在现代范式下，常用的策略是可以与员工沟通，倾听和理解他们的异议，也可以通过公开讨论或访谈，关注反对者的观点，帮助解决他们的担忧，从而排除障碍。这样的抵制作用，其实可以让组织更加"冷静"，及时发现问题并解决，以免变革走偏轨道。

Mathews 和 Linski（2016）也提出组织变革阻力的两种理解范式：传统消极范式认为员工抵制是异常行为和顽固问题，是管理者必须根除和全力解决的问题，只有这样组织变革才能取得成功。现代积极范式认为，员工其实并没有抵制变革，只不过是由于各种障碍而没有完全理解和接受变革，管理者应该聚焦于这些"障碍"，而不是坚决打击抵制行为。这些障碍包括对未知的恐惧、对变革认识的不充分、对可能影响个人的不良后果的担心等。个人内在能力障碍有三种：认知障碍（如知识欠缺）、心理障碍（如不自信）、行为障碍（如自控力差）。

从这些研究中可以看出，组织变革的阻碍因素来自于个体、团体和组织整体三个层面，而团体和组织整体其实同属于群体层面，从这些层面出发，组织变革的阻碍因素主要包括不确定性、利益损失、冲突与混乱（协调成本）、个体惰性、心理压力、组织路径依赖、文化限制等。这些不同层面可同归属于组织惯性的概念范畴，但仍有两个问题需要注意：第一，虽然是组织惯性，但组织是由人构成的，因此应该关注于组织成员的作用。可以认为，组织变革的成功实施关键在于组织中成员作用的发挥，如果来自于组织成员的抵制减少，那么变革实施起来就会更加顺利，成功率也可能随之提高。第二，阻碍因素并非是一成不变的，里边很有可能蕴含着反向的有利作用。

五、组织成员的重要作用

组织成员是影响组织变革成功与否的最关键因素，因此应该对组织中的人员进行特别关注，组织中的人员可以简单分为三类：第一类是高层管理者或企业家，他们是变革的主要发动者；第二类是普通员工，他们人数最多也是最关键的人员，直接决定着变革能否顺利推行；第三类是中层管理者，他们是连接高层政策和基层诉求的桥梁。

（一）高层领导者

一般来说，高层管理者是变革的发起者和推动者，企业高层领导者具有主观能动性，领导者个人的愿景驱动发起创业行为，然后推广至企业，甚至再从企业传导给竞争者，从而可以改变整个行业（韩立丰和王重鸣，2011）。陈莹和周小虎（2017）认为，企业家的自我效能感[①]在这种变革中起到了重要作用，自我效能感强的企业家会借助变革型领导行为，把自我效能传递给他人，形成集体效能感，而集体效能感一旦形成就会助力组织绩效的改善，又反过来促进集体效能感和企业家个人效能感的提升，如此循环互动。所以，企业家的主观能动性对组织变革非常重要。同时，绩效反馈也很重要，它有利于强化员工信心，从而推动变革持续进行。

在变革中，企业高层领导面临着再社会化的问题[②]，它包括相互对立的"社会化"和"个性化"两方面，要想发起变革，必须重点突出个性化的一面，寻找差异。但是这会使领导者角色出现混乱，角色模糊化和蜕变，为了减少角色模糊带来的工作紊乱，领导者需要尽快梳理和澄清自己的角色；而为了寻求新的角色定位（即应对角色蜕变问题），领导者又需要采用探索策略，提出更多的可能性，这又加重了角色模糊问题。因此，在某种程度上两者相互矛盾，这是企业组织变革在实际中所遇到的难题（吴少微和杨忠，2016）。从这里可以看出，企业在探索新的可能状态时不可能也不应该完全抛弃旧的状态，在某些时候，也许需要在难以推进时返回到原来有秩序的状态，因此组织惯性在组织变革中也可以发挥有利的一面。

高层领导者不仅自己是变革的推动人，而且还对中层管理人员和普通员工具有重要影响，在改变员工的变革态度上发挥着重要的作用。Grimolizzi – Jensen（2017）认为，变革推动者通过动机访谈可以帮助员工解决矛盾，从而提高组织变革的成功率。员工作为变革的接受者在面临变革时实际上是矛盾的，他们的反应既不是完全否定，也不是完全积极偏向变化（Piderit，2000），可能同时表现出积极态度和消极态度，他们在认知、情感和行为上都存在着矛盾，一方面感到乐观，另一方面又感到担忧。但员工参与探索他们的矛盾态度时，这种矛盾心理可能成为变革的强大动力，动机访谈恰好就是这种探索方法，它可以帮助解决矛

---

① 自我效能感是指个体对其成功扮演企业家角色以及完成企业家任务的信念强度。
② 社会化是指个人学会参与社会交流和活动的过程，再社会化则是指个体重新进入某个群体而参与互动的过程。组织变革会改变组织的群体组成和结构，所以需要组织成员的"再社会化"。

盾，促使员工生成支持变革的理由、发展出支持变革的态度。因此，为了提高变革成功率，可以考虑把动机访谈原则纳入变革管理，这种举措会增加员工的支持和参与。

（二）普通员工

普通员工是企业组织中数量最多的成员，也是变革成功与否的关键，这种观点目前已被普遍接受。有相当多的研究认为，组织变革会改变员工的结构分布、职责、角色、要求等，给员工带来压力，同时不确定性和模糊性又会导致员工焦虑和困惑，这些都使员工对变革持消极态度，使员工工作满意度、组织承诺度、组织忠诚度降低，最终可能导致工作绩效降低、组织公民行为减少、离职率上升等。所以，要想避免变革失败，必须克服员工的这种压力和消极行为（唐杰，2010；唐杰等，2012），但是只消除员工的消极情绪还不行，还要主动培养员工的积极情绪，提高员工的主动参与度，这样才能有利于变革成功（王玉峰和金叶欣，2013；王玉锋和杨多，2014；张婕等，2013）。这里的逻辑非常明显：变革带来压力—员工组织承诺度降低—减少合作—抵制变革—变革失败。

Jones 和 van de Ven（2016）研究认为，组织变革举措的有效性取决于员工受到的激励，以及实施这些举措的程度。员工对待变革的态度却不尽相同，但是员工的态度和行动会随着时间而演变。他们发现，第一，随着变革的推进，变革阻力会逐渐增强，员工对组织承诺和组织效能的态度越来越消极，即存在恶化效应；第二，支持性领导在减少变革阻力中的作用越来越强（即后期更重要），而组织公平性对减少变革阻力的作用越来越弱（即前期更重要）。这对组织变革管理的启示是，要尽可能在变革初期就减少员工抵制，以防止后期恶化，同时在前期要注重组织公平，而后期要更加注重变革推动者对员工的支持。

Castillo 等（2018）研究了员工面对组织变革时情感变化的六个阶段，分别是否定和愤怒、讨价还价、沮丧、修正、离开、接受（按概率排序）。前四个阶段可能会反复出现，而且不同个体可能从任一阶段开始，但是"离开"或者"接受"总是最终的结果。他们的研究表明，员工对待组织变革的态度不是一成不变的，而会随激励因素的不同而不断变化，因此这可能意味着管理者可以通过施加一定的激励来提高员工的变革支持度和参与度。

Schweiger 等（2018）认为，寻致组织变革失败的首要原因是员工对变革的抵制。员工抵制指的是对变革倡议的特定行为反应，这种反应可能激烈也可能不激烈，可能出现在变革的前期、中期或后期（Bareil，2013）。参与式战略可以减少员工的抵制，提高变革支持度。其原因在于，一是提高员工对变革需要的认识；二是减少个人劣势；三是创造赋权感知；四是积累员工对变革推动者的信任。但是他认为也不能过度使用参与战略，有时需要短而快的变革，因为员工过度参与反而会拖垮变革进程。

由上可知，为了尽可能让所有员工支持组织变革，企业必须提高员工的变革参与度，给予员工足够多的支持和权利（赋权）。这可以通过构建高参与度的工作系统来实现，包括进行培训和工作轮换、信息沟通与分享、利益共享、改变考评机制、提高晋升机会等，让员工参与组织管理决策、建立自我管理团队（秦志华等，2015）。这一方面降低变革对员工造成的压力，提高员工对变革的接受度；另一方面给予员工更多自主发挥的空间，允许其犯错甚至鼓励犯错，从而得到更多尝试（陈笃升和王重鸣，2015）。

（三）中层管理人员

关注中层管理者的研究目前比较少见，但中层管理者依然很重要。高静美和陈甫（2013）认为，当前学界大量的研究都关注高层管理者和普通员工，而严重忽略了中层管理者的作用。他们通过大样本调查发现，中层管理者在组织变革中的作用发挥不足，中层管理者过于强调"领导"的作用，限制了自己的能动性和努力。中层管理者自身实践中作用发挥不充分，在研究领域容易被忽略。

Bel 等（2018）的研究认为，企业能否成功变革取决于两个重要因素：一是沟通，二是领导。定期沟通新技术和组织发展前景，以及以结果为导向地管理人员的领导，更有利于变革的成功实施。组织变革不仅是管理者发起的事，更是员工参与的事，因此需要二者充分沟通，中层管理者作为两者沟通桥梁的作用就在此时显现。随着参与变革人数的增加，沟通成本会迅速增加，为此很多大企业认为减少沟通反而更有利。显然，如何在加大沟通和减少沟通成本之间取得均衡，是摆在企业面前的一大现实问题。

根据 Prosci 所做的《组织变革最佳管理实践基准报告2012》，对 62 个国家的 650 名参与者的研究表明，组织变革的四个最重要障碍从高到低分别是：第一，高层领导者发起变革倡议的无效性；第二，组织变革资源的匮乏；第三，普通员工的抵制；第四，中层管理人员的抵制（Bareil，2013）。可见，如果不重视中层管理者的作用，组织变革失败的概率也会较大。

因此，企业在变革实践中应该进一步激发中层管理者的作用，让中层管理者在变革的准备阶段就参与其中，这样做的好处是有利于变革战略的决策和执行之间的有效衔接，保证变革管理的全过程具有内在一致性和连续性。而中层管理者之所以能发挥好"衔接"作用，是因为他们是连接高层战略和基层诉求的桥梁，通过他们，一方面可以传达变革策略，减少变革冲突和抵制；另一方面可以收集和反馈员工信息，促进员工学习等。所以，从这种意义上讲，中层管理者决定着企业的健康发展。

六、小结

组织变革的研究起步于 20 世纪 70 年代，对其概念的理解有许多不同的说法，而且在很多情况下它只是被作为一个默认概念，这导致其含义的模糊不清。经过梳理现有文献，组织变革概念的本质，可以定义为：企业在可操作层面上，对自身各组织要素进行改进和调整的持续过程，直到引起明显质变以及适应环境的结果。

对组织变革理论的研究大量存在，但是基本都可归为四类研究视角：系统结构观、战略决策观、自然选择观、集体行动观，它们在研究层面（微观—宏观）和个体行动能力上（被动—主动）分别持有不同的看法。不同理论之间的争论都围绕两个核心点展开，一是"结构形式—个人行动"的争论，二是"部分—整体"的争论，但事实上，企业现实是复杂的，没有一个理论是完美的，需要融合多方观点。

组织变革的类型也纷繁复杂，有的属于主动发起；有的属于被动发起；有的属于快速变革；有的则属于缓慢变革。就变革的内容而言，一般涉及组织结构、人员、文化、流程、制度等。没有一个普适性的组织变革框架，每个企业都有自己的特殊情况，有的企业组织变革可能是有意选择和个人有目的行为的结果，但很多时候变革其实是作为一个持续的过程，通过发生在多个组织层面的补救性活动动态演化而来（Panayiotou 等，2017）。

组织变革的成功率一般较低，这是因为变革面临着各种各样的障碍和困难，它们包括不确定性、利益损失、冲突与混乱（协调成本）、个体惰性、心理压力、组织路径依赖、文化限制等，但都通过组织中人员的"抵制"表现出来。一定程度的抵制作用可能有利于组织认清现实、及时纠偏，但如果抵制过于强烈，组织变革就难免走向失败。

为了使变革更加容易进行，企业需要关注组织成员，包括高层领导、普通员工和中层管理者。高层领导者起到发起和推动组织变革的作用，并对鼓励员工参与、减少变革抵制具有重要影响能力；而普通员工数量多、分布广，是最不应该被忽视的力量，应该想办法使广大员工积极参与变革实践，提高员工承诺度，这样变革才有可能顺利实施；除此之外，中层管理者虽然经常被忽略，但其对变革也很重要，他们是上下级沟通的重要渠道，也是战略决策和行动执行实施的有效衔接者，更多地发挥中层管理者的作用对组织变革的成功是有利的。小的成功应该受到重视，因为成功可以激励人心，预期的变革效果其实是在一步步的小成功中积累实现的。

第二节　关于组织惯性的研究

一、组织惯性的相关概念

组织惯性是指存在于企业组织内部的惯性，"惯性"本是物理学中的概念，被引用至企业组织理论研究之中。自 Hannan 和 Freeman（1977）的组织生态学研究开始，组织惯性已有超过 40 年的研究历史。对于组织惯性的概念，其英文直接借用的是物理学中惯性的概念。在国内，它由"Organizational Inertia"一词翻译而来，国内学者对其具体的含义却产生了不同的观点。因此，该研究领域出现了一些与之有关且相似的概念，本书不得不加以梳理。

（一）惯性

惯性（Inertia）在物理学中表示的是物体保持运动状态（静止也是一种运动状态）不变的一种性质，惯性的大小由质量衡量，质量越大惯性越大。在企业组织理论研究中，Hannan 和 Freeman（1977，1984）最先把"惯性"概念引入，开创了组织生态学（The Population Ecology of Organizations），从组织群体的层面来考虑问题，应用了"环境选择"学说，认为由于环境选择作用的存在，导致了组织产生结构上的惯性。它的逻辑是，由于组织处于一个外部企业群体中，有多个合作伙伴，因此组织的行动必须具有可靠性（Reliability）和可解释性（Accountability）[①]，才有潜在的员工、投资者、顾客等与之合作，从而取得持续发展。所以环境"选择"将筛选出高可靠性和高可解释性的组织，而高可靠性和高可解释性要求组织结构保持高度的可重复性（Reproducibility），这就导致产生结构惯性。

这里的惯性指的就是结构上的惯性，结构惯性的意思就是组织结构的难以改变性。不仅单个企业组织自身的结构保持稳定不变、难以改动，而且由于企业处于一定的组织群体中，面临着相同的外部环境和关系约束，因此一个群体内的企业其组织结构也具有一定的相似性，而这些结构与环境相匹配，与环境具有同构性。因此可以认为，对于企业来说，是环境"选择"了它的形式，而非它主动"适应"了环境。

由于结构惯性的存在，当面对环境变化时，单个企业组织很难做出激进的改变，但是不能改变并非坏事情，实际上它可能对组织的生存是有利的，因为组织

[①]　可靠性是指组织具有稳定的绩效水平，不随时间大幅波动；可解释性则是指组织能对自己的行动做出合理的解释。

变革会增大组织的死亡率，企业一旦冒险进行大的变革，就会使之与环境的同构性遭到破坏，而在一个群体中，与环境不同构的个体存活比较困难。所以在一定程度上，变革增大组织死亡率，而结构惯性阻碍组织变革，因此对组织生存是有利的。在组织生态学的理论中，组织的首要任务是活得久，而非活得好，所以在一定程度上不变革比变革要好。

从 Hannan 和 Freeman 的组织生态学开始，惯性的概念在组织研究领域得到了大量的应用，对于组织惯性概念的认知已经达成基本共识，即表示组织保持当前状态不发生变化的一种趋势和性质。组织惯性更多的是一种笼统的称谓，表明企业组织内存在惯性，但具体的惯性形式是怎么样的、其构成是什么，又是怎么产生的等问题，就出现了各种各样的研究和观点，后文会逐渐进行详细梳理。

（二）动量

根据组织生态学理论，环境选择导致组织生成结构惯性，结构惯性阻碍组织变革，而组织变革增大组织死亡率。但实际上，Kelly 和 Amburgey（1991）的研究发现，组织变革并不一定会增大组织死亡率，是因为组织中"动量"（Momentum）的存在。动量指的是组织重复它们过去所经历变化的现象，即过去发生了某类变化，未来倾向于发生同一类型的变化。由于企业会从相同的变化中积累经验，因此这些变化就成为了一种惯例（例行工作），所以其风险会相应降低。

动量这一概念也来源于物理学，它本意指的是物体的质量与速度的乘积，是一个矢量，表示的是物体运动能力的大小以及运动的方向，直观意义是物体在其运动方向上保持运动的趋势。Miller 和 Friesen（1980）最先将该概念引入企业组织理论研究。他们认为，组织的变化是持续存在的，只不过是变化方向很难逆转，先期出现的某类变革在后期更容易出现，变革总是保持同种类型，因此研究变革是没有意义的，不如去研究变革的逆转问题。动量之所以存在，是因为"环境—战略—结构"之间"格式塔"（Gestalts）① 关系的存在，变量与变量之间的关系处于一定的锁定状态，多个变量之间存在同时变化的趋势或者同时逆转的趋势，即便是关联不大的变量之间也会保持同一方向变化。如此，每一部分变量都很难影响全局，只能受全局把控，因此变化类型往往被锁死。

这里实际上隐含着一个问题，即什么样的变化才称得上是变革？动量式变化描述了组织持续存在的变化，即一再地重复变化，它看上去好似没有变化，因此不易被称为变革。若视这些变化为变革的话，则组织时时刻刻都处于不断的变革中。因此这部分对理解变革很重要。

从组织生态学理论可以看出，Hannan 和 Freeman 所讨论的组织惯性是一个结

---

① 格式塔理论起源于心理学，该理论认为意识不等于感觉元素的集合，整体不等于部分之和，整体的行为不是由其个体的元素决定的，相反，部分过程本身倒是由整体的固有性质决定的。

果，而非过程。在某个时期，一个组织群体是和外部环境同构的，当环境变化产生新的环境时，会产生新的同构群体，环境不变时，群体的结构性质也不发生变化。但是，新环境下新群体及其组织结构和运行模式是如何产生的？组织生态学理论没有很好地回答，而这恰好是动量可以解释的。由于动量的存在，组织实质上处于不断变化。环境在变化，组织个体也可以不断变化，只不过组织变化的模式相同，具有重复性，然而在这种重复的实践中，组织最终发生了重大改观，当所有组织都能最终出现重大变化时，新的组织群体宣告形成。新的群体适应新的环境，新的环境使得新的群体形成新的惯性，如果忽略中间过程，只看新、旧两个群体这两个"点"的状态，就是环境选择观点，而动量使点与点之间的过程揭示成为可能。可以认为，在这种动量的作用下，组织内所存在的惯性具有一定的动态特征。

（三）惰性

惯性的英文是 Inertia，但国内一些学者在将其翻译为中文时，采用了"惰性"一词作为其描述，虽然英文意义是一致的，但是在中文语境中，惯性和惰性并非是等同的。对组织惰性的认识，许小东（2000）认为，组织惰性包括两类：第一类指的是这样一种现象，即组织活力下降，得过且过、不思进取；第二类指的是组织习惯当下、厌恶变革。第一类称为消极型组织惰性，第二类称为积极型组织惰性，积极型组织惰性又叫作组织惯性。可以看出，这里对惯性和惰性做出了明显的区分，认为惯性更偏向于积极一些，而惰性更加偏向于消极一些，这里的"积极"作用主要体现在这种惰性行为在短期内可以帮助提高组织活动效率。

至于组织惰性的具体含义，有学者认为指的是组织保持既定行为方式和消极应对环境变化的倾向，"既定"表明当前行为方式是有效的、被组织确定、被成员认可的，而"消极应对"表明不能察觉变化、不愿或不能做出改变。可以看到，这里对惰性的定义体现了消极的含义，也即惰性蕴含了消极的意味。类似于前边对组织惰性的分类，白景坤和王健（2016）也对组织惰性进行了划分，认为其应该分为两层：第一层惰性指的是组织安于现状不思改变，抵制变化；而第二层惰性指的是组织积极采取变革措施但却陷于路径锁定的现象。很明显，如果前文的分类属于横向分类的话，这里就是从纵向上进行划分，它的惰性程度层层加深，但毫无疑问，这些惰性的概念都符合中文语境下的消极和贬义含义。

由此可以得出两点结论：第一，惰性和惯性的含义是有区别的；第二，正因为如此，把 Inertia 的含义解释为"惰性"是不恰当的，反之，组织惰性应该用其他的英文概念与之对应，这有利于澄清惰性本身的含义及其与惯性的区别。对于惰性和惯性二者的区别，从以上文献中可以看出，惯性更多的是表达了一种"习惯"，而惰性更多地表达了"消极"含义。习惯无所谓好坏，有好有坏，而消极一般只代表不好。组织惯性表达的含义更加中性一些，而惰性则体现了组织僵化的特征，它只代表了组织惯性的部分含义，所以惯性包含了惰性的含义，惰性只是惯性的一部分。

从惰性本身的含义出发，它表现了一种对外界的刺激没有反应的特征，体现出一种"不反应性"，对应的英文为"Nonreactivity"会比较恰当。这样的含义在化学研究领域具有一定的渊源，化学反应中存在惰性气体，它们的特征是很难进行化学反应，总是以单原子气体形式出现，很少在自然条件下形成化合物。所以，从单词本身的化学含义而来的"惰性"应用在组织研究领域更加合适，组织惰性体现了组织本身对外界变化刺激的不反应性，而且是消极应对变化，即便有所反应也十分消极，不反应、不作为，这就是组织惰性的基本含义。

（四）刚性

在有些组织惯性的研究中，惯性被认为表达了刚性（Rigidity）的意思。例如，刘海建（2007）认为，组织的结构惯性指的就是结构刚性，这也是由翻译误差造成的，这显然是将组织惯性和组织刚性等同起来。在陈传明和张敏（2005）的研究中，刚性和惯性是有差别的，他们提出了"文化刚性"的概念，认为企业文化具有不易被改变的特征，即文化刚性。它具有四个特征：第一是难以改变性，一旦形成就会照旧持续难以改变；第二是惯性，由于结构上的惯性而导致产生的文化惯性；第三是抗性，抵制新文化的引入或产生；第四是收益的倒"U"形特性，文化刚性产生有限的规模经济性，过强则效益降低。很显然，在这里刚性的含义较为广泛，包含了惯性的概念。

在对组织刚性的认知上，Leonard – Barton（1992）的"核心刚性"观点比较引人注目。他认为，企业组织的刚性来自于其核心能力，核心能力会演变成阻碍企业发展的核心刚性。企业的核心能力指的是区分并提供企业竞争优势的知识集，这些知识集包含员工知识和技能、技术系统、管理系统、价值观和行为规范四个维度。核心能力一方面为企业提供核心竞争优势，另一方面在环境变化时，成为阻碍企业构建新竞争优势的障碍。从员工知识和技能维度来看，非专业知识领域的人在企业里只能获取较低的地位，因此对于吸引新的人才不利，当企业需要新产品开发或新领域知识时，就会缺乏具有专业技能和知识的人才。从技术系统来看，这属于物理系统，当企业进行新产品开发所需要的技术和流程已经过时的时候，这些专有系统也许就不再有用。从管理系统来看，企业里的技术人员可能不太愿意把自己的才能运用到不专业的领域，那样似乎是没有价值的，或者会导致技术人员的价值被低估，所以原有的管理系统也不利于新产品和项目的开发。最后，从价值观和行为规范来看，企业总有一些偏重的专业领域，该领域的价值观和行为规范会成为主流，排斥非专业领域的价值观和专业知识，而新产品开发所要求的价值观和知识往往是与主流不一致的，因此就会受到限制。简言之，当四个维度与新产品开发所需的能力不一致时，它们就会成为阻碍因素，演变成核心刚性。

组织的刚性与惯性之间具有紧密的联系，如果按照 Leonard - Barton 的观点，组织刚性是组织惯性的来源，正是由于组织核心能力难以改变的特性，导致了组织发展中呈现出惯性。Gilbert（2005）也把刚性纳入惯性的属性当中，他直接对组织的惯性结构进行了拆分，认为组织惯性是由资源刚性和惯例刚性两部分组成。资源刚性指的是企业资源投资模式的固化，难以改变资源投资模式，原因有二：一是资源依赖性，二是现有资源的再投资激励。"资源依赖性"是指外部资源（包括资本市场和顾客市场）塑造并限制了内部战略选择。例如，股票市场要求的绩效不允许企业随便改变商业模式和产品结构；再如，当主流顾客都青睐当前产品而只有小众客户才喜欢新兴产品时，企业很难把资源投入到新技术和新产品上。"现有资源再投资激励"是指市场势力的作用，如果新技术存在进入壁垒，那么企业会选择在现有的资源上再投资，而不是投资新技术；如果企业不在当前资源上投资而改投新技术，可能会动摇其市场主导地位，使其失去市场势力，因此它宁愿选择不投资。以上两个方面的原因说明资源投资模式的固化既包括资源本身的难以替代性，又包括对资源选择的难以改变性。

惯例刚性指的是对所投资资源使用方式的固化，难以改变资源使用的流程，其原因也有二：一是组织流程与当前单一环境紧密联系，很难改变，而且开发式流程会排挤探索式流程，导致组织难以开发新能力。二是组织惯例的设计动机和实际执行分离，潜在的思维逻辑渗透在组织思维中，表现为根深蒂固的认知，而且这些认知也是隐性的，使人们更加难以识别制造困难的"惯例"根源。因此，管理者常常依赖一种结构和认知都被强化了的模式，而不是搜索新方法。

由以上关于组织刚性的观点可以看出，"刚性"的概念范围可大可小，如果放得很大就能容纳惯性，如果缩得很小就被包含在惯性之中。对这些相关概念边界的界定是十分重要的，一旦确定了概念的边界，概念之间的相互关系就会清晰很多，因此本书将在后续章节对有关概念进行重新界定。

（五）惯例

Gilbert（2005）在研究当中提到了惯例刚性，他把组织惯性分解为资源刚性和惯例刚性两种刚性，但实际上，惯例本身也是一个与惯性容易混淆的概念。惯例这一概念是由 Stene（1940）于1940年提出的，Nelson 和 Winter（1982）将其视为一种类似于基因的东西，具有自我复制和遗传的特征，他们认为惯例在企业组织中普遍存在，而且影响企业的决策，大部分企业行为都是企业过去一般习惯和战略方向的外在反映，而不是针对决策的详细内容进行调查研究的结果。换言之，企业行为大部分都是在按照惯例进行，而不是认真决策的结果，企业员工独立决策形成的长期坚持的组织惯例才是真正引导企业行为的东西。

在 Nelson 和 Winter（1982）的观点中，这些组织惯例是有利的，对企业也非常重要，离开组织惯例的企业根本无法顺利完成任何工作。组织惯例的好处在于四点：第一，可以节约行动时间。因为惯例的存在为组织成员提供了行动参照，很多事情可以自然地处理，减少请示时间，更快地完成任务。第二，惯例有利于形成组织记忆，使得事情能平稳地延续下去，在人员更替，尤其是领导者替换时能够保证运行不至于混乱。第三，惯例可以减少不确定性。由于惯例的存在，人们在做事情时会进行类比，无意识地寻找曾经有效的方法，因为这些方法的效果是确定的，它针对事情的每一个环节或部分，增大了确定性，从而使全局有序进行、协调一致，在复杂的事情上尤其有用。它不仅在心理上给行动者释压，而且也能保障实际结果比较理想。第四，惯例可以消除组织内部的冲突和矛盾，或者把它们控制在合理范围内。因为当内部人员或团体出现冲突时，组织惯例给出了一种无形的承诺，如果大家都遵守既定模式，那么企业就不会垮，大家的利益都能保障，否则任何一方都将得不偿失。于是冲突各方就不会为了排除异己而把企业推向危险，它保证了组织内部虽然存在一定的争斗，但都被控制在适当的范围内，从而促使组织和平发展。

从 Nelson 的观点中可以看出，组织惯例主要为组织提供了稳定性和效率性的来源，至于惯例是否可以改变、如何改变，以及如何影响组织变革都没有清晰的答案。实际上，Feldman 等多数学者对惯例都停留在"一种例行公事"的认知上，认为其就是一种默认的做事规则或参照，因此较少涉及惯例的变化问题。但从 Feldman 等学者的著名研究中可知，组织惯例实际上具有非常丰富的内涵。据 Feldman（2000）的观察，一些典型的组织惯例在经过若干时期后，会非常明显地发生变化。他对大学生住宿管理工作的惯例进行了跟踪研究，发现这一工作有五项惯例：一是预算建筑物的维护和翻新；二是雇用驻地工作人员；三是培训这些人员；四是在学年开始时将学生转移到宿舍；五是在学年结束时关闭宿舍。每项惯例都是一种例行工作，但四年过去后，后四项惯例发生了明显的变化，只有第一项惯例变化较小。与之类似，Feldman 和 Pentland（2008）也对组织惯例进行了跟踪研究，他研究的是某软件公司的电话业务（客服）工作的开展，业务员按照惯例对各个环节进行操作：接电话、登记、直接解决、转移到其他部门等，研究者本期望会发现组织惯例在不断的重复中保持稳定不变，但实际结果却表明惯例发生了很明显的变化。

这些研究表明，组织惯例并非永远保持稳定不变，它完全可以是持续变化的，不仅可以给组织带来稳定性，还可以给组织带来灵活性。这里的组织惯例指的是，由多个参与者执行的互相依赖的行为所形成的可重复、可识别的模式（Feldman 和 Pentland，2003）。根据这一定义，组织惯例不仅包括结构性的一面，还包括行动性的一面。结构性的一面叫作"明示"（Ostensive），它起到规则约束的作用，行动性的一面叫作"实行"（Performative），它代表了具体的惯例执行。任何单一方面都不是惯例的全部，而只能部分地代表惯例，传统观点认为惯例始终是稳定而不可变的，是因为只注重了惯例"实行"的一面，忽略了行动的重要性，以及实行和明示之间的互动。根据 Feldman 和 Pentland（2003）的观点，惯例的明示成分可以指导、解释执行人的行动并为之提供参考，而执行人的行动（即惯例的实行成分）也在创造、保持和修改着明示的抽象意义。或者可以理解为，行动对结构（规范）产生作用，而结构（规范）对下一次的行动产生推动和限制，在"明示"和"实行"的互动中，促进了惯例的稳定变化，只要惯例的这种双重性存在，它就可以既保持稳定性又保持变革性。这样的观点为本书的研究提供了重要的理论基础。

另一种关于互动的观点是惯例的层级互动观。有学者认为，组织惯例并不是孤立存在的，它嵌入从个人到公司整体层面的各个组织层级结构中，一共有三个层面：在个体层面，惯例表示的是个人习惯；在团体层面，惯例表示的是例行程序；在组织层面，惯例表示的是交互模式（陈彦亮和高闯，2014）。在个体层面，惯例是为了提高个体认知效率；在团体层面，个体之间的互动生成了团体惯例，团体惯例反过来提高了个体之间的合作效率；组织层面的惯例与之类似，不同团体之间的互动生成了组织惯例，而组织层面的惯例提高了不同团体之间的协同性，有利于各方团体朝共同的组织目标迈进。这些互动机制促成了惯例在不同层级之间的生成和演化，使其能够始终符合企业的发展要求。

二、组织惯性的成因

我们已经知道，企业组织中或多或少都存在一定的惯性，但是这些惯性是如何产生的？这是组织惯性研究所涉及的第二个基本问题。根据现有文献，环境选择视角和组织适应视角是看待此问题的两个角度。

环境选择视角即组织生态学理论，从组织生态学的角度来看，企业组织惯性是环境选择的结果。这是从组织群体的层面来看待问题的，因为每个企业都生存在一定的企业群体中，所以必然与外部环境即其他企业之间存在紧密联系。为了保证自己的生存，企业的绩效必须具有可靠性（保持稳定），企业的行为必须可解释（被合作者理解、对合作者负责），这样才能有稳定的合作关系和稳定的利益来源，而这种可靠性和可解释性又要求组织结构具有较好的可复制性。这对单个企业来说，是其内部组织结构的持续性和不变性，即总是保持这样的结构；对整个企业群体来说，是不同企业之间的结构具有相似性或同构性，整个群体也存在着群体惯性，随着时间的推移惯性会越来越大（Hannan 和 Freeman，1984）。

组织适应视角是从企业内部看待问题的，从企业内部的组织结构、流程、资源、人的认知和行为等方面来寻找惯性的成因，原因可能有以下四个方面：

第一，组织惯性是由各种各样的企业运行成本所造成的。首先是沉没成本，即企业对物质财产、人力资本的投入都是已经消耗掉的成本。如果改变组织结构，就要重新分配职权链、划分专业分工，以及修改行政流程等，这意味着原有的投入可能无法收回，为了发挥已有投入的价值，企业宁愿一直保持原有状态，除非出现重大危机（Colombo 和 Delmastro，2002）。其次是影响成本。当企业试图做一些变革时，员工会采取一些活动对变革措施施加影响，从而使自己获得更多利益。为了影响变革使自己获利的行动而造成的成本叫作影响成本。具体来说，当组织决定采取变革行动时，每个员工都会试图采取行动使变革朝着更有利于自己的方向发展，以此获得更多分配利益。由于员工把更多的精力花费在影响活动上，他们投入企业正常生产、运营的精力和资源减少，使企业整体遭受损失，这就是"影响成本"（Schaefer，1998）。影响成本的存在使得企业在想要采取变革行动时犹豫不决或拖延不动，从而就产生了组织惯性。

第二，组织惯性是由组织成员的思想和行为造成的。一方面，人具有思维定式，会按照固有思维模式进行思考和解决问题。当人们在接触人、事、物时会不自觉地把它们分门别类，"贴上标签"，以形成日后的参考（孟庆伟和胡丹丹，2005）。在企业里，员工和决策者在面对问题形成解决方案时，习惯使用过去的经验和记忆，这样可以省去很多思考时间，如果问题不是全新的，这样还可以提高成功概率，或者是降低犯错的概率（Stawet 和 Ross，1987；姜春林等，2014）。对组织来说，这表现为采用过去的经验制定战略和规划，甚至有时候选定某项战略仅仅是因为决策者对此熟悉并知道该如何执行（Levittet 和 March，1988），以至于决策者采取大量对组织发展无益的措施，使组织发展陷入困境（Sull，1999），由此表现出明显的惯性。另一方面，人具有行为锚定，惯性是由锚定效应造成的。人们总是按照初始行为方式来做事情，"锚定"的意思就是第一次做了什么事，后边就会参考它做出类似的事，这是一种不自觉式、非理性的行为延续，是每个人的自然反应（Ariely，2008）。因此，企业成员也不可避免地陷入行为锚定，而且在行为锚定上，个人还可能存在着不愿意让自己做出改变的本性，因为人普遍存在着行动惰性。所以，行为锚定也会导致组织惯性的形成。

第三，组织惯性是由资源和激励制度造成的。企业的资源可以分为有形资源、无形资源和人力资源三类。本质上讲，各种资源的专用性导致了高转换成本，资源的来源和使用锁定在原有的途径和形式上。其中稀缺的原材料、原有生产技术和员工技能知识的转变较为困难。企业和个人由于对当前核心能力的认同，会不断地在原有资源上追加投入，从而很难打破原有的资源分配格局，因此产生惯性（陈扬和陈瑞奇，2011；宋亚金，2015）。组织承诺指的是员工随着对组织单方投入的增加而自愿全身心地参与组织各项工作的一种现象（Becker，1960），这种"承诺"不是靠签订合同（契约）而产生的，而是一种心理上的认可和依附，然后自然而然地表现在行为上。员工是组织最重要的资源，即人力资源，因此，员工对组织的承诺也有可能使组织陷入惯性。当员工不断在当前组织中投入时间、财富、劳动等之后，就会对组织产生归属感，并把这种感觉转化为行为上的惯性（孙秀霞等，2016）。

在制度方面，企业长期形成的激励体系会使员工形成"做什么会受到奖赏、该做什么"的认知，这决定了员工会采取什么样的行动（Kaplan 和 Henderson，2005），如果企业的激励体系不变，那么想要改变员工行为会比较困难。此外还有一种可能是，在原有项目上取得成功后，管理者对员工进行奖励以激励他们进行新的项目研发，但是由于奖励提升了员工的收入水平，导致员工在得到更多报酬后失去了开发新项目的动机，因此陷入停滞不前的状况（Ruckes 和 Rønde，2015）。这些都是激励制度上的刚性导致的行为上的惯性。

第四，组织惯性可能是企业故意制造的。有部分学者认为，企业可能会有意地制造一定程度的惯性，它是企业决策者故意为之的结果。Schwarz（2012）把组织的结构惯性分为四种类型（见图 2-4），认为第二种"蓄意"结构惯性是实际存在于企业组织中的。在蓄意结构惯性逻辑中，组织的变革动机较低，惯性的产生是由组织内部发起的，组织成员选择接受惯性，在这个过程中，关键决策者起到了最重要的引领和推动作用。首先，在关键决策者进行某项决策时，它会在信念上把以前的成功归于某种做法，在权衡变革和历史做法时进行一定的妥协以赢得多数人的支持；其次，决策者基于该信念进一步进行阐释，将其合理化为某种结构选择；最后，在决策执行中不断把这种行为评估为是有理性的。经过这样一个过程，组织在发展中总是保有一定的结构惯性。这其实是对组织生态学理论下结构惯性的补充，它放弃从群体层面和宏观层面剖析惯性产生的原因，而是从个人层面和微观层面上寻找惯性的成因。总之，在现实中，为了使企业稳定地发展，决策者不得不有意地保有一定的惯性，只有这样企业才能活得更久。

影响条件

	外部（E）	内部（I）
低（L）	1. "自发" 惯性 LME： ·合作 ·容忍	2. "蓄意" 惯性 LMI： ·发起/开创 ·拥抱/接受
高（H）	3. "被迫" 惯性 HME： ·顺从 ·放弃	4. "理当" 惯性 HMI： ·支持 ·同意

变革动机
（Motivation）

图 2 - 4　结构惯性类型集

资料来源：Schwarz G. M. The logic of celiberate structural inertia［J］. Journal of Management, 2012, 38（2）：547 - 572.

Boyer 和 Robert（2006）研究了组织惯性的生成逻辑，认为它是组织成员内部理性选择的结果，通过制造一定的惯性来减少变革中信息不对称而可能获得的信息租金，这对委托人和代理人都是有利的。此外，Delfgaauw 和 Swank（2016）也认为组织惯性是组织故意培养的，原因是人力资本的任务专门化：每位员工的工作都是分工和专业化的，不能轻易改变，为了激励员工对专业化技能进行投资，组织会选择培育一定程度的惯性，这样促使员工不断使用和加深以前的技能与知识。这两者的研究都体现了主动培养组织惯性。

三、组织惯性的构成

与组织惯性有关的第三个重要研究问题是，研究组织惯性是如何构成的。因为组织惯性指的是一个企业组织整体的惯性，是一个较为笼统的说法，在这种笼统框架下，组织惯性包括哪些成分或维度，是研究者需要回答的问题。许多学者都对组织惯性的构成维度进行了划分，但是各有见解，没有清晰和统一的框架。笔者经过梳理发现有以下三种划分逻辑：以人为主体进行划分、从资源角度进行划分、以变革顺序进行划分。

（一）以人为主体划分

组织惯性主要通过组织中的人体现，人从事什么就会出现什么样的惯性。Sull（1999）认为企业失败的主要惯性原因是行动惯性；Tripsas（2000）发现企业失败的主要惯性原因是认知惯性（Cognitive Inertia）；Allcorn（2011）把组织惯性分为洞察惯性（Insight Inertia）和行动惯性（Action Inertia）两类，这里的洞察惯性其实就相当于是认知惯性。类似地，Godkin 和 Allcorn（2008）把组织惯性分为洞察惯性、行动惯性、心理惯性三类，其中，心理惯性指的是由于压力、焦虑和心理防范造成的个人妥协和组织功能障碍；Huang 等（2013）同样也认为组织惯性由洞察惯性、行动惯性和心理惯性三类组成。

还存在其他类似的划分方法，例如，陈立新（2008）在研究组织惯性的产生及其对企业创新活动的抑制机制时，把组织惯性分为结构型惯性和认知型惯性两类；吕一博等（2015）的组织惯性对组织集群网络发展的影响研究、党兴华等（2016）的组织惯性对组织二元创新（渐进式和突破式）的影响研究，都把组织惯性划分为认知惯性和结构惯性两类。其中，一个来源于组织中人的认知，另一个来源于企业的结构约束。这里的定义是以上研究所共同认可的。

（二）从资源角度划分

这个划分角度主要是由 Gilbert 提出，并获得了一些追随者。Gilbert（2005）的研究主要是为了解构组织惯性，找出为什么有的企业感知到外界威胁时会投入变革（惯性削弱），而有的变得更加保守（惯性增强）。为此，他通过案例研究发现组织惯性其实是由"资源刚性"和"惯例刚性"两部分组成的，它们对威胁感知的反应不同，前者感知到威胁后会削弱，而后者感知到威胁则会加强。这里的资源刚性指的是资源投入模式和资源配置模式的固化，惯例刚性则是指使用投入资源的组织流程的固化。白景坤和王健（2016）在研究组织惯性克服问题时，沿用了 Gilbert 的划分方法，把组织惰性分为资源惰性和惯例惰性两种，并认为威胁感知和创业导向的双重作用会有效削弱组织惯性。刘洁等（2017）在研究组织惯性对组织二元技术创新（利用式及探索式）的影响时，把组织惯性解构为资源依赖和程序守旧，其中，资源依赖表示不变的资源投资模式，程序守旧表示的是不变的资源使用流程。很明显，这在本质意思上是和 Gilbert 的资源刚性和惯例刚性是一致的。

（三）以变革顺序划分

上述两种划分方法本质上都是一种横向划分逻辑，第三种则体现出纵向划分的逻辑，即从时间发展顺序来看待问题，这个时间线就是组织变革过程。最典型的是吕一博等（2016）的研究，他们认为不同的组织惯性会按时间的发展逐一表现出来，而这种时间的发展就是组织变革的顺序，由此认为组织变革时会依次表现出认知惯性、战略惯性、资源惯性、制度惯性、流程惯性、惯例惯性、结构惯性、关系惯性八种惯性，但文化惯性会始终伴随，因此一共是九种惯性。每种惯性都有对应的载体，这种载体其实是变革的对象。当变革的时间顺序对应这个对象时，该对象载体就表现出相应的惯性，因此组织惯性是由承载它的对象或载体构成的，这是他们研究中的一个重要思想。

在此之前，陈扬和陈瑞奇（2011）的研究中也体现了载体就是惯性的思想，认为核心技术、资源体系、治理结构、企业文化这四类载体承载了组织惯性，是惯性的来源。白景坤（2014）的研究中亦隐含着这种思想，他认为组织惰性是由战略惰性、结构惰性、文化惰性组成的，更准确地说，是由于战略、结构、文化三种载体相互影响和渗透形成一种稳定关系而呈现出组织惰性。但这两者的研究与吕一博等研究的最大区别在于载体没有体现出时间先后顺序，没有从纵向时间顺序来考虑问题。

四、组织惯性对组织变革的影响

组织惯性很难脱离组织变革而单独讨论。在前文已经提到，有些学者甚至认为只有组织在进行变革时才有组织惯性，不变革就无法显现惯性，因此，考察组织惯性对组织变革的影响是本书写四个需要关注的问题。从现有文献来看，目前存在三种观点：第一种观点认为组织惯性对组织是完全有害的；第二种观点认为组织惯性对组织发展必不可少；第三种观点则认为组织惯性既存在有害的一面，又存在有利的一面。

（一）组织惯性阻碍组织变革

关于组织惯性的作用，大量的传统观点都认为它是有害的，之前的研究发现组织惯性总是阻碍组织变革。Sull（1999）提出了"行动惯性"的概念，即指行动者保持做他们以前做过的事情或做事方式不改变的现象。他从成功企业逐步走向衰败的案例入手，经过分析论证提出了一个重要观点：企业的衰败不是因为它不随环境变化而采取行动，而是因为它们采取了大量不恰当的行动，而这些行动就是具有行动惯性的行动。过去取得成功的行动不代表未来还能取得成功，这个道理虽然简单，但有些企业正是在行动惯性的作用下逐渐走向失败。所以，行动惯性的存在可能会使企业的变革行为失去应有的作用。

戈亚群等（2005）认为，组织惯性会阻碍企业的战略创新，一方面表现在管理者的思维被束缚于现有战略框架；另一方面表现在企业的认知风格、流程和关系网络束缚战略创新上，因此，组织惯性会阻碍企业对动态环境的战略适应性。Godkin 和 Allcorn（2008）的研究也表明，组织惯性会明显阻碍企业战略变革，它不仅使企业认为环境变化速度比较慢，而且还使企业的管理反应速度慢于认知速度，整个过程下来就使企业跟不上环境变化。Nedzinskas 和 Pundziene（2013）也认为组织惯性会阻碍企业战略变革，并减弱动态能力对企业绩效（财务及非财务）的影响，因此组织惯性对企业是不利的。

Le Mens 等（2011）的研究认为，由于组织惯性的存在，组织变革的能力将受到阻碍，如果组织不能跟随环境而发生变革，就无法满足消费者多变的偏好，最终失去竞争力。陈立新（2008）把组织惯性分为结构型惯性和认知型惯性两类，结构型惯性会导致组织强化对原有价值网络的承诺，在创新活动上资源投入不足；认知型惯性会导致管理者不能及时、正确地识别环境变化中的新机会，渐渐使原有的盈利模式失去作用，两者合起来，极有可能会使企业的突破性创新活动遭遇失败，无法适应环境变迁。Colombo 和 Delmastro（2002）则认为，组织结构惯性会阻碍组织变革，它对组织发展是不利的，要想打破结构惯性，可考虑采用先进制造技术和新的人力资源管理实践。

Gilbert（2005）认为，组织惯性由资源刚性和惯例刚性两部分组成。当外界环境变化威胁企业生存时，企业会试图改变资源投入模式，但是更加遵从使用资源的惯有方式（流程），最终结果将会怎样，要看哪一部分能占主导，因此感受到生存威胁时，企业可能变革也可能不变革，但组织惯性在组织变革面前的阻碍作用仍是确定存在的。姜春林等（2014）认为，组织惯性严重阻碍企业的创新和变革，尤其在民营企业中，惯性不仅会使权力交接出现冲突，而且会使新的管理方法和新技术不匹配，最终使企业的变革努力走向失败。

综上所述，组织惯性会阻碍企业创新或组织变革，使企业陷入路径依赖或误入歧途，因此对组织发展变革是不利的。

（二）组织惯性有利于组织发展

并非所有的人都认为组织惯性是有害的，也有学者认为组织惯性是必要的或有利的，甚至是组织故意培养的。在组织惯性理论提出之初，组织生态学理论就认为，组织惯性是环境选择的结果，因此是对企业发展有利的。因为在一个企业群体中，企业的现状都是和环境相匹配的，如果环境没有发生剧烈变化，单个企业贸然进行组织变革，将会增大企业死亡的概率。由于组织惯性的存在阻碍了组织变革的发生，因此它对组织的长期生存是有利的，即让企业活得更久（Hannan 和 Freeman，1984）。

组织适应的视角中也存在一些观点认为组织惯性是对组织生存发展有利的。Schaefer（1998）的研究认为，由于结构惯性的存在，企业往往会在变革前忍受长时间的生存威胁，直到忍无可忍时才正式进入变革。但是这种结构惯性是组织为了避免产生过量"影响成本"而故意为之，保持现状到最后关头的策略实质上是为了防止组织垮掉。因为一旦企业贸然进行变革，组织成员就会为了为自己谋利益而相互争斗，不仅不利于组织稳定，还损失了本该用于企业生产活动的时间和资源。这对企业的生存发展明显不利，因此保持一定程度的组织惯性恰好可以避免这种情况的发生，使企业保持稳定性。

Boyer 和 Robert（2006）认为，培养组织惯性是企业内部的理性选择，它虽然会阻碍组织变革，但是却可以避免产生组织成员对信息租金的追逐。从这个层面讲，组织惯性对组织生存是有利的，这其实和 Schaefer 的观点具有逻辑一致性。丁德明等（2007）的研究认为，组织惯性是组织的一种非正式激励机制，保有一定程度的惯性其实可以激发员工对组织的承诺，而这种承诺可以激发员工的工作效率，有利于保持组织的稳定性。Schwarz（2012）也认为，组织惯性是关键决策者在变革中一步步故意创造出来的，它虽然不一定导致组织成功变革，但是出发点是为了使组织朝更好的方向发展，是为了让组织的变革更容易发生。Delfgaauw 和 Swank（2016）认为组织培养一定程度的组织惯性是有利的，它可以鼓励员工在现有技能上持续投资，这无疑有利于提高组织生产效率。

综上所述，组织惯性的存在虽然会阻碍组织变革，但却对组织是有利的。这体现在两个方面：第一，组织需要稳定性和运行效率，而保有一定程度的惯性有利于维持组织稳定和提升组织效率；第二，组织惯性防止组织因为不恰当的变革而将自身置于危险的境地，因为有些变革对组织生存可能并不是有利的，而组织惯性的存在恰好防止了这种情况的发生，所以，从这个意义上讲，组织惯性其实并非有害，反而是有一定好处的。因此，组织惯性在组织变革的过程中可能存在着一定程度的有利性，因为变革要求的变化比较明显和巨大，实际上组织需要平稳过渡，而保持这种平稳性，正是组织惯性可以发挥其作用的地方。

（三）组织惯性利弊同存

随着组织惯性理论研究的深入，现有新的研究趋势认为应辩证看待组织惯性对组织发展和变革的影响，在不同的情形下，组织惯性的作用可能是不同的。这种观点在有的文献中表现得很明确，而有的文献只是暗含了这样的意义。

在研究初期，有学者对企业文化刚性的研究表明，惯性的作用并非是一成不变的，文化刚性对企业的影响既可能是正向的，又可能是负向的。对一个企业来说，必须保持一定程度的文化刚性，否则就不足以对战略形成有力的支撑，但如果刚性过强又会使战略调整受阻、缺乏适应力，因此文化惯性对企业的影响取决于刚性的强度（陈传明和张敏，2005）。与之类似的观点认为，企业文化的一致性程度高，则员工的适应成本较低，但是企业创新性较差，业务转移更困难；反之，企业的文化一致性程度低，则员工更容易适应新业务新环境，但是这对于组织保持稳定和有序是不利的，所以，企业需要在文化的"专注度"和"灵活度"之间进行权衡（Carrillo 和 Gromb，2006）。很明显，这表明文化惯性的强弱对企业的影响是动态的，需要动态调整。

从这种文化惯性的观点中可以看出，组织惯性应该具有怎样的强度才算恰当，是需要根据企业所处的场景来决定的，不同的场景对惯性的要求不同；反过来可以认为，同一强度的惯性在不同的场景中发挥的作用不同。由此，有学者认为，判断组织惯性的作用，先要看企业所处的外部环境和发展阶段（苏敬勤和韩贵龄，2017）在连续变化且平稳的环境下，组织惯性是组织效率的来源，保持适度的惯性会提升企业绩效（刘海建等，2009）。而在非连续变化或剧烈变动的环境下，组织惯性是组织变革的绊脚石，是导致组织走向衰败的根源（白景坤，2014，2017）。组织惯性其实是组织变革后的产物，因为变革完成后企业需要确保局面能维持一段时间以增强员工的组织承诺。这属于一种非正式激励，也就是说，组织变革需要对未来的组织惯性做出承诺，当前惯性是以前变革的结果，却是未来变革的障碍，当前的效率意味着以后的无效率（丁德明等，2007）。这也体现出了惯性的作用要看组织发展阶段的思想。

从时间发展线上来看，组织惯性对企业绩效的作用可能存在一个拐点。在拐点之前，惯性的作用是正向的，超过拐点后作用变成负向的，这时需要采取战略变革逆转困境。这说明组织惯性在组织发展初期是有利的，但发展到一定阶段后就变为不利因素（刘海建，2009）。这即是在组织惯性中加入时间维度来考量。与之类似，对企业技术创新中的惯性问题的研究表明，在三个不同的技术创新阶段，组织惯性发挥的作用是不同的：在模仿创新阶段，组织惯性主要表现出负面影响；在改进创新阶段，组织惯性主要表现出正面影响；在自主创新阶段，组织惯性的正、负两面影响并存（吕一博等，2017）。因此，对待组织惯性的关键在于要在适当的时间发挥其积极作用，或者消除其消极影响。

还有一些观点是从同一时刻来看组织惯性的不同要素对组织的影响，刘海建（2007）把组织的结构惯性划分为五个维度：正式化、集权化、整合化、复杂化、制度化。研究表明，正式化与复杂化维度对战略变革具有阻碍作用，而制度化维度对战略变革具有正向推动作用。很明显，这说明组织惯性的不同构成维度对组织变革会产生不同的影响。施萧萧和张普庆（2017，2018）把组织惯性分为认知惯性和网络惯性两个维度，认为认知惯性对企业的激进式创新具有正向影响，网络惯性则对激进式创新具有负向影响，同样也说明了组织惯性的不同构成维度对企业造成不同的影响。

总结以上所有观点可以看出，对组织惯性作用的辩证性认识其实分为三种类型：第一，组织惯性对组织变革、创新、绩效等的影响作用主要取决于惯性强度的大小，惯性强度过大则影响为负，强度较小则影响为正；第二，组织惯性对组织变革、创新、绩效等的影响，主要取决于组织外部环境和发展阶段，在组织发展早期或者外部环境连续且稳定的场景下，组织惯性对组织是有利的，反之是不利的；第三，组织惯性对组织变革、创新、绩效等的影响主要看组织惯性的构成，不同要素对组织的影响是不同的。

第三节 文献评述

一、现有研究的结论

前文对组织变革理论和组织惯性理论的文献进行了详细梳理和总结，从这些梳理中可以掌握当前研究的进展，得到一些结论。

就组织变革的现有研究而看，以下问题基本已研究清楚：第一，组织变革的基本含义，根据现有研究可知，组织变革就是对多种组织要素进行明显改变的一个过程，是多种要素变化的一种综合体现。第二，组织变革的理论研究视角，学者已经对其作出了详细的划分，每个关于组织变革的研究都应该考虑自己的研究属于哪一种视角，从而从纷繁复杂的理论中做好定位。第三，组织变革对组织发展的作用，有两个要点：一是组织变革是为了让企业活得更好，更好地适应环境变化；二是组织变革失败率较高，可能提高组织的死亡率。第四，组织成员的重要性，即研究一致认为组织成员是决定变革成功与否的关键因素，其中普通员工的支持与否是关键中的关键。

从组织惯性的现有研究来看，以下问题的研究已基本清晰：第一，组织惯性是什么。很明显，组织惯性是组织保持现有状态的一种倾向和趋势，它是存在于组织中的一种客观现象。第二，组织惯性是怎么产生的？这是个基本的问题，目前来看，组织惯性就是由企业各种运行成本、组织成员的思想和行为、组织资源和激励制度，以及组织故意制造这四个原因中的一个或多个造成的。第三，组织惯性对组织的影响或作用是什么？目前可以确定的是，组织惯性问题是和组织变革问题一起产生的，二者紧密结合在一起，组织惯性对组织发展和变革的作用是辩证的，阻碍组织变革的因素同时也蕴含着对组织有利的一面。

从前文所有的文献梳理和总结中，可以得到以下结论：

第一，组织惯性是组织变革的重要影响因素。通过组织变革和组织惯性的相关理论研究可以发现，组织变革的阻碍因素也基本是组织惯性的形成原因，因此组织惯性就是组织变革的前置影响因素。组织惯性对组织变革的影响得到了大量的关注，由此可以认为，在影响组织变革的众多要素中，组织惯性是非常重要的一个，以组织惯性来研究组织变革问题是一个恰当的视角。

第二，组织变革乃至整个组织管理都面临着一些基本的矛盾，包括追求效率与追求创新的矛盾（王钦，2017）、保持稳定性与灵活性的矛盾（Feldman 和 Pentland）、一体化与个性化之间的矛盾（余伟萍等，2003）、刚性与柔性之间的矛盾等，从某种意义上说，管理组织变革的实质就是要解决这些矛盾。

第三，在多变、复杂的环境下，组织变革更偏向于由内在驱动，即追求主动的变革、持续的变革、微调的变革，例如，复杂适应性系统理论认为，自组织互动才是组织及组织群体变革和演进的基础（刘洪，2006）；合作制理论认为，激发员工的内在驱动力，实现员工与组织的"主客合一"才是避免周期性组织危机的根本方法（张康之，2008）。所以，由内而外的变革，也许更利于企业的持续发展。

第四，许多研究都体现出一种思维：分量的互动促进总量的演变，或者局部的互动促进整体的演变、个体的互动促进群体的演变。例如，组织结构和治理结构的互动促进组织变革发展（林志扬，2003）；变革要素的互动促进变革的动态演变（王凤彬等，2018）；组织与组织的互动促进产业的演变（逯笑微和原毅军，2008）；不同组织之间的互动促进一个群体的演变等（刘洪，2006）。

第五，国外一些具有转折性的经典研究都蕴含了一个观点，即组织管理尤其是组织变革的研究需要关注于"结构"和"行动"的对立和统一，包括 Giddens 的结构化理论（Giddens，1984）；Astley 和 van de Ven 的"结构形式—个人行动"融合观（Astley 和 van de Ven，1983）；Feldman 和 Pentland 的"明示—实行"互动观等（Feldman et al.，2003），无不体现了这种思想。结构观一般都是规范性的、约束性的、统治性的，而行动观一般都是灵活性的、能动性的、突破性的。因此，要进行组织变革和组织惯性的相关要求，就要先明确一个基本的思想立场。

第六，组织惯性对组织发展利弊同存。组织惯性更应该是一个中性的概念，而非传统观念中贬义和消极的概念。实际上在物理学中，惯性也只是一个客观存在的现象而已，无所谓好坏。在前文的文献梳理中，可以确定组织惯性实际上对组织变革不仅有阻碍作用，而且还有促进作用，动态惯性可能是组织惯性非常重要的一面。

二、现有研究的局限性

从文献梳理中可以发现，组织变革本是一个企业的实践问题，但我们的研究在很大程度上与实践脱节，学术界和实业界对变革的理解也存在着很大差异，从实践上升到理论以及用理论指导实践，之间都存在着一条"鸿沟"。当管理学者试图通过方法的科学化来增强学科合法性时，往往会面临实践相关性不足的尴尬。这种研究取向，一方面导致自身理论建树不足，难以建构令人信服的管理理论；另一方面导致管理理论与管理实践"两张皮"，使管理理论研究对中国企业的指导作用和实践效力十分不足，并倾向于轻易否定中国企业家实践创新的理论价值（张瑞敏等，2018）。这说明，我们的理论研究还有很大的提升空间，还应该与企业实践更加紧密地结合在一起。

这些理论研究本身还存在着以下不足和局限性：第一，对组织变革的理解纷乱不一。很多研究都在探讨组织变革问题，但实质上所讨论的组织变革并不是一回事，即研究者对组织变革的理解不统一。有的研究把变革理解为变化，只要有一些变化就可以看作是变革；而有的研究把变革理解为转型，认为只有组织深刻的改变才能算变革。说到底，是对变化程度的理解问题，这个程度的判断标准不确定下来，组织变革的研究就仍处在一种模糊的状态。

第二，组织变革和组织惯性缺乏统一的分析框架。从组织变革研究的成熟度来看，虽然关于变革的类型、维度、障碍等都有大量的成果，但是当前还缺乏有效的整合框架，尤其是变革所涉及的要素以及变革的评价标准（储小平和盛琼芳，2010），没有较为信服的理论框架。组织惯性也是如此，大量的观点都呈碎片化状态分布，原因在于没有普遍认可的分析框架，各种研究数量庞杂、交叉混合，相互融通起来比较困难，缺乏一个有力的统领。同样地，组织惯性的构成维度也是模糊不清的，有很多种划分方法，但是没有统一整合起来。

第三，组织惯性对组织变革的具体影响不清晰。根据文献梳理可以发现，组织惯性会阻碍组织变革，但也有可能对组织变革产生有利影响。我们已经知道组织惯性是影响组织变革的前置因素，二者有着密不可分的关系，但是组织惯性对组织变革的作用机制究竟是怎样的，目前还少有研究涉及。尤其是组织惯性对组织变革可能产生的积极影响，更是月清晰的画面来展示其作用。可以说，研究者虽然知道组织惯性对组织变革产生影响，但在组织惯性与组织变革之间的作用机理目前还处在一个黑箱，这个黑箱等待着被进一步打开。

第四，如何提高组织变革的成功概率尚无解答。现有文献虽然对组织变革的影响因素和障碍做了大量分析，也知道了组织变革的失败率很高，但是如何有效保障组织变革的成功，却是现有研究无法回答清楚的。从组织惯性的角度来看，组织惯性究竟如何破解、如何利用，目前也没有很好的答案。了解组织惯性是为了更好地应对并利用惯性，我们已经知道组织惯性对组织变革既有害也有利，那么如何发挥惯性有利的一面，克服惯性不利的影响，这也是有待深入挖掘的问题。

三、对本研究的启示

第一，对组织变革的理解必须有一个确定的标准。本书要研究组织变革的相关问题，所以首先要确定的是组织变革究竟是什么，因为现有研究的一个局限性就在于对组织变革的理解不一，各种观点混杂在一起，从而使很多概念混淆不清。这对本书的启示是，需要对组织变革这一概念的范畴进行明确界定，只有这样才能搞清楚它与其他概念之间的边界，从而才能构建组织惯性对组织变革的理论联系。这将在第三章里详细说明。

第二，需要对组织惯性的构成要素进行解构。从前文的分析可知，组织惯性是一种客观存在的现象，虽然大量观点认为组织惯性有害，但也有研究认为组织惯性对组织发展是必不可少的。因此组织惯性中必定蕴藏着多个要素，使得它既能表现出有害的性质，又能表现出有利的性质。但遗憾的是这些要素目前是不清晰的，因此要想搞清楚组织惯性发挥的作用，就必须对它的构成要素进行拆解。根据前文分析，本书认为按照组织惯性的负、正两方面作用的特性来对其进行要素拆解比较合适。

第三，组织惯性对组织变革的作用机制需要深入挖掘。通过文献梳理可以知道，组织惯性与组织变革之间具有紧密的联系，而且组织惯性是组织变革的前置影响因素，不过这个影响具体是怎么发挥的，目前还不够清晰，这导致两个理论还不够成熟。如果要想更好地理解组织惯性问题，就必须对组织惯性、对组织变革的作用机制进行揭示，探索这一过程是如何发生的，这样才能够更好地把握组织惯性的特性，同时也才有可能对认识组织变革和提高组织变革成功率提供帮助。根据文献分析，本书基本可以确定组织惯性对组织变革具有负面和正面两方面的影响，因此本书可考虑从这两方面来分别展开机制研究，探索组织惯性僵化的一面和动态性的一面分别是什么。

第四，为了更准确全面地认识组织惯性和变革问题，应把微观和宏观两种视角结合起来。在组织惯性的研究中，存在着"环境选择"和"组织适应"两种视角，环境选择视角从宏观层面来看待问题，而组织适应视角从微观企业层面来看待问题。一般来说，组织惯性和组织变革是企业个体的事情，但是企业不可避免地生存于某个群体中，因此必然受到外部群体关系的影响，而这些影响会怎么作用于企业个体，也是值得探究的问题。在研究组织惯性对组织变革的作用机制时，应当考虑企业外部群体关系所造成的影响，一方面要研究企业如何去追求变革和适应环境，另一方面还需要考虑外界的群体关系如何对企业造成影响或限制。

第三章　假设提出与模型构建

本章主要是构建组织惯性对组织变革作用机制的理论模型，提出相应的模型假设，为之后的研究做准备。第一节先构建出整体研究框架，引出正负两方面作用机制；第二节重点构建组织惯性对组织变革的负面作用机制模型，提出相关假设；第三节则构建组织惯性对组织变革的正面作用机制模型，提出相关假设。

第一节　分析框架构建

一、概念界定

（一）组织变革

组织变革是指企业在可操作层面上，对自身各组织要素进行改进和调整的持续过程，直到引起明显的、质变的以及适应环境的结果。这一概念的核心在于，第一，组织变革是一个持续的过程，并非是一蹴而就的；第二，所谓的"变革"，必须是发生了明显的变化，并非稍有改动就称得上变革，即变革和变动不同；第三，组织变革牵涉多种要素，要素变化的多，变革的程度就深。从外延上看，只要持续改变并最终发生明显变化，就可以视为变革，至于发生变化的要素先后顺序是无关紧要的。要素是线性依次变化交互互动变化的，或者是循环变化都不产生对概念的本质影响，都可视为变革。从反面来看，轻微的变动不属于变革，突然的变故亦不属于变革，只要不满足核心内涵，都不应归属于本书所定义的组织变革。

由于组织变革这一概念易与企业转型混淆，这里特加以区分说明。本书以为，二者虽然意思比较接近，但还是有所区别：企业转型更偏向于整体性和结果性，而组织变革更偏向于局部性和过程性；企业转型主要关注于价值创造逻辑，而组织变革更偏向于关注运转和管理方式。企业转型的概念从整体考量并关注前后状态对比，具体的组织变革从细节出发并关注渐变过程。也简单地理解为，企业转型偏向于战略层面，组织变革偏向于运营层面。从本质上看，企业战略的调整和变化是引发组织变革最根本的原因，所谓"结构跟随战略"，组织变革与企业转型是密不可分的，组织变革是企业转型的承载，它就是转型逻辑在组织运转各个方面的体现。

本书所认为的组织变革至少应该包括四个方面：组织结构、组织流程、组织制度、组织人员（包括岗位），它们是与企业联系最紧密的四个要素，也是现有文献关注度较高的几个要素。而且本书认为，每种要素的变革都有程度大小的区别，可以用评分的方式来判断其变革大小。不同维度的得分综合起来可以得到一个平均分，如果平均分达到拐点值以上，则表明组织发生了变革，如果小于或等于拐点值，则表明没有发生变革。平均分越大，说明变革的维度越多、程度越深，变革越明显，这样变革的概念就有了量化考察的可能性。

（二）组织惯性

本书认为，组织惯性具有两面性，其概念本身应该更加中性一些，可以定义为，组织保持既定运行状态的一种倾向和现象。这是一个相对宽泛的概念，里边蕴含了多种可能性。首先，既定运行状态只是一种状态，无所谓好坏，所以是中性的；其次，保持既定状态只是一种倾向和现象，也不能确定是否有害，实际上在很多情形下是有利的；最后，组织状态是可以改变的，但惯性是不会消失的，所以组织惯性的存在是中性的。

1. 僵化惯性

组织惯性两面性的特征，一方面是僵化的特征，另一方面是动态的特征。僵化的特征比较容易理解，在早期的研究中，惯性就是用来表达僵化的含义，组织惯性的基本特征就是僵化性，因此僵化惯性就是组织惯性的重要组成部分。僵化的意思即固定不变，固定不变的原因可能是组织根本就不想做出变化，也有可能是组织想变化而实际上无能为力。此外，僵化不仅代表的是不变，而且还代表拒抗变化，由此可知，与惯性接近的概念——惰性和刚性都体现出了僵化的特征，应归属于僵化惯性的组成成分。除此之外，僵化特征中还蕴含了抗性的因素，所以，僵化惯性的含义是组织维持僵化的特征而保持不发生变动的现象，其具体的表现就包含三方面内容：不愿变动、无法变动以及抵抗变动。这就是僵化惯性的含义，它是组织惯性的一个组成部分。

2. 动态惯性

组织惯性对组织的生存和发展既存在不利的一面，也存在有利的一面。它的有利性体现在：第一，它有利于保持组织稳定，并提高组织运行效率；第二，它可以避免组织因不恰当的变革而走向失败，因为一些激进的变革可能会将组织置于危险的境地，而组织惯性能够有效阻止这种情况发生。除以上有利作用外，组织惯性甚至还有利于促进组织变革，它可能会促使组织成功发生变革，这将是本书重点研究的内容。

在组织变革的相关研究中，有观点认为一些抵制变革的力量也可以对变革提供反馈，这些反馈信息有利于管理者更清醒地认识组织变革举措，及时发现变革的不恰当安排，然后进行纠偏，那么这种抵制因素其实反而是有利于变革的成功的。因此，组织惯性具有保持变革的稳定性，有利于维持变革的正确方向，不断提供"变"与"不变"之间的沟通，有利于推动组织变革。

在组织惯性的概念研究中，有两个概念值得特别注意。一个概念是"动量"（mcmentum），它本意是指组织重复发生某一类变化的现象，由于这类变化不断被重复，因此组织可以从变化中积累经验，使变化越来越成熟、容易。在累积的变化中，变化可以增加进一步变化的可能性，因而变化具有自我强化的功能，这种自我强化符合"惯性假设"（Beck 等，2008）。也就是说，这种不断累积的变化使变化短期具有了"惯性"一样，但长期的结果却发生了较大的改变，因而短期的惯性导致了长期的变革效果。所以，从动量的角度来看，变化具有惯性，而惯性具有动态性。

另一个重要概念是"惯例"（rcutine）。惯例是由多个参与者执行互相依赖的行为形成的可重复、可识别的模式，它不仅能保持稳定，还可以动态演变。其演变的核心是互动，一方面是两种属性的互动，另一方面是在其承载单位上的层级互动。两种属性的互动即"明示—实行"两者的互动，明示部分可以指导、解释执行人的行动并为之提供参考，实行在创造、保持和修改着明示的抽象意义。"明示—实行"的互动促使组织惯例的不断变化，最终使得组织发生明显改变。也就是说，惯例是组织灵活性和变革性的来源。对于这种互动而产生的动态变化特性，可以进一步引出新的解释：惯例是需要每个人执行的，但在执行之前需要理解惯例的明示意义，而在企业中，不同的人可能理解惯例的不同部分，而且不同人对如何执行惯例会有不同甚至矛盾的看法，这导致了执行上的偏差。我们知道，想法产生行动，行动产生结果，而结果又产生新的想法，这样一来，偏差就具有循环传递性，在惯例一次又一次的重复中，偏差最终会导致惯例本身变成了完全不同的惯例。

另外，惯例被个人、团体和组织所承载，在这三个层面上都表现出惯例特征。在每一层承载单位上，惯例代表了不同对象之间的异质特征，例如组织惯例代表了不同企业之间的异质性。从解释企业异质性这一本质出发，惯例可以被视为企业的某种能力，因为企业能力也代表了企业的异质性。能力是一种稳定的输出结果，是组织惯例维持组织基本功能活动最可靠的手段，标准化运营能力是团队惯例的本质，而动态能力是组织惯例的本质。个体间的互动促进了团体惯例的生成和演变，而团体间的互动又促进了组织惯例的生成和演变，惯例的演变正如企业能力的更新。从中可以看出，惯例不仅具有稳定性，还具有动态性。

以上两个概念告诉我们，在动量和惯例的作用下，组织惯性具有动态的特性，它并非是一成不变的，还会促进组织变革的发生，是组织变革的来源和推动因素。这时，再回到组织变革的研究中，相关结论已经告诉我们，大刀阔斧的激进变革成功概率实际上是很低的。企业的变革有时并不像学术界认为的那样，通常经过详细计划，然后发动员工参与，组建变革团队进行推动实施等。事实上，每个企业每天都在变化，而这种逐渐积累的小的变化最终导致形成大的变革结果，实业界人士更加青睐于这种微调和增量的变革（高静美和陈甫，2013）。一次变革的实施要重视一系列小的成功事件，巩固成果并树立变革信心，而长期的重大变化是在一次次不断重复的微小变动中实现的，变中求稳、稳中有变才是企业真正想追求和应该追求的状态。这种不断重复的微小变化表现出了惯性，重复的结果表现出了变革性。这对本研究的启示是，短期的惯性可以达到一种长期变革的效果，这种"惯性"是一种动态的惯性。

因此，本书试图提出一个"动态惯性"的正式概念，它其实代表着组织惯性中"动态"的一面、积极的一面，对组织变革和发展有利的一面。它想表达的意思是，组织能够在原有状态的良好传承下，细小又稳定地实施变化，在不造成组织混乱、动荡的大框架下实现组织要素（资源、人员等）的再组合和调整，从一种状态过渡到另一种新的状态，从而实现变革效果，如果变革难以实现，还能退回到上一个较为稳定的状态。这就是动态惯性所表达的含义，它与僵化惯性相对应，是组织惯性中一个组成部分。

二、分析框架

组织惯性是一个中性的概念，它包含着两部分：一部分是僵化惯性，对组织变革产生不利影响；另一部分是动态惯性，对组织变革产生促进作用。根据它们的定义可知，僵化惯性包括三个要素，分别是惰性、刚性、抗性，而动态惯性包括两个要素，分别是动量和惯例。由此，可以得到组织惯性的完整要素分解，如图 3 - 1 所示。

在僵化惯性的构成要素中，惰性指的是组织故意保持现状、消极应对现实、不愿做出改变的一种表现，而刚性指的是组织有意改变现状但无力做出改变的一种表现。第二章已经提到，惰性更多地表达了一种消极应对，惯性更多地表达了习惯，因此惰性应该包含于惯性之中，惰性是僵化惯性的重要组成部分。类似地，刚性表达了一种难以改变性，正是这种难以改变的特性导致了组织僵化，因此刚性也包含于僵化惯性之中。除惰性和刚性外，还有抗性因素，它指的是组织极力维护现有状态、抵制变化发生的一种表现，这种因素也会对组织变革产生不利影响，导致组织想变化而不能，从而陷入僵化或者僵局。所以，僵化惯性是由惰性、刚性、抗性三种要素构成的。

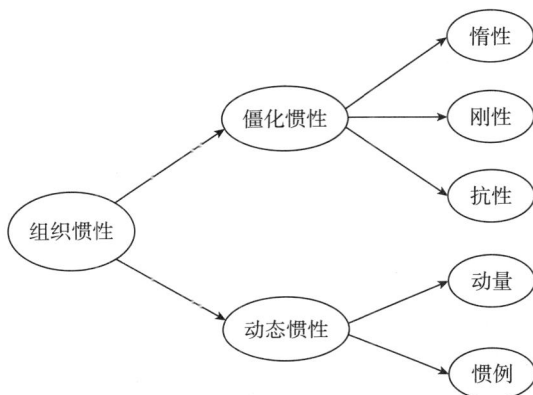

图 3 - 1　组织惯性要素分解

在动态惯性的构成要素中，动量指的是组织重复发生一类变化的现象，它体现的是变化的自我强化，变化本身具有惯性，这种短期的惯性会产生一种长期变革的效果，因而属于惯性有利的一面。惯例指的是由多个参与者执行互相依赖的行为所形成的可重复、可识别的模式，这些模式由抽象的规则和具体的行动组成，由于行动与规则的互动，致使这些模式在不断重复中发生变化，从而具有动态性。这就像说话（行动）和语法（规则）一样，"说话"在创造、保持和修正着"语法"，而"语法"为"说话"提供指导、参考和解释，二者的互动使得语言（惯例）在稳定地发生变化。所以惯例属于动态惯性的组成因素。这里"动量"和"惯例"有着密切的联系，动量更多的是变化方向上的事情，以及控制变化节奏；惯例更多的是变化行动上的事情，行动上的重复才能产生效果。

对于这些要素之间的关系，本书认为，在僵化惯性的构成要素中，惰性更多的是一种主观因素，代表了组织中个体成员思想和行动上的一种消极态度；刚性更多的是一种客观因素，代表了组织整体行动上的难以改变性。惰性和刚性代表的是初始状态，可能较早发生于变革前期，而抗性则更多地代表了过程，主要在行动过程中表现强烈，且这种抵抗力也主要表现在组织成员个体身上。所以，从发生的层面来看，惰性和抗性主要体现个体层面的阻力，刚性则主要体现了组织层面的阻力；从主观和客观的角度来看，惰性和抗性主要体现了主观因素，刚性则主要体现了客观因素；从发展过程来看，惰性和刚性主要出现在初始状态，抗性则发生于过程之中。这三种要素结合起来，较好地代表了组织僵化惯性的属性。

在动态惯性的两个构成要素中，惯例本身是一种可重复的模式，而且在一次次的重复中发生了变化，它不仅包含着过程的重复，而且还包含着内容的升级。实际上，过程的重复导致了内容的升级，实现了组织变革的效果。动量的初始含义是组织重复发生某一类变化的现象，这一现象蕴含了两个关键点：第一，它代表了一种"势"，这种势头一旦出现就会持续下去，所以它营造了一种变化的氛围和气势，而且决定了变化的一种方向；第二，它代表了一种重复性，即持续变化，或持续行动，总之是把某种事情持续重复下去。Felin 和 Foss（2011）认为，经验和重复是惯例发挥作用的基础，而 Feldman（2000）认为，频繁发生的惯例可能允许产生更快的更改。由此可见，动量为惯例的不断重复提供了可能性，可以促进惯例更快地改变。因此，如果惯例的不断演变促进了组织变革发生的话，动量则为惯例的不断演变提供了条件和保障；如果前者对组织变革来说是必要的，则后者对组织变革来说就是充分的，这体现了两种要素之间的关系。

经过以上分析，本书认为组织惯性具有双重属性已经显而易见，僵化惯性代表其不利的一面，属于僵化属性，动态惯性代表其有利的一面，属于动态属性，两种属性都会对组织变革产生作用。但是从文献回顾中可知，关于组织惯性对组织变革的作用机制，目前还少有研究涉及，我们只能知道组织惯性对组织变革有负、正两方面影响，却不知道这些影响是如何发挥作用的，中间的作用机制就犹如黑箱一般，如图 3 - 2 所示。

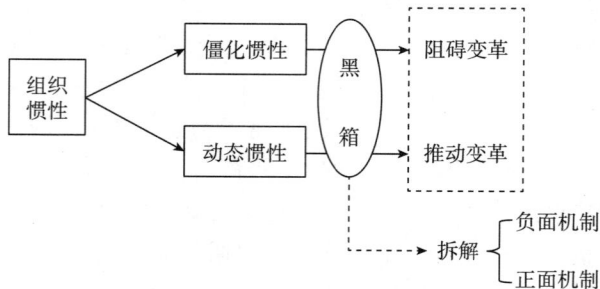

图 3 - 2　组织惯性对组织变革作用机制的分析框架

本书的目的即在揭示这一黑箱的内容。为了打开这一黑箱，需要对组织惯性的双重属性分别进行研究，一方面考察僵化惯性对组织变革的阻碍是如何发挥作用的，另一方面考察动态惯性对组织变革的促进是如何发挥作用的，即负、正两方面作用机制。这是本书的分析框架和出发点。

第二节 组织惯性对组织变革的负面作用机制

一、概念模型

组织惯性对组织变革的负面作用机制是僵化惯性对组织变革的作用。僵化惯性有三个维度的要素：惰性要素、刚性要素、抗性要素，它们会阻碍组织变革。那么，这些要素是如何阻碍组织变革的？为什么这些要素的存在导致组织无法变革或变革失败？根据现有文献的分析，本书认为，这是因为僵化惯性三要素的存在致使组织把精力消耗在无效的资源和能力上，这些无效的资源和能力得到了维持，使组织发展路径呈现锁定状态，难以发生改变。这种锁定状态被称为"路径依赖"。

路径依赖是一种发展路径锁定的状态。早期的历史事件会对组织的发展轨迹产生影响，也就是说，企业过去所做的决策影响当下的选择，而当下的决策又影响未来的选择，这种影响具有时间上的滞后性。对比路径依赖和组织僵化惯性，本书认为，僵化惯性是导致路径依赖的前置因素。从惰性因素来看，组织的惰性导致其对环境变化不敏感，对应该采取的行动不反应，不敏感、不反应自然导致组织长久保持某种状态，即发展路径的锁定。从刚性因素来看，组织有意改变现状但无力做出改变，虽然组织愿意采取一定的措施，但是这些措施无法真正实施，以至于组织仍然维持在原来的状态上，因此，它也会导致组织发展的路径依赖。从抗性因素上来看，组织对现状的极力维护和对变化的抵制同样使得组织的发展路径无法改变。如果有改变的意向，组织也会在抗性因素的作用下变得困难重重。因此可以认为，组织僵化惯性对组织变革的影响首先是作用于组织路径依赖。

路径依赖本来是由偶然事件触发的，只不过这种偶然事件的影响持续地存在于组织之中，如果有新的偶然事件来打破这种持续性，则路径依赖也有被打破的可能性，即路径创造，但是僵化惯性限制了偶然事件的出现，使偶然事件的触发难以发生。路径依赖一旦形成，就使组织的资源和能力限制在原有的水平上，即便当它们不再有效时也难以改变。每当组织进行决策或采取行动时，其可选择的范围都因为被限制而大大减少，所以路径依赖成为限制组织变革和发展的障碍。由此可以认为，路径依赖传导了僵化惯性的不利影响，对企业组织变革造成障碍。据此得到如图3－3所示的概念模型，路径依赖在僵化惯性和组织变革之间发挥了传导作用，成为僵化惯性影响组织变革的中间变量。

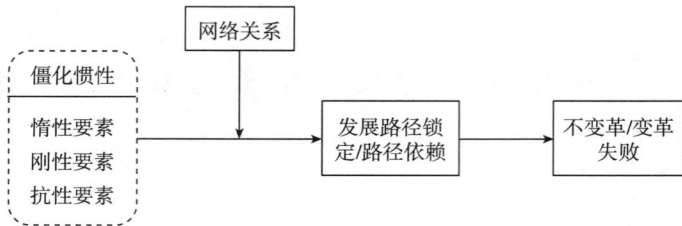

图 3 - 3　组织惯性对组织变革负面作用机制的概念模型

另外，企业的外部因素也不容忽视。从宏观层面来看，企业总是处在一定的企业群体中，它与外部合作伙伴企业由于业务联系而组成一种网络关系。借由文献分析，本书认为，这种网络关系可能会作用于僵化惯性对组织路径依赖的影响，使本来的影响变得更加强烈。这是因为网络关系可能使企业陷入一种"牵一发而动全身"的境地，企业要想获得稳定的利润，就必须与合作伙伴有稳定的合作关系，对合作伙伴的资源投入也不能轻易转移到其他企业身上。因此，它使本来僵化的惯性变得更加僵化，使僵化惯性对路径依赖的催生作用变得更加明显。

二、研究假设

（一）僵化惯性与组织变革

1. 惰性要素与组织变革

组织惰性是组织惯性的首要组成部分，是组织内普遍存在的保持既定行为方式和消极应对环境变化的倾向，具有很大的消极性。惰性首先是个人的惰性，在组织中，个人惰性的集合，尤其是关键决策人物的惰性会导致形成组织整体的惰性。惰性因素使个人和组织安于现状、不思改变，从而对企业外部环境变化变得麻木。这时企业也不太可能考虑变革问题，所以从理论上讲，组织惰性对组织变革有很大的负面影响。

组织惰性是一种主观因素，主要存在于个体层面，但是个体层面惰性的整合效果就使组织整体表现出惰性倾向。惰性对组织变革的影响，可能从一开始就表现出来了，因为在决定做某件事情时，先有主观意愿上的选择，才可能采取进一步的行动。由于惰性的存在，在面对变与不变的选择时，个人明显会倾向于选择保持不变，因此从一开始就把组织变革拒之门外。这是从直观意义上来看惰性所造成的影响，惰性是一种懒于行动的表现。如果从另一个角度来看，惰性表现出的是一种不反应性，就像化学学科所讲的惰性气体一样，它本身的性质决定了其很难对外界刺激发生反应，而是稳定地保持自己原有的状态。从这个意义上看，惰性是一种不能行动的表现。在组织成员身上如果存在惰性，则面对外部环境的变化，个人是不会有所反应的，即便是被要求采取一些行动，个人也会倾向于无动于衷，也即表现出不反应性，很明显，这种不反应性不利于组织变革发生。

对一般企业来说，组织结构中存在着惰性，而惰性的产生是由科层制的设计所造成的，该设计追求内部的稳定性。惰性的产生会有负面作用，因为随着企业生命周期的增长，企业的规模也在扩大，这时组织的层级结果会变得更加复杂，而惰性的存在会致使组织内部缺乏沟通、信息传递缓慢、员工士气不足等，组织对外界变化的反应也会变得迟钝，从而不能够及时地进行战略变革。这正说明了企业其实是存在着"效率"与"适应"的矛盾，当过于关注内部运作效率时，就会忽略外部适应问题，即惰性是追求效率的结果，却导致变革上的困难（刘海建等，2012，2014）。

还有学者认为，惰性因素是由组织战略、结构和文化交织而成的，它偏好静态结构，如果改变组织模式，可能会使组织变得不稳定，如果变革内容过多致使三者不匹配，就会导致组织衰败。组织惰性是组织变革一种持久的阻力，惰性导致员工情绪低落、效率低下，即便拥有效率，也是安于现状、厌恶改变；就算企业意识到外部环境的变化，也不能做出有效反应。由于行动上的惰性，企业往往依赖以前的成功模式，使其战略、流程、资源和文化都难以发生改变。由此可知，惰性对组织变革是不利的，它会导致组织停滞，是大量成熟企业走向衰败的重要原因（白景坤，2014；白景坤等，2016）。

根据以上分析，可以提出如下假设：

H1：组织惯性的惰性要素对组织变革具有负向影响。

2. 刚性要素与组织变革

刚性指的是组织想改变而不能的现象。它更多的是一种客观因素，受限于某些客观条件，因为它不像惰性一样从意愿上不愿意改变，而是试图采取行动但是却无能为力的一种状况。Leonard - Barton（1992）认为，企业存在着核心刚性，核心刚性来自于核心能力，核心能力是区分并提供企业竞争优势的知识集，它包括四个维度：一是员工知识和技能，二是技术系统，三是管理系统，四是价值观和行为规范。由于这四个维度上企业的独特表现，导致了企业拥有优于其他企业的核心能力，核心能力的不可模仿性决定了它的难以改变性。这种"能力"内嵌在四个维度中，当外部环境尤其是技术环境快速变化，不断打破这种核心能力时，这种能力就会失效，会成为阻碍新产品或流程开发的一种阻碍因素，也就是核心能力演变成了核心刚性。当做出改变所牵涉的维度越多、类型越丰富时，刚性强度就越大。可见，在面临变革时，企业的核心能力可能会变为核心刚性，成为阻碍其变革的因素。

Christensen 和 Bower（1996）认为，企业可能面临着某些技术变化的影响，这些技术被称为颠覆性技术，它用于开发新的产品，这些新产品与成熟产品具有不同的价值主张且具有较低的性能，针对的是边缘客户。这些新技术和新产品出现之初不引人注目，也不能带来很大利润，所以容易被在位企业忽略。企业在开发利用这些新技术上具有一种刚性，既不会把足够多的资源投入到这些新技术上，也不会更改产品开发流程，这体现出企业价值观的固化和难以改变性。但是，这些技术成长速度惊人，当拥有足够的投入，其产品性能提升之后，会快速颠覆掉在位企业的产品，使其失去原有市场，在位企业由于没能及时变革而走向衰败。所以，企业拥有的刚性特征往往让成功企业内部所蕴含的强大力量阻碍他们自己进行创新和变革。这些力量在原有的业务中发挥作用，但面对颠覆性技术时，就成为一种羁绊，这和核心刚性理论具有逻辑一致性。

在 Gilbert（2005）的理论中，组织惯性包括资源刚性和惯例刚性两部分，"刚性"是组织惯性最重要的特征。资源刚性指的是企业不能够改变资源的投资模式，它既包括资源本身的不变性，又包括资源投资选择的固化，而惯例刚性指的是不能够改变使用这些资源的流程。很明显，Christensen 的颠覆式创新理论所说的，企业拥有的刚性和 Gilbert 的描述是相符的——资源和流程这两个重要部分核心地决定了企业无法轻易做出改变。而 Leonard - Barton 的核心刚性理论所谓的四个维度中的员工知识和技能相当于这里的资源，技术系统和管理系统则相当于使用资源的流程，他的价值观和行为规范则与 Christensen 的所谓价值观相符，因此，它们本质上具有一致性。正是这些刚性特征的存在导致企业在面临环境变化时，无力从事组织变革。

根据以上分析，可以提出如下假设：

H2：组织惯性的刚性要素对组织变革具有负向影响。

3. 抗性要素与组织变革

惯性中的惰性因素表明了不愿行动的意愿，刚性表明了难以改变的事实，而抗性则更进一步，它表明组织成员会对改变现状的事情表现出反抗情绪和行为。和惰性一样，抗性也主要是主观上的因素，但它发生在变革的过程中，持续时间较长。

组织成员为什么会表现出抗性？原因是多方面的。首先，未来的不确定性，组织成员不确定组织做出改变之后会是什么样子，出于对不确定性的恐惧而表现出对变革的抵制。其次，成本因素的限制：第一，沉没成本。沉没成本是指既有投入产生的成本，这些投入一旦不再发挥作用，损失就无法挽回（Colombo 和 Delmastro，2002），因此它限制了个人和组织进行变革的意愿。第二，转换成本。转换成本是指员工从当前工作转移到新工作，从当前技能转移到学习新技能所产生的成本（Delfgaauw 和 Swank，2016），由于这些成本的存在，组织成员厌恶做出改变。第三，有限理性。有限理性是指组织成员对环境变化的信息处理能力有限，而且信息获取也有限，做出改变未必能保证结果最优，所以成员倾向于保持现状、阻止变化的发生（March 和 Simon，1958；Dixit Pindyck，1994）。

简而言之，这几个方面的原因就是对不确定性的排斥、成本限制、有限理性。每种原因都导致产生对变化的拒抗，因此个人的抗性对组织变革有明显的阻碍作用，组织中个人层面的抗性综合到组织层面就表现出组织整体对变革的抵抗。

由以上分析，可以提出如下假设：

H3：组织惯性的抗性要素对组织变革具有负向影响。

（二）僵化惯性与路径依赖

路径依赖是指组织对原有发展路径的锁定，它体现在做决策时组织倾向把选择局限于历史发生过的行为和方案上，达到一种历史因素的持续性和不变性（North，1990）。路径依赖既是一种状态，又是一种过程，组织早期的历史事件会对组织的发展轨迹产生影响，它强调系统发展中历史因素的滞后作用（曹瑄玮等，2008；尹贻梅等，2011），即历史做法对现有选择具有参考和锁定作用。这是由行动者的有限理性和制度转化的高交易成本决定的（时晓虹等，2014）。组织惯性是一种路径依赖机制，路径的锁定既可能是有利的（高效率），又可能是有害的（低效率）。

1. 惰性要素与路径依赖

范公广和施杰（2017）研究了组织惰性对市场知识转移的影响，发现组织惰性会显著阻碍市场知识在企业联盟伙伴之间的转移，而这种阻碍作用是通过吸收能力的弱化来发挥的，因为惰性会降低企业员工的学习意愿，同时降低员工的学习能力。学习意愿和学习能力的降低意味着新路径开拓能力的降低。

林志扬和李海东（2012）的研究表明，当员工形成某种习惯后，其思维中的认知惰性就会发生作用，导致他们倾向选择更快捷和低风险的方案，更关注当下经验的开发而不是探索未来（March，1996）。这意味着组织会陷入成熟陷阱之中，不再寻求更优方案，从而发展路径比较固化。

刘海建等（2012）认为，惰性会导致三种认知偏差：①可得性偏差，即喜欢用容易获得的信息来证明某件事，这些信息与决策者的记忆紧密联系，但并不是完整和客观的；②证实性偏差，即决策者喜欢接受已证明的信息而拒绝未证明的信息，但事实上未证明的信息有可能是正确的；③代表性不足偏差，即用片面、少量的事例归纳得到类似结论。这些认知偏差其实也会导致忽略更优备选方案，使决策锁定在既有成功经验上。

以上观点总结起来就是，组织惰性降低了组织成员的学习意愿和学习能力，使新路径开拓受限；由于惰性的存在，员工更加倾向于对当下经验进行开发，而不是探索新经验，这使路径固化；组织惰性还会造成认知偏差，使组织在做决策时不自觉地把方案选择在既定路径上。所以，从以上三个方面来看，组织惰性都会导致企业路径依赖现象的发生。

根据以上分析，可以提出如下假设：

H4：组织惯性的惰性要素对路径依赖具有正向影响。

2. 刚性要素与路径依赖

David（1985）和 Arthur（1989）论证了技术变迁过程中的路径依赖特征，诺斯（North，1990）借鉴这种思想，论证了制度变迁中的路径依赖现象。他所谓的制度主要是指社会整体层面的制度，包括法律制度和经济制度等。在微观企业层面，企业存在着制度刚性，它会导致所谓制度上的路径依赖。制度刚性来源于既有的利益关系，在现行制度下，企业内部各成员的利益基本上处于稳定状态，一旦制度改变，会触动很多人的利益。当新的制度标准可能会削减个体的权力时，他们就会倾向于抵制新的标准，尤其是那些拥有较多权力的人，这其实是一种权力依赖。

Leonard – Barton（1992）的核心刚性理论表明，企业的核心刚性是其核心能力所形成的陷阱。在此陷阱中，企业越是利用既有的成功因素，越是会在既定的路径上走得更远，最终必然遭到原有成功因素的限制。企业的技术刚性、文化刚性、认知局限性等都是导致路径依赖的因素。

从资源刚性的角度来看，资源刚性来自于资源依赖性和现有资源的再投资激励。"资源依赖性"是指外部资源塑造并限制了内部战略选择，例如，当主流顾客都青睐当前产品而只有小众客户才喜欢新兴产品时，企业很难把资源投入新技术产品上。"现有资源再投资激励"是指市场势力的作用：一是如果新技术存在进入壁垒，企业则会选择在现有资源上再投资，而不是投资新技术；二是如果企业不在当前资源上投资而改投新技术，可能会动摇其市场主导地位、失去市场势力，因此它宁愿选择不投资（Gilbert，2005）。所以，资源刚性会导致资源的锁定，使企业维持无效资源并在发展路径上保持下去。

根据以上分析，可以提出如下假设：

H5：组织惯性的刚性要素对路径依赖具有正向影响。

3. 抗性要素与路径依赖

路径依赖的最初路径是由历史偶发事件或微小事件引起的，由于行动者的有限理性以及较高的制度转换成本而受到加强。此外，由于企业早期投资所产生的沉没成本和既有收益影响了企业成员的风险偏好，企业对变化表现出抵抗特征（汪良军，2000），因此组织抗性因素与路径依赖之间存在着明显的联系。那么它们二者的关系如何？很明显，抗性是一种抵制因素，它贯穿于某种变化的始终，由于拒抗新情况的出现，故而使原有状况一直持续下去。所以，抗性是路径依赖的前置因素，是导致路径依赖的原因，路径依赖是抗性作用的结果。

路径依赖其实包含着路径锁定和路径创造两种可能性，但是路径创造需要偶然事件的触发，最重要的是要依赖人的主观能动性，也就是说，组织成员的主动创造才能打破路径依赖（Garud 和 Karnøe，2001；Pham，2007；Schienstock，2011）。但实际上组织成员往往对创造充满抵触，在实际中表现出抗性，从而使路径陷入锁定状态无法自拔。

不仅组织成员个体存在对变化的抵制，而且企业文化中也存在着抗性。这种文化抗性是为了维持当前文化的稳定性，但是它又像人体的抗体机能一样排斥外来文化，阻止外部文化的进入，一旦进入就会对齐进行压制和消灭（陈传明和张敏，2005）。这种抗性造成的后果是，企业文化会沿着一条低效率的路径延续下去，最终被锁定而难以退出，形成了路径依赖。

根据以上分析，可以提出如下假设：

H6：组织惯性的抗性要素对路径依赖具有正向影响。

（三）路径依赖与组织变革

管理学中有一个著名的"伊卡洛斯悖论"[①]（Icarus Paradox），讲的是路径依赖导致企业不能变革的问题，即曾经支撑企业发展的能力最终却成为限制企业变革和发展的障碍。因为企业容易遵循既有的行为模式不断取得成功，直到最后该模式不再有效，企业的发展路径无法摆脱原有的束缚。任何一种路径依赖最终都会反过来成为限制组织进一步发展的羁绊（林志扬和李海英，2012）。

从资源视角来看，路径依赖首先会导致企业对资源再整合能力的降低，使企业对外部环境变化反应能力不足；其次即便企业进行了资源重新配置和整合，也依然容易沿着原有路径发展，很难取得能力的变轨和重大突破（李海东和林志扬，2012）。有学者认为，路径依赖具有明显的偶发性和自我强化性。偶发性决定了路径依赖所"依赖"的路径在可能性上是有多条的，而最终所锁定的路径未必是最优的，但是在自我强化机制下，还是不断坚持下去（Vergne 和 Durand，2010）。自我强化是指企业越来越认可当前的行为模式，它严重限制了个人、企业、政府可能采取的行动的范围（Haeder，2012），因此使得打破当前状态变得困难。

在现实中，人们直到现在还在使用 QWERTY 键盘，然而这种键盘设计对操作来说并不是最优的，一直被锁定在次优路径上，它之所以一直沿用至今，就是

---

① 伊卡洛斯是希腊神话中的人物，他被困在小岛上无法逃离大海，其父亲为了帮助其逃离，就用蜡烛为它做了一对翅膀，伊卡洛斯借助翅膀向着太阳飞离了小岛。但是他由于向往太阳的美好，一直向太阳飞去不愿停下来，结果翅膀被太阳融化，最终掉入爱琴海内摔死。这很形象地阐明了路径依赖所带来的恶果。

路径依赖起到了重要作用（David，1985）。此外，企业也不乏因为路径依赖而导致变革失败的案例，福特汽车就是一个最好的案例。20世纪初，福特公司推出T型车，用流水线模式把成本大大降低，从而在市场上获取了极大的成功。但是，随着人们消费偏好的改变，福特提供的汽车本应该也做出相应改变，但却陷入了深深的路径依赖。公司拒绝生产、提供新型密封型的车辆，依然把组织结构和生产流程锁定在原有的模式上，结果它逐步丧失了大量的市场机会。这说明路径依赖确实会导致变革失败，最终带来企业衰败。

根据以上分析，可以提出如下假设：

H7：路径依赖对组织变革具有负向影响。

（四）路径依赖的中介作用

一般来说，企业追求的是稳定性，因为它保证了组织内外跨时空交易的可能性，而僵化惯性为这种稳定性提供了保障。但是，稳定性对企业运作效率来说虽然是必要的，但并非是充分的。企业稳定不代表企业满意，组织中的个人可能会对当前状态产生不满，但也未必采取实际措施改变现状，因为路径的锁定决定了变革的预期成本可能大于预期收益（North，1990）。从利润角度来看，企业的利润满意度存在着区间和下限，企业的利润从非常满意变为基本满意再到不满意，需要一个逐渐的过程。因此，当前僵化惯性的打破会出现迟滞性，这种迟滞就表现为组织的路径依赖性（周清杰，2005）。

路径依赖存在着两种方法论观点（Perello‐Marin等，2013）。第一种是确定性观点，认为企业一旦选择了特定的行动方案，随着时间的推移就越来越难以扭转这一过程（Pierson，2000；Schmidt和Sprindler，2002；Webster，2008）。原因是僵化惯性一旦形成，企业就会陷入自我强化的路径，而且企业内部各机构之间存在着相互依存性，如果不进行全局变革就不太可能有局部变革成功的可能性，这进一步加强了企业的路径依赖特征（韦惠兰和黄家飞，2008）。

第二种是不确定性观点，认为在路径的锁定过程中，偶然事件起到了很大作用，而且比初始条件更重要。初始条件并不能确定结果，一系列偶然事件对路径的影响大于初始条件本身（Bellaiche，2010；Marciano等，2012）。如果这些偶然事件导致报酬递增，或者造成沉没成本和适应性预期，它就会被强化（Sydow等，2009；Beckman和Burton，2008），组织的僵化惯性提供了这种强化的作用，导致了路径的锁定（Vergne和Durank，2010）。

相比"确定性"观点，"不确定性"观点为企业的路径改变提供了理论上的可能，但是有很大的偶然成分，"意外"起了很大的作用（van Driel和Dolfsma，2009）。然而即便这两种观点有分歧，它们都表明企业当前所依赖的路径一定会在企业僵化惯性和组织变革之间起"锁定"作用。简言之，组织的僵化惯性对组织发展是不利的，僵化惯性的本质是一种发展路径的锁定，而路径的锁定导致变革的困难。

根据以上分析，特提出如下假设：

H8：路径依赖在组织惯性的惰性要素和组织变革间起到完全中介作用。

H9：路径依赖在组织惯性的刚性要素和组织变革间起到完全中介作用。

H10：路径依赖在组织惯性的惰性要素和组织变革间起到完全中介作用。

（五）网络关系的调节作用

前文所分析的僵化惯性，更多的是从企业内部出发，企业外部的力量也不容忽视，这些影响力量被称之为企业的"网络关系"，即企业与外部利益相关者所形成的稳定联系，包括客户、供应商、合作伙伴等。企业处于一定的环境中，单个企业既是独立行动者，又是更大集体中的成员，组织间具有网络运作规范，而单个组织则必须遵守这些规范，在这种条件下尽可能地追求自己最大化的利益（Astley 和 van de Ven，1983）。

组织生态学理论最关注企业的网络关系问题。它把企业群体（群落）作为一个整体来看待，一个企业群体相当于自然界的一个种群，企业间有着紧密而稳定的联系（Hannan 和 Freeman，1977）。企业想要生存下去，就必须对利益相关者负责，这要求企业具有稳定的绩效和可解释的行为，为了做到这一点，企业必须保有较高的结构惯性（Hannan 和 Freeman，1984）。这表明，企业作为一个生态群体的一分子，必须与周围环境保持一致，不能随便偏离自己的发展路径，否则很有可能失去生存机会，所以这种网络关系将加剧企业组织的僵化惯性并导致路径依赖。

单个企业不仅对其他利益相关企业负有责任，而且还需要从其他企业那里获取收益。企业可以从外部网络关系中获取一定的资源，弥补内部资源的不足，如果企业存在一定程度的惯性，会有利于形成稳定的资源关系、增强自身的资源利用能力，以及促进整个集群网络的可持续发展能力（吕一博等，2015）。然而这种对外部资源的依赖会导致资源的守旧，反过来增强企业的僵化惯性，因而惯性和网络关系之间形成了相互强化的机制（刘洁等，2017），并导致企业产生组织发展的路径依赖特征（党兴华等，2016）。

在企业内部，利益相关者的网络关系也会加剧路径依赖的产生，Lamberg 等（2008）明确提出，企业初始条件在承诺网络的作用下会被不断放大和固化，并通过网络关系传播，利益相关者的网络关系越复杂，企业路径改变的可能性就越小。

根据以上分析，可以提出如下假设：

H11：网络关系在组织惯性的惰性要素和路径依赖间起到正向调节作用。

H12：网络关系在组织惯性的刚性要素和路径依赖间起到正向调节作用。

H13：网络关系在组织惯性的抗性要素和路径依赖间起到正向调节作用。

三、实证模型

汇总本书目前提出的假设如表 3 - 1 所示。根据以上分析和假设，可以得出如图 3 - 4 所示的实证模型，其中自变量有三个，分别是惰性、刚性、抗性，它们是组织僵化惯性的构成要素；因变量有一个，即组织变革；中介变量一个，即路径依赖；调节变量一个，即网络关系。

表 3 - 1　组织惯性对组织变革的负面作用机制假设汇总

变量关系	假设陈述
僵化惯性与组织变革	H1：组织惯性的惰性要素对组织变革具有负向影响
	H2：组织惯性的刚性要素对组织变革具有负向影响
	H3：组织惯性的抗性要素对组织变革具有负向影响
僵化惯性与路径依赖	H4：组织惯性的惰性要素对路径依赖具有正向影响
	H5：组织惯性的刚性要素对路径依赖具有正向影响
	H6：组织惯性的抗性要素对路径依赖具有正向影响
路径依赖与组织变革	H7：路径依赖对组织变革具有负向影响
路径依赖的中介作用	H8：路径依赖在组织惯性的惰性要素和组织变革间起到完全中介作用
	H9：路径依赖在组织惯性的刚性要素和组织变革间起到完全中介作用
	H10：路径依赖在组织惯性的抗性要素和组织变革间起到完全中介作用
网络关系的调节作用	H11：网络关系在组织惯性的惰性要素和路径依赖间起到正向调节作用
	H12：网络关系在组织惯性的刚性要素和路径依赖间起到正向调节作用
	H13：网络关系在组织惯性的抗性要素和路径依赖间起到正向调节作用

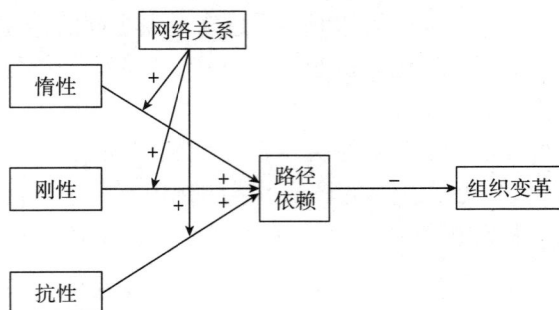

图 3 - 4　组织惯性对组织变革的负面作用机制实证模型

第三节　组织惯性对组织变革的正面作用机制

一、概念模型

上一节提及的负向作用机制是组织惯性比较明显的表现，它在本文被称为"僵化惯性"。然而，越来越多的研究和事实表明，组织惯性也有利于变革（Feldman 和 Pentland，2003）。企业的很多变革实际上是在惯性的指导下连续完成的，并非是全面抛弃惯性一次性颠覆所有（高静美和陈甫，2013）。企业的创新也往往是在资源和能力深度开发的基础上逐步积累而最终有所突破（王向阳等，2011），惯性组织内部的连续变化可以极大地改善长期绩效，组织在连续基础上进行调整更可靠，惯性是变革的先决条件，而不是一贯性的结果（Hakonsson 等，2009）。因而惯性之于组织发展具有动态的特征，在本书被称为"动态惯性"。

本章第一节已经得知，动态惯性具有两个构成因素：一是动量，二是惯例，它们会促进组织变革。这种促进作用是如何发挥的？本书认为，动态惯性所拥有的作用是维持组织资源和能力的动态性，它保证组织资源在稳定的环境下不断进行重组优化，使组织所拥有的适应能力也不断更新重构。这种资源和能力的不断更新重构，可称之为"资源拼凑"，而动态惯性是资源拼凑的前置因素，对其有促进作用。从动量要素上来看，动量首先是一种"势头"，一种趋势，它有利于资源的拆分与再组合，其次是一种"重复"，速度上偏向于稳定，使资源的整合稳定在一定的节奏上。从惯例要素上来看，惯例一方面强调"规则"，它为资源的调整提供了参考和秩序；另一方面是"行动"，在重复的行动过程中产生新的资源利用效果。所以可以认为，动态惯性首先作用于资源拼凑。

资源拼凑主要是对企业手头上的资源进行开发再利用，而非主要寻找和投入新的资源。在这种情况下，它实现的其实是一种框架内的优化调整，即在保持整体稳定不变的情况下进行局部的改造。在很多时候，资源组合的方式不同，其产生的能力效果完全不一样。借由这种资源的拼凑，最终引起组织价值创造逻辑和运转方式的改变，实现了组织变革。因此，资源拼凑是推动组织变革和发展的动力。由此可以认为，资源拼凑传导了动态惯性的有利影响，对企业组织变革产生促进作用，其概念模型如图 3-5 所示。资源拼凑在动态惯性和组织变革之间充当了传导作用，成为动态惯性影响组织变革的中间变量。

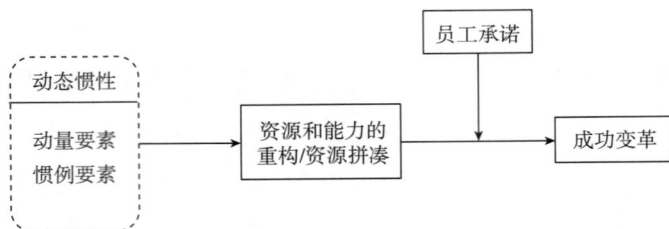

图 3-5 组织惯性对组织变革正面作用机制的概念模型

此外，组织变革成功的关键要素在于"人"，尤其是大量存在于组织中的普通员工。他们对变革的支持和参与是变革成功的关键，如果他们愿意相信组织决策、承诺支持组织变革，那么变革就更容易推进和取得成功，否则就更容易失败。这种员工对组织变革的信任和支持，本书称之为"员工承诺"。如果员工承诺度高，员工就会更加自觉地投入到资源拼凑过程中去，从而有利于把资源拼凑转化为变革成果。它会强化资源拼凑对组织变革的促进作用，在二者间起到调节作用。

二、研究假设

（一）动态惯性与组织变革

当提到"动态惯性"这个词的时候，学界并没有关于此词的正式说法，然而不少研究却蕴含了这一思想。动态惯性所传达的基本思想是，短期惯性达到长期变革的结果。组织总处在惯性条件下的不断变化中，这一次的变化以上一次的变化为指导，下一次的变化以这一次的变化为指导。从长期来看，变化间也存在着惯性，惯性虽然存在，但组织已经发生很大变化，形成实质性的变革成果，因此"惯性催生了变革、变革维持着惯性"的现象就构成了"动态惯性"。

1. 动量要素与组织变革

动量是动态惯性的基础，动态惯性基于动量而延伸。动量其实是一个过程的概念，即组织重复做某件事的现象，尤其指重复变化。如果组织在某次变化中重复的是已经发生过的类似的行为，那么就说在此变化过程中存在着动量（Miller和 Friesen，1980）。动量和惯性一样，都是物理学概念。但在物理上，惯性是没有方向的（只由质量决定），而动量带有方向性（由质量乘以速度决定），所以动量代表了一种"势头"，具有方向性。此外，动量还具有重复性，前期变化为后期积累经验，某种类型的变化促使同类变化的再次发生，所以动量也代表了一种"叠变"，即持续、累加地变化。

在组织惯性概念诞生之初，Hannan 和 Freeman（1984）的组织群体生态学理论认为，组织变革会增大组织死亡率，因此在一个组织群体中，单个组织最好保持惯性而不要随意变革，否则将被环境淘汰。然而，Kelly 和 Amburgey（1991）的实证检验却表明组织变革并不会增大组织死亡的概率，其原因正是"动量"的存在。如果变革过程存在动量，那么某类变化已出现的次数就正向影响同类变革发生的可能性，组织会从变化中积累经验，然后通过形成惯性来管理变化，最后变化就相当于成了惯性，因此它并不会增大组织死亡率。

在后期，Hannan 等学者的思想有所转变，他们不再认为组织一经选择就无法改变，而是组织确实可以主动求变以适应环境（Le Mens 等，2011）。组织的这种改变可能是动量式的。一个群体的组织具有相似的结构特征（同构性），而且与环境匹配，随着环境的变化，组织个体在惯性作用下不断累积变化（即动量），最终群体也逐渐演变，久而久之就形成了新群体。这时的环境也是新环境，新群体适应新环境，新环境使得新群体形成新的惯性。因此，动量理论实际上在组织群体生态理论中构筑了"点"与"点"之间的（过程）桥梁。从中可以推断出，动量对促进组织个体变革和群体演进具有重要作用。

从动量意义上看，过去发生的事件随时间的推移，其相互作用的密度和频率逐渐增大。在不断的叙事过程中，组织成员积累了丰富、密集的集体经验，这有利于组织形成稳定的发展轨迹，而这种稳定不是固定不变，而是平稳地演变（Hernes 等，2015）。动量有利于组织不断把任务分解和细化，随着组织成员对过去所制定任务的共同叙述，他们逐渐获得更强的、把任务向前推进的能力，而这种推进能力对持续改变至关重要。因为变革最终的成功需要在过程中不断制造短期胜利，以让组织成员能够坚持下去，长期的变革效果其实是在一步步小胜利的积累中实现的（Kotter，1995；Appelbaum 等，2017）。

组织先前的变化增加了进一步变化的可能性，动量控制着变革过程（Beck 等，2008），组织变革过程是连续进行的，不能轻易分成不同的独立活动时期，否则就会出现"阿基里斯追不上乌龟"①的解释悖论。实质上，理解变革不能从一个静态过程跳到下一个静态过程，而应采用流程式的、动态化的观点（Hernes，2014），这种思维下的变革不是从稳定转向变革，而是要理解变革的动量作用，寻求变化与变化之间的互动力量（Hernes 等，2015）。

组织变革发生初始对组织具有破坏性，它增大了组织失败的概率，但随着变

---

①　阿基里斯是西方神话故事中一个非常善于奔跑的英雄。该悖论认为，如果要让阿基里斯追赶乌龟，他就必须先到达与乌龟连线的中点，而当他到达中点时，乌龟又到达了下一个位置，他必须再次到达下一个中点，如此无限细分下去，阿基里斯永远都在向中点迈进，但是却追不上乌龟。这里的"诡辩"之处在于，运动是不能被无限分割的，因为时间和空间具有连续性，分割开就违反了事实。运用到组织领域表达的意思就是，环境的变化和组织的变化也是连续进行的，而不能被随便分割开来，否则就会得到组织永远达不到理想状态的结论。

革时间的推移，这种破坏效应减弱，组织内部秩序重新恢复，新的秩序建立，最终可能实现组织的适应性。这说明动量的存在对组织变革是有利的，体现在两个方面：第一，组织逐渐、持续的变化使得破坏性效应减小，如果变化是以较小幅度逐渐发生的，那么变革的破坏性较小，因而失败率较低；第二，重复的变化使组织的恢复加快，因为重复的活动可以积累经验，同时减少混乱和抵制。这两者结合起来，说明动量对组织变革的成功是有益的（Amburgey 等，1993）。

根据以上分析，可以提出如下假设：

H14：组织惯性的动量要素对组织变革具有正向影响。

2. 惯例要素与组织变革

惯例是指由多个参与者执行互相依赖的行动所形成的可重复、可识别的模式，是一种隐含经验的行为规范。惯例并不是一纸文件，而是行为/行动紧密联系，它既有"明示"的作用，又有"实行"的作用，这两方面的融合、互动促进了组织变革的发生。惯例虽然具有一定的稳定性，但并非意味着不能改变。它的主要作用在于让组织平稳地发生过渡，逐步累积而促成变革，最终获取组织的灵活性。Feldman 和 Pentland（2003）、Feldman 等（2016）因此认为惯例既具有稳定性和效率性，同时又拥有灵活性和变革性。他们认为，惯例的明示作用是结构上的抽象，代表了惯例"结构性"的一面，而实行作用是行动上的集合，代表了惯例"行动性"的一面。惯例整体上的明示性是相对明确的，提供了简单的识别和总结；但实行性有众多差别，而且相互影响、相互依赖。因此，惯例有无限变异的可能性，下一次执行的惯例和上一次无论如何都不会完全一样，总有一些变化，其累积效应就导致了惯例明示方面的抽象意义发生变化。

惯例的执行者从明示意义上获取对惯例的理解，然后投入执行，但是仍然会对惯例进行修改。原因有以下四个方面：第一，执行惯例的行动没有产生预期结果；第二，采取的行动导致产生了新的问题需要解决；第三，虽然没有产生新问题，但是产出了新资源，带来了新机会；第四，即便是达到了预期效果，但是执行人仍然认为可以改进（Feldman，2000）。这些原因是对单个执行人而言，它们解释了为什么个人在执行惯例时会对惯例做出修改，使惯例形成偏差。从这个意义上看，改变组织惯例的过程其实是一个组织学习的过程，通过该过程的不断进行，组织会变得越来越好。如果从多人的角度来看，不同的个人理解的惯例不同，不同的人也会产生不同的看法，有时他们的看法甚至是矛盾的，这导致不同人执行出来的同一个惯例也会有所不同。偏差就是在这样的过程中产生的，经过不断地重复，偏差不断地产生，惯例也不断地更新，促使组织活动不断发生变化。

此外，惯例对于组织发展的作用本身就蕴含着变化的特性。Winter（2006）

认为，组织既有的发展路径或组织惯例不能简单地视为对行为的"约束"，应当看作是曾经有效的做事方式。组织可以创造新的发展路径，但必须在一定的惯例基础上进行，新、旧惯例之间存在共生演化的关系。惯例像走钢丝一样，从远处观看似乎是稳定不变的，但在细节上，有时候"变化是产生相同模式所必需的"，组织必须不断进行调整才能保证稳定有序，而不断调整的最终结果是惯例本身也在发生变化（Feldman 等，2016）。

再回到组织变革上，组织变革在短期内是破坏性的，但是长期来看，其破坏性减弱而组织恢复速度加快，最终会得到适应性结果（Amburgey 等，1993）。因此，组织本质上可以变革，但是需要思考如何把变革的破坏性降到最低，而使秩序尽快恢复到可控水平。

根据以上分析，可以提出如下假设：

H15：组织惯性的惯例要素对组织变革具有正向影响。

（二）动态惯性与资源拼凑

1. 动量要素与资源拼凑

资源拼凑（Resources Bricolage）就是对企业资源进行创造性重组。传统理论认为，企业要想持续发展就必须拥有足够的资源，然而这在很多时候并不能满足。资源拼凑理论认为，企业即便是在资源匮乏的情况下，也可以通过对手头上的资源进行开发再利用创造出新的价值，从而改变企业现状，赢得新的发展（Barker 和 Nelson，2005）。资源的创造性重组就是对资源进行整合和再分配，以新的方式协调和组合新的资源以及现有资源，提高资源的协同度，发挥更大的资源效率（Sune 和 Gibb，2015），而且这种资源的再分配和再利用是不断进行和更新的（李平等，2017）。

企业所进行"拼凑"的资源可能是当前稀缺的资源（苏芳等，2016），也可能是冗余或闲置的资源（张宸璐等，2017），当前稀缺的资源是指对已有的、正在利用资源进行重组（Baker 等，2003），而冗余资源则是指对原本不太受重视的资源进行价值挖掘（Desa 等，2013）。通过资源拼凑，组织提高了资源整合度（从分散到一体）、提高了资源协同性（从散乱到协调），提高了资源使用效率（低投入高产出）。虽然这些资源基本上没有发生变化，但是经过组织的再开发再利用，发现了新的价值，发挥了新的作用。这个开发过程需要个人和组织重复地探索、持续地改进，而这种持续的过程就是动态惯性下的动量。动量的存在意味着组织不断参考前边行为的结果来采取后边的行动，它更加倾向于从现有资源出发，不断挖掘资源的利用价值。而且在解决问题的时候，动量使组织成员更乐意在现有框架下寻找突破，因为资源毕竟是有限的，而且这样更容易获得组织认可。由此可以推测，企业组织所存在的动量有利于资源拼凑行为的发生，企业所表现出的动量越强，发掘出资源新价值的可能性就越大。

根据以上分析，可以提出如下假设：

H16：组织惯性的动量要素对资源拼凑具有正向影响。

2. 惯例要素与资源拼凑

惯例对组织非常有利，甚至可以说是必不可少的。首先，它节约了行动时间。有了惯例的存在，组织人员在很多事情上就会自然而然地处理，减少了请示时间，从而能够更快地完成任务，并且框架内更快地提出和落实自己的新构想（都希格，2017）。其次，它会形成组织记忆，存储大量知识。这些知识是企业持续竞争优势的基础，为组织行动提供了指南，而惯例的维持也是通过行为来实现的（宋志红，2006）。由于惯例的存在，很多事情可以平稳地延续下去，在人员更替尤其是领导者替换时不至于运行混乱。再次，它减少了不确定性。由于习惯的存在，人们在做事情时会进行类比，无意识地找到曾经有效的方法。因此这些做法的效果是确定的，并且它针对事情的每一个环节或部分，增大了确定性，从而使整个事情有序进行、协调一致，在复杂的事情上尤其有用。最后，它消除了组织内部的冲突和矛盾，或者把它们控制在合理范围内。惯例可以防止个体成员沿着强烈违反组织要求的路线去追求自己的利益，从而使组织成员之间潜在的冲突不以高度破坏性的形式表现出来，它使组织成员的利益达到一种均衡状态，避免因冲突而把企业推向危险（Nelson 和 Winter，1982）。

越来越多的观点认为，企业可以通过"资源拼凑"的方式发掘现有资源的新服务，产生基于资源的新知识和新的使用属性。一方面，拼凑者可以运用外部知识改造当前资源的使用价值；另一方面，拼凑者也可以在新情境下激发当前资源的新价值（吴亮等，2016）。在这种资源拼凑的作用机制下，企业可以成功进行技术追赶，达到一种"巧创"的效果（李平和周诗豪，2017）。组织惯例有利于资源的深度开发，可以对有形资源、无形资源、人力资源三种资源进行消化再吸收，通过挖掘不同资源之间的协同性对其进行再组合，创造出新的价值（Baker 等，2013；Duymedjian 和 Rüling，2010）。

惯例作为一种抽象的做事方式被组织强加于各种资源集合之上保持一种秩序。惯例不仅有利于维持现状，还有助于产生创新行为。这种行为容易出现在一些按现有惯例无法解决的问题上，解决这些问题时，组织一方面按照惯例发挥作用，另一方面因为"照例"解决问题而引发一系列变化，以现有惯例作为目标而开始的解决问题，反而会导致创新的结果。

一个典型的案例是麦当劳的"麦乐送"集中式订餐业务。在此之前，麦当劳的外卖业务由每个店自己执行，经常出现丢单、漏单、超时、错送等情况。麦乐送"照例"让每个店自己做餐、派送，但是却把不同店面资源整合起来，把所有外卖订单集中起来，通过一个集中呼叫中心来受理和分派订单；中心接到订单后把它派给离消费者最近的店，由该店提供做餐和送餐服务。这样减轻了单店的负担，同时还提高了派送员的工作效率和准确率，而且降低了消费者的搜寻成本，使得客户体验大为改善（张玉利等，2009）。惯例在这里起的作用就是对资源的不断再整合和再利用，资源虽然没有增加，但是通过新的利用方式协同起来，就产生了不一样的效果。惯例保证了在现有的运作体系框架下而对局部资源配置进行微调，从而逐步实现一种创新的效果。

根据以上分析，可以提出如下假设：

H17：组织惯性的惯例要素对资源拼凑具有正向影响。

（三）资源拼凑与组织变革

企业资源拼凑所涉及的资源对象非常广泛，它不仅指物质资源（Baker，2007），还包括各种各样的无形资源，例如，组织知识、人力资源、组织惯例、组织特有的形式等（Perkmann 和 Spicer，2014）。通过一种"拼凑"的方法，企业可以在资源数量不发生明显变化的情况下，达到一种应对环境变化的效果（Senyard 等，2014），而且在环境突变的情况下，这种方法更有可能成为企业的首选（Johannisson Olaison，2007）。

在资源拼凑中，不仅企业的内部力量可以发挥作用，而且企业外部的参与也可能会涉及（Vanevenhoven 等，2011）。实际上，越来越多的消费者（用户）正参与到企业的资源开发和重组中，这也达到一种从消费末端"倒逼"企业进行变革的效果，优化资源使用方式成为一种明显的发展趋势。更多消费者的参与使资源基础观转向了消费者基础观，但其实也可以看作是"以资源为基础"，只不过这时的"资源"已从上游延伸到了下游（终端）。

通过资源的拼凑，企业可以获得动态能力。动态能力就是企业核心能力的不断重构，它可以保持组织随环境变化而变革，使其始终能够适应环境变化并赢得竞争优势（Teece 等，1997）。能力重构是在资源重组的基础上形成的（Teece，2007；苏芳等，2016），能力来源于资源的加工，是以利用资源的方式、手段体现出来的，资源的重组和再利用有利于企业能力的更新和再生成（李平等，2017），因而资源的拼凑应当有利于组织变革的发生。

通过资源拼凑，企业还可以降低创新成本，尤其是闲置资源，如果资源能够被"拼凑"再利用，就可以使沉没掉的成本重新创造出价值（Sirmon 等，2007；孙永磊等，2018），而且闲置资源为企业进行试验行为提供了很好的基础，同时有利于缓冲企业创新过程中的风险（张宸璐等，2017）。从这个角度来看，闲置资源的拼凑行为可能促进变革的发生。

根据以上分析，可以提出如下假设：

H18：资源拼凑对组织变革具有正向影响。

（四）资源拼凑的中介作用

组织惯性能够促进组织变革，对变革产生有利的影响，这虽然被管理理论较少提及，但却是在企业中实实在在发生的事情。高静和陈甫（2013）对企业实际变革操作的调查表明，微调式变革发生次数最多（53.6%），其次是增量调整式变革（25.3%），再次是企业转型（10.8%），最后是模块化转变（10.3%）。他们进一步认为，变革所涉及的范围越大、变革速度越快，在实践中似乎被应用得则越少。也就是说，企业中变革作用的发挥，是逐步积累而发生的，是资源一步步地再调整、再组合，以及能力一步步地再提升所实现的。组织动态惯性所拥有的动量要素和惯例要素在对资源进行重构的过程中，反而容易促使变革发生。

组织的动态惯性可以引发长期变革的效果，但是它通过对资源的拼凑、重组实现。在动态惯性的持续作用下，组织的资源不断地被拼凑再利用，从而不断创造出新的价值，并导致组织结构、流程、管理模式等改变。资源是基础，组织的运营围绕资源展开，通过连续的资源拼凑，累积形成组织明显的变化。动态惯性不仅促进过程的发生，还起到了很好的保持平稳过渡的作用。实质上，这更有利于企业变革的成功。

本书认为，动量要素不仅可以直接导致组织的累积变化，而且还有利于促进资源拼凑行为的发生，使组织通过资源拼凑而实现变革。虽然动量可以直接促使变革的发生，但动态惯性对组织变革的促进作用主要还是通过资源拼凑这一过程来实现的。有人认为，资源拼凑可以应对剧烈的环境变化，促进企业战略转型。但是在资源拼凑的过程中，企业主要依赖于以往的经验，企业惯有的做法和经验为资源拼凑活动提供了指导，使得企业可以挑选以及组合这些资源，把握关键机遇（苏芳等，2016）。拼凑不强调如何获取更多的优质资源，而是关注如何最优使用现有资源，它是一个不断试错、迭代创新的过程，借助以往经验而对企业现有资源进行创造性利用，有助于企业形成创新优势（黄艳等，2017）。在这一点上，组织惯性所拥有的动量要素和惯例要素能够发挥很好的作用，因为它们本身就关注于现有的资源和已经发生的行为方式，通过资源拼凑这一桥梁，组织的动量和惯例得以导致创新和变革的结果。

根据以上分析，可以提出如下假设：

H19：资源拼凑在动量对组织变革的影响中起到部分中介作用。

H20：资源拼凑在惯例对组织变革的影响中起到完全中介作用。

（五）员工承诺的调节作用

有大量的研究表明，员工对变革的承诺影响组织变革的成败，员工的变革承诺是组织承诺在变革中的体现。组织承诺是指组织成员认同组织并把组织的目标和观点内化的一种态度（Jones 和 van de Ven，2016）。员工承诺就是指员工认同变革目标，并将个人与成功实施变革举措所必需的行动方案联系起来的心态，是他们支持、适应和确保组织变革成功的意愿（Herscovitch 和 Meyer，2002；Shin 等，2012），组织成员对变革的承诺度越高，对变革的准备就越充分（Seggewiss 等，2018）、越容易主动推动和落实变革措施，从而提高变革成功的可能性（秦志华等，2015）；反之，如果员工对组织变革表示反抗和抵制，那么变革失败的概率会更大（陈笃升和王重鸣，2015）。要想避免变革失败，必须克服员工的压力和消极行为（唐杰，2010；唐杰等，2012），同时还要主动培养员工的积极情绪，提高员工的主动参与度，这样才能有利于变革成功（张婕等，2013）。

员工承诺有利于企业和员工之间形成融洽的关系，员工对变革进行承诺意味着二者的目标一致、合作愉快，因此变革进行起来相对容易和平稳，另外即便是变革不成功也不会造成企业动荡（Dalio，2018）。从变革的前后过程来看，员工承诺之所以重要，是因为组织所有的举措最终都要靠组织中的人去实施，虽然在强制推行的情况下，变革也有可能最终完成，但是如果获得了员工对变革的承诺，变革的推行就会更加顺利。员工虽然不是变革的发起者，但却是变革行动最大的参与主体，在动态惯性推动下的变革过程中，员工也是对资源开发利用最大的实践者。员工越认同组织目标，就越有可能尝试对资源的开发再利用，从而创造出新的价值。也就是说，员工承诺有利于把资源拼凑转化为变革成果。

根据以上分析，可以提出如下假设：

H21：员工承诺在资源拼凑对组织变革的影响中起到正向调节作用。

三、实证模型

所有假设汇总起来有利于对组织惯性的正向作用机制得到一个全局的认识，其结果如表3－2所示。根据以上分析和假设，可以得出如图3－6所示的实证模型，其中自变量有两个，分别是动量和惯例，它们是组织动态惯性的构成要素；因变量有一个，即组织变革；中介变量一个，即资源拼凑；调节变量一个，即员工承诺。

表3－2　组织惯性对组织变革的正面作用机制假设汇总

变量关系	假设陈述
动态惯性与组织变革	H14：组织惯性的动量要素对组织变革具有正向影响
	H15：组织惯性的惯例要素对组织变革具有正向影响
动态惯性与资源拼凑	H16：组织惯性的动量要素对资源拼凑具有正向影响
	H17：组织惯性的惯例要素对资源拼凑具有正向影响

变量关系	假设陈述
资源拼凑与组织变革	H18：资源拼凑对组织变革具有正向影响
资源拼凑的中介作用	H19：资源拼凑在动量对组织变革的影响中起到部分中介作用
	H20：资源拼凑在惯例对组织变革的影响中起到完全中介作用
员工承诺的调节作用	H21：员工承诺在资源拼凑对组织变革的影响中起到正向调节作用

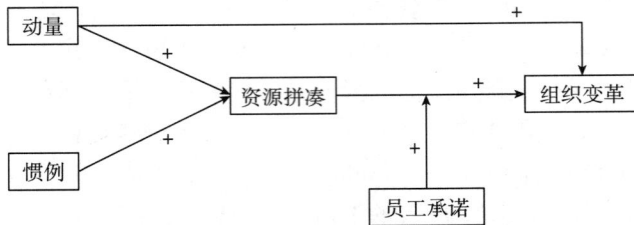

图 3 - 6　组织惯性对组织变革的正面作用机制实证模型

第四章　数据获取

本章的主要任务是进行问卷的设计、数据的收集和初步分析。第一节梳理问卷设计的方法，确定问卷的框架和原则；第二节设计各个变量的具体测量题项；第三节对预调研数据进行分析，然后对问卷做出修正，形成正式调研问卷；第四节对正式调研数据进行初步分析，以为后续章节的正式数据分析做准备。

第一节　问卷设计

一、设计原则

调查问卷是收集数据的一种有效方法，但这种方法的隐含前提是，大多数参与者会认真地阅读并回答所有问题，有足够的能力理解问卷中的问题，愿意提供真实且坦诚的答案。然而实际中同时满足这些条件非常困难，因此提高问卷本身的质量就显得举足轻重，它直接关系到参与者在回答问题时的态度和行为。为了提高问卷质量，在进行问题的设计上，遵循以下"五避免"原则（梁建和谢家琳，2018）：第一，避免使用被调查者不熟悉或者令人费解的文字表述；第二，避免使用具有双重意义的问题，即一句话里隐含了两个意思，得到的答案不知道是对哪个意思的肯定或否定；第三，避免使用诱导性的问题，即提问应该保持客观和中立，不能带入个人价值观和取向，否则答案就会被诱导至自己的"预期"方向；第四，避免使用答题者必须依赖长久记忆才能回答的问题，因为这样会导致答案不准确，并可能使之失去耐心；第五，避免使用答题者倾向于让答案符合社会期望的问题，因为这样的答案是不真实的。

二、设计步骤

在具体的问卷设计中，本书遵循这样的步骤：第一，确定变量的个数。根据上一章的模型和假设，研究所涉及的变量有 10 个，分别是惰性、刚性、抗性、路径依赖、网络关系、动量、惯例、资源拼凑、员工承诺、组织变革。第二，设计问卷结构。一般来说，调查问卷大体上包含两大模块，一是被调查者的基本信息情况，二是具体的问卷题项，本书拟采取这样的结构。第三，设置问卷题项。这是整个调查问卷中最重要的部分，每个变量的测量题项都需要精心设计，一般要参考以往类似研究的测量量表，并结合自身研究实际做出取舍和修改。第四，请专家提出修改意见。在问卷整体设计好后，请相关领域的专家进行阅读评审，以发现其中不合理之处，然后进行修改，从而保证问卷的内容效度。第五，进行预调研，即小样本前测。根据预调研来主要判断问卷量表的合理性，并请被调查者提出意见、建议，获取问卷发放、收集、数据整理的经验方法，为正式调研做准备。第六，根据预调研的结果修改变量和题项。一是预调研的数据分析结果，主要是看信效度检验结果，根据信效度结果来修改量表；二是根据填写者反馈意见和收集的数据来再次修改斟酌问卷题目的表述，也有可能会调整题目顺序，使之更加符合逻辑。第七，形成正式问卷。所有修改完成之后，生成正式调研问卷，然后制定调研计划，进行大样本正式调研。

三、内容分布

本书的问卷总体上分为三个部分：第一部分是问卷的总体说明，也就是引导语，让被调查者快速了解该问卷的研究背景和目的，是问卷外内容。第二、第三部分是上一节所说的两大模块，其中第二部分是基本信息模块，用来了解被调查人员和被调查企业的基本信息，从而了解样本来源的整体分布特征。第三部分是正式问卷内容，即变量的测量题项，每个变量的测量题项一般不低于 3 个，上限拟设置为 8 个，这样既满足最低数量要求，又不至问卷内容过于庞杂。

对具体题项的测量，每个题项都拟采取李克特 7 点量表法，7 点量表即把答案分为 7 个等级，分别用 1～7 来表示，数字越小表明越不赞同题项的描述，数字越大表明越赞同题项的描述：1 代表"强烈不赞同"，2 代表"中等不赞同"，3 代表"轻微不赞同"，4 代表"一般"，5 代表"轻微赞同"，6 代表"中等赞同"，7 代表"强烈赞同"。这样划分更为精细，测量结果更加准确，但填写时需要填写者认真思考。对于这些选项，问卷本身建议被调查者尽量避免选择中性答案（即选择 4），否则会造成答案的无效。

问卷一共涉及 10 个变量，每个变量由若干题项组成。在问卷内容结构设计上，负面作用机制所涉及的变量安排在前半部分，包括惰性、刚性、抗性、路径依赖、网络关系；正面作用机制所涉及的变量安排在后半部分，包括动量、惯例、资源拼凑、员工承诺；因变量"组织变革"放在最前边，用来判断该企业是否发生了组织变革。不同机制的变量尽量安排在一起，有利于保持问题逻辑上的一致性，从而有利于被调查者填写。

第二节 变量测量

在前一章中，我们已经生成了各个变量以及由变量关系组成的假设模型，为了对这些模型和假设进行检验，需要对变量进行测度，每个变量用若干个题项来测量，这些题项构成该变量的测量量表。本书所采取的量表拟在前人较可靠的研究基础上，根据本书的实际需要进行改进和再开发而生成，以保证量表的可靠性（信度和效度）和适用性，本节即进行各变量量表的开发设计。

本书所涉及的变量有四类，分别是自变量、因变量、中介变量、调节变量，对于负面作用机制模型和正面作用机制模型都是如此，具体的变量归纳如表4－1所示。

表4－1 各研究变量归纳

变量类型	变量名称
自变量	惰性、刚性、抗性、动量、惯例
因变量	组织变革
中介变量	路径依赖、资源拼凑
调节变量	网络关系、员工承诺

一、自变量的测量

（一）僵化惯性

1. 惰性

惰性是指保持现状不愿变化的消极表现，甚至变化可能带来有利结果，组织的惰性可以考虑通过个体的表现和对组织的感知加以测量。范公广和施杰（2017）在研究组织惰性对市场知识转移的影响作用时，采取了于爽开发的量表，并选择四个题项，分别是"我在组织中缺乏创新动力""我习惯安于现状、害怕改变现状，工作中不求有功但求无过""变革时企业在制定决策时趋于保守、避免风险""变革时企业的决策犹豫不决、缺乏自信"。于爽（2012）关于惰性的测量其实是五个题项，除以上四个题项外，还有一个题项为"我熟悉组织运营模式，变化发生时会极力维护现有的组织规范和工作习惯"。Huang等（2013）的研究把组织惯性分成认知惯性、行动惯性和心理惯性三类，测量题项对惯性的惰性要素、刚性要素、抗性要素都有所涉及，也具有一定的参考价值。

根据以上学者的研究并结合实际，本书拟设计四个题项来测量惰性因素，其中两个是对个人的直接测量，两个是对组织整体的衡量，具体问题如表 4 - 2 所示。这里需要说明的是，动态惯性各要素的衡量基本都要涉及"认知"和"行动"两个方面，但是这两个方面都需要从组织整体层面来进行考察，问卷题项着重考察组织个体对成员关系和组织整体的感知。

表 4 - 2　惰性因素的测量题项

编号	题项	参考来源
DX1	公司成员习惯安于现状而且不喜欢改变，工作中不求有功但求无过	于爽（2012）、范公广和施杰（2017）、Huang 等（2013）
DX2	公司成员害怕自己不理解的新知识和新想法，会用旧方法解决新问题	
DX3	我们不关心其他公司如何解决问题	
DX4	我们很少观察和学习新观念来改变我们的思维和行动	

2. 刚性

在刚性研究方面，Gilbert（2005）的惯性分解理论比较经典和成熟，他虽然没有提供现成的量表，但是可以从他的案例分析中提出一些有用的问题。白景坤和王健（2016）在研究环境威胁与创业导向对组织惯性的作用时，采取了与 Gilbert 基本一致的逻辑，他关于刚性要素所提取的关键词是市场地位再投资、依赖现有资源等资源刚性，认知固化、依赖经验、实验减少等惯例/流程刚性。陈传明和张敏（2005）的量表对文化刚性进行了测量，提出组织成员个体、群体和组织整体三个层面共 16 个问题；而刘海建（2007）的量表对组织结构刚性进行了测量，则把组织刚性划分为正式化、集权化、整合化、复杂化、制度化五个维度，每个维度有相应的问题。

借鉴以上学者的研究，结合实际，本书拟采用四个题项来测量刚性因素，如表 4 - 3 所示。

表 4 - 3　刚性因素的测量题项

编号	题项	参考来源
GX1	我们一旦形成某种认知就很难发生改变	Gilbert（2005）、白景坤和王健（2016）、Huang 等（2013）、陈传明和张敏（2005）、刘海建（2007）
GX2	我们进行实验性/创造性活动的限制程度很高	
GX3	我们公司追求全体成员行动的一致性	
GX4	当外界环境变化时，公司为了保证当前利润和市场地位，会把资源投入到现有业务上而延迟对新业务的开发	

3. 抗性

关于抗性因素的研究很少涉及，前文已经提到，Huang 等（2013）的研究量表含有抗性因素。此外，刘敏（2011）把组织惯性划分为三个维度：结构维度、知识维度、文化维度，提供了 17 个题项来对它们进行测量，范钧和高孟立（2016）对知识惯性进行了研究，把知识惯性分为程序惯性、资讯惯性、经验惯性三个维度，给出了相应测量题项。李希（2016）从组织结构、组织文化、组织员工、组织资源、外界环境五个方面对组织惯性进行了测量。基于这些已有研究并结合前文的分析，本书拟采用四个题项对抗性要素进行衡量，具体如表 4 - 4 所示。

表 4 - 4 抗性因素的测量题项

编号	题项	参考来源
KX1	当面临工作变化时我会唤起痛苦回忆并感到很焦虑	Huang 等（2013）、刘敏（2011）、范钧和高孟立（2016）、李希（2016）
KX2	当公司内部改革时我会害怕失去利益或担心不能胜任新的角色	
KX3	当组织发生变化时我们会极力维护现有的组织规范和工作习惯	
KX4	当公司出现与主流文化相异的价值观时我们会排斥它	

（二）动态惯性

1. 动量

Kelly 和 Amburgey（1991）在检验 Hannan 和 Freeman 的惯性理论时，提出了考察动量因素的指标，分别是"战略定位的累积变化"和"组织外围特征的累积变化"，这些累积变化包括产品组合、业务方向、市场扩展、横向兼并等。动量的提出者（组织管理领域）Miller 和 Friesen（1980，1982）的研究认为，组织所面临的环境、组织战略和组织结构三者之间所形成的"格式塔"关系，导致变革方向持续加深，战略和结构各因素变量会呈现关联的连续变化。他们提出了 8 个关键变量指标来加以衡量。①更换高层主管；②引进新的产品—市场战略；③建立重大的新设施或采用重大新技术；④利益分配、晋升、定价策略的明显变化；⑤组织结构和职权的调整；⑥外部环境的变化；⑦兼并、收购、增加新的业务部门；⑧行政控制手段、信息系统、计划方法的改变。此外，范钧和高孟立（2016）对知识惯性的测量也有部分题项涉及动量成分，具有一定的参考价值。

根据以上学者的研究，结合动量的具体含义，本书拟定了五个题项用于测量动量因素，前两个题项更偏重于组织整体，而后三个题项更偏重于员工个人，具体问题如表 4 - 5 所示。

表 4 – 5　动量因素的测量题项

编号	题项	参考来源
DL1	公司很少发生明显的变化而总是逐步调整改变	Kelly 和 Amburgey（1991）、Miller 和 Friesen（1980，1982）、范钧和高孟立（2016）
DL2	公司每次发生变化都在前一次变化的基础上进行	
DL3	公司下一步即将发生的变化很容易预测	
DL4	当发生比较熟悉的变化时我们更容易接受	
DL5	我们经常从过去的变化中进行学习且获益	

2. 惯例

关于惯例要素对组织变革的正面贡献作用，Feldman 和 Pentland 的研究最具有参考价值。他们认为所谓"工作惯例"或者"按照惯例工作"，更明白地说就是"惯例就是工作"，即惯例是组织运作的主要方式。但惯例的作用是短暂的，不可能无限期延续，它像一种痕迹的生成，是一个过程而不是一种事物。这种过程不断重复，最终从一种模式演变到另一种模式，组织实践表明，惯例是动态演进的（Feldman 和 Pentland，2016）。他们把惯例分解为"明示"和"实行"两面，二者的互动促进了组织的变革（Feldmant 和 Pentland，2003，2008），根据他们研究的互动演进过程，可以设计若干题项进行测量。除此之外，张江峰（2010）、欧燕（2012）、郭会斌等（2017）的研究也对于惯例量表的开发具有借鉴意义，由此可以设计出惯例要素的测量题项，如表 4 – 6 所示。

表 4 – 6　惯例因素的测量题项

编号	题项	参考来源
GL1	我们有许多日常工作需要依据惯例来展开	Feldman 和 Pentland（2003，2008，2016）、张江峰（2010）、欧燕（2012）、郭会斌等（2017）
GL2	公司不同人员对某项工作惯例的理解和执行会有差别	
GL3	公司经常进行工作流程优化以提高工作效率	
GL4	在不知不觉中我们公司至少有一项工作惯例发生了变化	

二、因变量的测量

本书所研究的模型因变量只有一个，即"组织变革"。关于组织变革的研究大量存在，但是对"变革"的具体测量却很少见，而且还远远没有达到统一。根据组织变革的大量研究，变革的具体测量普遍涉及组织结构、人员、文化、流程、制度、战略六个方面，又因为本书将组织变革定义为在"可操作层面"上对组织自身各要素进行改进和调整的过程，因此可重点考察从组织结构、流程、制度、人员的变化来对变革进行测量。利维特（1989）提出了著名的变革四维度钻石模型，即工作、结构、人员、技术，徐学军等（2010）的研究对每个维度进行了解释；霍明（2012）和王嵘冰（2015）对企业组织结构变革、战略变革和业务流程变革进行了测度；阮鹏宇（2016）对组织变革的结构、人员和策略因素进行了测度；陈瑶（2008）和尹晓峰（2015）对组织变革的四个特征，即风险创新性、动态整合性、网络互动性、文化多样性进行了测量。

借鉴以上学者的研究成果，本书对结构变革的考察主要关注组织层级的改变、集权程度的变化以及部门的增减；流程变革主要关注管理工作流程或具体的生产流程的改变；制度变革主要关注管理方法和系统，以及正式的管理制度；人员变革主要关注人力资源配置的调整，包括岗位变化（新增、裁减）。四个因素的衡量分别有三个、一个、两个、两个题项，具体如表4-7所示。

表4-7　组织变革的测量题项

编号	题项	参考来源
ZZBG1	公司合并、组建或裁减过部门	利维特（1989）、徐学军等（2010）、霍明（2012）、王嵘冰（2015）、阮鹏宇（2016）、陈瑶（2008）、尹晓峰（2015）
ZZBG2	公司的组织层级有所增加或减少	
ZZBG3	相比以前，公司员工现在拥有更多的决策权或更少的决策权	
ZZBG4	公司至少有一种工作流程或生产流程发生了明显的变化	
ZZBG5	公司的管理系统和管理方法不断在发生变化	
ZZBG6	相比以前，公司的管理制度出现过重要创新	
ZZBG7	公司因业务需求调整过人力的配置	
ZZBG8	公司的岗位设置发生过变化（增加/减少/变更）	

三、中介变量的测量

（一）路径依赖

王向阳等（2011）把路径依赖分为三个维度，分别是组织结构的依赖性、核心竞争力的依赖性、企业文化的依赖性，提出共九个测量题项。穆文奇（2017）在研究动态能力与企业持续竞争优势的关系时，对路径依赖进行了四个题项的测量。王皓（2016）研究了企业产品开发中的路径依赖特征，指出路径依赖在企业产品开发上的表现就是新产品与已有产品的相似性（具有接近的特征）。

此外，关于企业路径依赖研究的一些共识告诉我们，路径依赖既有状态性又有过程性；早期事件对晚期事件具有影响；历史因素具有滞后作用；发展路径具有自我强化作用等（曹瑄玮等，2008；尹贻梅等，2011；刘汉民等，2012），可以根据这些信息辅助设计测量问卷的题项。综合以上内容，本书一共设计六个题项对路径依赖进行测量，具体如表4-8所示。

表4-8　路径依赖的测量题项

编号	题项	参考来源
LJYL1	公司有些事情虽然不合理但是我们已经习以为常并接受	王向阳等（2011）、穆文奇（2017）、王皓（2016）、曹瑄玮等（2008）、尹贻梅等（2011）、刘汉民等（2012）
LJYL2	当有多种选择时，我们倾向于选择熟悉的行动路径和方案	
LJYL3	某些决策和行动我们坚持得越久越觉得其是正确的	
LJYL4	公司有些事情因为以前的承诺而不能够改变	
LJYL5	公司的新产品或技术与已有产品或技术高度关联	
LJYL6	公司的发展路径基本是不变的	

（二）资源拼凑

关于资源拼凑的量表虽然较多，但与本书表达的意思略有不同。多数研究中所谓的"资源拼凑"主要是指创业型企业（新创企业）在资源匮乏的情况下"巧用"手头资源的现象，还包括冗余、闲置资源的再利用；而本书的"资源拼凑"着重是指已经发展起来的企业不断重组和再利用现有资源，以求达到企业能力的重构从而赢得变革性发展的现象。二者虽然不完全相同，但仍具有很好的借鉴意义。

对"资源拼凑"的测量，Senyard等（2009）、Senyeard等（2014）开发的量表得到了大量的验证并有很多人采用。他们的量表一共8个题项，涉及资源拼凑倾向性和具体拼凑行为实施两方面。赵兴庐和张建琦（2016）在研究资源拼凑对企业绩效的影响时借鉴了Senyard的量表，也提出了八个题项。奚雷等（2017）关于资源拼凑对企业双元创新协同性影响的研究、孙锐和周飞（2017）关于资源拼凑在企业社会联系和商业模式创新之间中介作用的研究、张秀娥和张坤（2018）关于资源拼凑在创业导向和企业绩效之间中介作用的研究、于淼和马文甲（2018）关于资源拼凑在企业开放式创新和创新绩效之间中介作用的研究、何一清等（2015）关于资源拼凑在企业创新能力和创新绩效之间起调节作用的研究等也借鉴了该量表。此外，吴亮和刘衡（2017）在研究资源拼凑对企业创新绩效的影响时，采用了Salunke等（2013）开发的测量量表，一共涉及三个题项，也具有一定的借鉴意义。

本书在以上学者研究量表的基础上，结合研究实际设计了五个题项来对资源拼凑进行测量，具体如表4-9所示。

表 4-9　资源拼凑的测量题项

编号	题项	参考来源
ZYPC1	公司的技术和其他生产资源主要是从实践中逐渐积累起来的	Senyard 等（2009）Senyard 等（2014）、赵兴庐等（2016）、奚雷等（2017）、孙锐和周飞（2017）、张秀娥和张坤（2018）、于淼和马文甲（2018）、何一清等（2015）、Salunke（2013）、吴亮和刘衡（2017）
ZYPC2	公司善于对现有人力或物质资源进行整合而创造出新的价值	
ZYPC3	我们会使用原本不打算使用的资源来应对新的挑战	
ZYPC4	当资源不足时，我们能够利用其他未被充分利用的资源来代替解决	
ZYPC5	我们利用一切可利用的手头资源来应对新的挑战或机会	

四、调节变量的测量

（一）网络关系

本书所研究的"网络关系"指的是企业与外部合作伙伴之间的关系。这些合作伙伴主要包括战略联盟企业、供应商（卖方）、客户企业（买方），以及企业群体（集群）中的其他企业，这些企业对企业行为也具有一定的影响。对网络关系的测量主要考虑网络关系的强度，因为本书假设企业的外部网络关系越紧密越稳定，企业的惯性作用越强。网络关系主体隐含在题项中，在正式问卷中将明确指出"合作伙伴"包括的对象。

对网络关系强度的测量，余红剑（2007）提出了"沟通、信任、协调"三个维度，如果企业与合作伙伴的沟通较多、信任度高、协调性好，则说明企业的网络关系质量较高。这些维度一共涉及 12 个测量题项，具有较好的参考价值。潘松挺（2009）、潘松挺和蔡宁（2010）开发了四个测量维度的量表，分别是接触时间、投入资源、合作交流范围、互惠性，共 13 个题项。其中，"接触时间"衡量的企业与合作伙伴交流的频繁度、关系的持续性；"投入资源"衡量的是为维持伙伴关系所投入的人力、财力、设备和社会资源；"合作交流范围"衡量的是关系网的规模；"互惠性"衡量的是相互利益关系的紧密程度。这四个维度比较全面地概括了网络关系的强度，得到了非常广泛的认可和频繁的使用。史丽萍等（2014）在研究网络关系强度与组织学习的关系时，直接把网络关系划分为此四个维度，作为四个分变量。此外，徐婷（2014）在研究企业网络关系强度与技术创新的关系、刘学元等（2016）在研究企业创新网络关系与企业绩效的关系，杜宪（2017）在研究企业创新网络关系对创新绩效的影响时，也都借鉴了潘松挺的量表，分别提出了 15 个、10 个、14 个测量题项。除这些比较常见的量表外，李秀菊（2010）的研究则把网络关系分为结构维度、认知维度、关系维度三个维度，开发了 13 个测量题项；武志传和陈莹（2007）开发了企业网络关系质量的测量量表，主要涉及关系强度、持久度、公平度三个方面，还包括关系频率、关系多样性以及关系灵活性，其中前三个维度可以很好地解释中国企业现象，这些也都具有一定的参考价值。

借鉴前人研究，本书提出企业"网络关系"的 7 个测量题项，分别体现了网络关系的多样性、频繁性、正式性、互惠性、群体性、约束性、稳定性，这些题项具体如表 4 - 10 所示。

表 4 - 10　网络关系的测量题项

	题项	参考来源
WLGX1	公司与供应商、客户企业、联盟企业等多个主体形成了合作伙伴关系（多样性）	余红剑（2007）、潘松挺（2009）、潘松挺和蔡宁（2010）、史丽萍等（2014）、徐婷（2014）、刘学元等（2016）、杜宪（2017）、李秀菊（2010）、武志伟和陈莹（2007）
WLGX2	公司经常与合作伙伴进行正式和非正式的信息交流（频繁性）	
WLGX3	公司与合作伙伴之间制定了良好的共事规则（正式性）	
WLGX4	公司在做决策时会兼顾合作伙伴的利益（互惠性）	
WLGX5	公司在对外业务决策时会考虑地区内同行企业的反应（群体性）	
WLGX6	公司投入的软硬件资源很难转移到其他合作伙伴身上（约束性）	
WLGX7	公司与某些企业的合作持续了很多年（稳定性）	

（二）员工承诺

员工承诺在很多研究中被称为"变革承诺"或"组织变革承诺"，它是员工对组织的承诺在变革过程中的体现。组织承诺最经典的研究是 Meyer 和 Allen（1991）提出的三维度构成模型，包含情感承诺、持续承诺、规范承诺三个维度。其中，情感承诺衡量的是员工对组织进行积极支持的愿望（想要支持）；持续承诺衡量的是不支持组织将要遭受的损失（避免成本）；规范承诺衡量的是员工对组织进行支持的义务感（履行义务），这三个承诺合起来降低了员工抵抗组织决策甚至离开组织的可能性。Meyer 和 Herscovitch（2001）、Lynne 和 John（2002）在组织承诺的三个维度的基础上，开发了关于变革承诺的量表，每个维度 6 个题项，一共设计了 18 个题项。它是研究员工变革承诺使用最广泛的测量量表，得到了大量的验证并被广泛借鉴。

宁静（2013）、袁佳（2014）、袁群（2016）以及 Lee 等（2017）在研究员工变革承诺时都完全采用了这一量表。但也有学者做了一些改动，例如，袁蓉

（2005）、张灿泉（2011）、郭琳（2016）三位学者在各自的研究中，把量表添加了2个题项，即"规范承诺"维度变为8个题项，整体变为20个题项。而唐杰等（2012）的研究，以及秦志华等（2015）的研究都只选取了"情感承诺"和"规范承诺"两个维度，对量变进行了不同程度的删减。在员工承诺中，这三个维度存在着程度上的递进关系，"持续承诺"带有被迫支持的性质，是最低层次的承诺；"情感承诺"反映了员工的期望，是中等层次的承诺；"规范承诺"则体现了员工的使命感，应当是最高层次的承诺。后两者更容易诱发员工对组织变革的支持行为，前者则只是"顺从"，这在一定程度上说明了后两个维度的重要性。

本书所谓的"员工承诺"指的是企业普通员工（一般是不具有决策权的群体）对组织变革的承诺，即员工因感知组织对自己的重视而表现出对变革决策和行动的支持。据此，借鉴以上研究量表，从员工感知、情感承诺、持续承诺、规范承诺四方面来考量员工承诺，本书一共设计了五个题项，具体如表4-11所示。其中，前两个题项为了表明要提高员工承诺就必须关心和支持员工；后面的题项测试的是员工承诺度的高低。

表4-11　员工承诺的测量题项

题项		参考来源
YGCN1	当公司制定方案征求过我的意见时我更愿意执行该方案	Meyer 和 Allen（1991）、Meyer 和 Herscovitch（2001）、Lynne 和 John（2002）、袁蓉（2005）、唐杰等（2012）、秦志华等（2015）
YGCN2	当公司关心我的工作时我对公司的支持度会明显提升	
YGCN3	我愿意相信公司的变革决策是正确的并自觉支持它	
YGCN4	我不愿冒险反对公司制定的变革决策	
YGCN5	我觉得我有义务支持公司的变革决策	

五、量表汇总与初始问卷生成

模型中所有变量的测量题项汇总成数，如表4-12所示，所有变量共52道题。从表格整体来看，问题长度明显存在着参差不齐，表达方式多样。为了让被调查人作答方便，减少"波动性"干扰，对量表做了进一步的修改和润色。

题项修改过程如下：

首先是结构的初步调整。遵循同一模型的变量尽量放在一起的原则（如第一节所述），问卷题项应呈两部分结构，一部分反映负面作用机制模型，另一部分反映正面作用机制模型。由于本书既涉及阻碍变革的因素，又涉及促进变革的因素，故首先要判定企业是否发生了变革，因而把"组织变革"题项放在前边，紧接着呈现负面作用机制部分，最后是正面作用机制部分，这是整体上的结构。

表 4 - 12　各变量测量题项汇总

变量	编号	测量题项
惰性	DX1	公司成员习惯安于现状而且不喜欢改变，工作中不求有功但求无过
	DX2	公司成员害怕自己不理解的新知识和新想法，会用旧方法解决新问题
	DX3	我们不关心其他公司如何解决问题
	DX4	我们很少观察和学习新观念来改变我们的思维和行动
刚性	GX1	我们一旦形成某种认知就很难发生改变
	GX2	我们进行实验性/创造性活动的限制程度很高
	GX3	我们公司追求全体成员行动的一致性
	GX4	当外界环境变化时，公司为了保证当前利润和市场地位，会把资源投入到现有业务上而延迟对新业务的开发
抗性	KX1	当面临工作变化时我会唤起痛苦回忆并感到很焦虑
	KX2	当公司内部改革时我会害怕失去利益或担心不能胜任新的角色
	KX3	当组织发生变化时我们会极力维护现有的组织规范和工作习惯
	KX4	当公司出现与主流文化相异的价值观时我们会排斥它
动量	DL1	公司很少发生明显的变化而总是逐步调整改变
	DL2	公司每次发生变化都在前一次变化的基础上进行
	DL3	公司下一步即将发生的变化很容易预测
	DL4	当发生比较熟悉的变化时我们更容易接受
	DL5	我们经常从过去的变化中进行学习且获益
惯例	GL1	我们有许多日常工作需要依据惯例来展开
	GL2	公司不同人员对某项工作惯例的理解和执行会有差别
	GL3	公司经常进行工作流程优化以提高工作效率
	GL4	在不知不觉中我们公司至少有一项工作惯例发生了变化
组织变革	ZZBG1	公司合并、组建或裁减过部门
	ZZBG2	公司的组织层级有所增加或减少
	ZZBG3	相比以前，公司员工现在拥有更多的决策权或更少的决策权
	ZZBG4	公司至少有一种工作流程或生产流程发生了明显的变化
	ZZBG5	公司的管理系统和管理方法不断在发生变化
	ZZBG6	相比以前，公司的管理制度出现过重要创新
	ZZBG7	公司因业务需求调整过人力的配置
	ZZBG8	公司的岗位设置发生过变化（增加/减少/变更）

续表

变量	编号	测量题项
路径依赖	LJYL1	公司有些事情虽然不合理但是我们已经习以为常并接受
	LJYL2	当有多种选择时，我们倾向于选择熟悉的行动路径和方案
	LJYL3	某些决策和行动我们坚持得越久越觉得其是正确的
	LJYL4	公司有些事情因为以前的承诺而不能够改变
	LJYL5	公司的新产品或技术与已有产品或技术高度关联
	LJYL6	公司的发展路径基本是不变的
资源拼凑	ZYPC1	公司的技术和其他生产资源主要是从实践中逐渐积累起来的
	ZYPC2	公司善于对现有人力或物质资源进行整合而创造出新的价值
	ZYPC3	我们会使用原本不打算使用的资源来应对新的挑战
	ZYPC4	当资源不足时，我们能够利用其他未被充分利用的资源来代替解决
	ZYPC5	我们利用一切可利用的手头资源来应对新的挑战或机会
网络关系	WLGX1	公司与供应商、客户企业、联盟企业等多个主体形成了合作伙伴关系
	WLGX2	公司经常与合作伙伴进行正式和非正式的信息交流
	WLGX3	公司与合作伙伴之间制定了良好的共事规则
	WLGX4	公司在做决策时会兼顾合作伙伴的利益
	WLGX5	公司在对外业务决策时会考虑地区内同行企业的反应
	WLGX6	公司投入的软硬件资源很难转移到其他合作伙伴身上
	WLGX7	公司与某些企业的合作持续了很多年
员工承诺	YGCN1	当公司制定方案征求过我的意见时我更愿意执行该方案
	YGCN2	当公司关心我的工作时我对公司的支持度会明显提升
	YGCN3	我愿意相信公司的变革决策是正确的并自觉支持它
	YGCN4	我不愿冒险反对公司制定的变革决策
	YGCN5	我觉得我有义务支持公司的变革决策

其次是变量关系的协调。初始的各个变量量表都仅限于本身情境，没有考虑与其他变量的关系，因而可能放在一起会出现一些不协调甚至冲突。为了从整体上把控，必须逐一进行审视修改，直到整体问卷能达到协调，这样才能不使作答者感到困惑。这里为了使提问显得连贯，变量的排列顺序也较模型内顺序发生了变化，例如，负面机制模型部分先呈现了"网络关系"的测量题项（紧接组织变革题项），然后是"僵化惯性"各变量，最后则是中介变量"路径依赖"。此外，对语句进行了初步修改，如"组织变革"第五个题项（ZZBG5）提到"公司的管理系统和管理方法在不断发生变化"，这里的"不断变化"与变量"动

量"测量题项容易发生混淆，故而改为"发生了明显变化"。

最后是问项的精细修改。等问卷整体结构、变量顺序等都基本确定之后，需要从每个变量内部再审视，不断优化语句表达，尽最大可能地减少歧义、增加准确度，并使长短、顺序协调。这一过程可能反复进行，而且需要采纳专家的意见，并根据预调研的反馈意见进行修改，最终达到一个最佳的效果。最终笔者修改了例如在"组织变革"的首个问题中加入"近3年来"的字样，从而使意思更加清晰，更容易判断和作答；再如，调整以"公司"开头和以"我们"开头的句子顺序，使不同变量间过渡更加顺畅，这样也更有利于被调查者理解和作答，提高了准确性。

经过以上三个步骤的斟酌和调整，本书得到了用于预调研的初始调查问卷，如附录一所示。

第三节 预调研分析

一、问卷发放与收集

为了提升问卷的可靠性，保证研究效果，本书对设计的初始问卷进行了小规模预调研，并进行描述性分析和信效度分析，以便对问卷进行修正，用于大规模调研的正式问卷。本次预调研问卷的发放采取了两种方式：第一种是打印纸质版问卷，到企业现场进行发放和回收；第二种是通过网络向企业人员发送电子版问卷文档，由相关人员在纸上填写完答案后拍照返回，然后进行答案统计。两种方式，一共发放问卷100份，实际回收问卷87份，问卷回收率为87%，除去问卷填写不完整以及填答无逻辑的问卷后，剩余有效问卷65份，回收问卷有效率为74.7%。

二、总体特征描述

本次预调研的样本中，企业成立年限和企业规模（用员工人数来表示）的分布情况如表4-13所示。由此可知，企业成立年限在20年以上的企业最多，占比38.5%；其次是成立年限在11~20年的企业，占比21.5%。企业规模在50~100人的，和企业规模超过1000人的数量最多，均为14家，均占比为21.5%。总体上，规模在100人以上的企业占样本企业总数的66.2%。

本次调研中，企业性质的分布情况如下：国有企业3家，占比4.6%；民营企业38家，占比58.5%；中外合资企业2家，占比3.1%；外商独资企业22家，占比33.8%。

表 4-13　预调研样本的企业年限和规模的联合分布　　　　　单位：家

企业规模	成立年限					
	<3 年	3~5 年	6~10 年	11~20 年	>20 年	总计
<50 人	2	2	3	0	1	8
50~99 人	8	0	4	0	2	14
100~299 人	0	3	1	8	13	25
300~499 人	0	0	1	0	0	1
500~1000 人	0	0	1	2	0	3
>1000 人	0	0	1	4	9	14
总计	10	5	11	14	25	65

本次调研中，样本企业的行业分布情况如下：制造业 44 家，占比 67.7%；IT 行业 4 家，占比 6.2%；房地产业 4 家，占比 6.2%；教育培训业 3 家，占比 4.6%；金融业 3 家，占比 4.6%；影视传媒行业 3 家，占比 4.6%；工程建设行业 1 家，占比 1.5%；交通运输业 1 家，占比 1.5%；审计服务业 1 家，占比 1.5%；餐饮服务业 1 家，占比 1.5%。由此可知，制造业、IT 行业、房地产业、教育培训业、金融业、影视传媒业占比较高。本书的设计为预调研时开放填写所属行业，而正式调研则直接给出行业分类选项，其选项依据即来自预调研，经综合考虑，选取以上 6 类行业再加上"工程建设"行业作为正式问卷中的行业分类选项。

预调研所有样本数据的描述性统计分析结果如表 4-14 所示。报告结果有最小值、最大值、均值、标准差、方差、偏度、峰度几项，由表可知，所有测量题项中，均值最低为 2.55，最高为 5.82，均值的平均值为 4.60，方差为 0.55；所有测量题项中，标准差最低为 1.165，最高为 1.961，标准差的均值为 1.478；所有测量题项中，偏度最小值为 -1.078，最大值为 0.883；峰度最小值为 -1.197，最大值为 1.810。

表 4-14　预调研数据的描述性统计结果

题项	最小值	最大值	均值		标准差	方差	偏度		峰度	
	统计量	统计量	统计量	标准误	统计量	统计量	统计量	标准误	统计量	标准误
PQ1	1	7	4.54	0.24	1.961	3.846	-0.412	0.297	-0.939	0.586
PQ2	1	7	4.34	0.21	1.670	2.790	-0.415	0.297	-0.455	0.586
PQ3	1	7	4.57	0.18	1.436	2.062	-0.339	0.297	0.228	0.586
PQ4	1	7	4.86	0.21	1.685	2.840	-0.564	0.297	-0.624	0.586

题项	最小值	最大值	均值		标准差	方差	偏度		峰度	
	统计量	统计量	统计量	标准误	统计量	统计量	统计量	标准误	统计量	标准误
PQ5	1	7	4.22	0.23	1.841	3.390	−0.328	0.297	−0.953	0.586
PQ6	1	7	4.35	0.22	1.798	3.232	−0.154	0.297	−0.910	0.586
PQ7	1	7	5.32	0.18	1.448	2.097	−0.941	0.297	0.543	0.586
PQ8	1	7	5.29	0.18	1.476	2.179	−0.887	0.297	0.642	0.586
PQ9	1	7	5.63	0.17	1.364	1.862	−1.008	0.297	0.771	0.586
PQ10	3	7	5.82	0.15	1.236	1.528	−0.968	0.297	0.002	0.586
PQ11	2	7	5.62	0.17	1.377	1.897	−0.896	0.297	0.014	0.586
PQ12	1	7	5.71	0.17	1.389	1.929	−1.078	0.297	0.894	0.586
PQ13	1	7	4.91	0.19	1.528	2.335	−0.897	0.297	0.735	0.586
PQ14	1	7	4.29	0.18	1.455	2.116	−0.280	0.297	−0.243	0.586
PQ15	2	7	5.55	0.18	1.458	2.126	−0.796	0.297	−0.235	0.586
PQ16	1	7	3.63	0.22	1.808	3.268	0.265	0.297	−0.933	0.586
PQ17	1	6	3.20	0.19	1.543	2.381	0.233	0.297	−0.955	0.586
PQ18	1	7	2.55	0.20	1.649	2.720	0.883	0.297	−0.178	0.586
PQ19	1	7	2.58	0.19	1.520	2.309	0.716	0.297	−0.253	0.586
PQ20	1	7	3.69	0.21	1.695	2.873	−0.134	0.297	−1.076	0.586
PQ21	1	7	3.97	0.19	1.551	2.405	−0.181	0.297	−0.892	0.586
PQ22	1	7	4.42	0.20	1.609	2.590	−0.388	0.297	−0.624	0.586
PQ23	1	7	3.82	0.20	1.609	2.590	0.101	0.297	−0.452	0.586
PQ24	1	7	3.89	0.23	1.863	3.473	−0.152	0.297	−1.197	0.586
PQ25	1	6	3.69	0.19	1.560	2.435	−0.128	0.297	−1.028	0.586
PQ26	1	7	3.88	0.19	1.495	2.235	0.304	0.297	−0.569	0.586
PQ27	1	6	3.78	0.20	1.625	2.640	−0.158	0.297	−1.185	0.586
PQ28	1	7	4.14	0.21	1.713	2.934	−0.010	0.297	−1.110	0.586
PQ29	1	7	4.95	0.16	1.328	1.763	−0.822	0.297	1.056	0.586
PQ30	2	7	4.63	0.17	1.341	1.799	0.112	0.297	−0.763	0.586
PQ31	1	7	4.31	0.16	1.322	1.748	−0.175	0.297	0.163	0.586
PQ32	1	7	4.89	0.20	1.592	2.535	−0.369	0.297	−0.764	0.586
PQ33	1	7	4.00	0.22	1.785	3.187	−0.136	0.297	−1.018	0.586
PQ34	1	7	4.95	0.19	1.504	2.263	−0.430	0.297	−0.552	0.586

题项	最小值	最大值	均值		标准差	方差	偏度		峰度	
	统计量	统计量	统计量	标准误	统计量	统计量	统计量	标准误	统计量	标准误
PQ35	2	7	4.80	0.18	1.449	2.100	−0.211	0.297	−0.808	0.586
PQ36	1	7	4.17	0.19	1.527	2.330	0.113	0.297	−0.566	0.586
PQ37	2	7	4.71	0.16	1.271	1.616	−0.084	0.297	−0.814	0.586
PQ38	1	7	5.23	0.18	1.477	2.180	−0.953	0.297	0.356	0.586
PQ39	2	7	5.03	0.15	1.172	1.374	−0.301	0.297	−0.354	0.586
PQ40	2	7	5.05	0.16	1.328	1.763	−0.417	0.297	−0.217	0.586
PQ41	2	7	4.95	0.18	1.441	2.076	−0.305	0.297	−0.658	0.586
PQ42	2	7	5.05	0.15	1.178	1.388	−0.565	0.297	0.294	0.586
PQ43	2	7	4.82	0.15	1.223	1.497	−0.744	0.297	0.378	0.586
PQ44	1	7	4.51	0.16	1.276	1.629	−0.809	0.297	0.342	0.586
PQ45	2	7	4.97	0.15	1.224	1.499	−0.467	0.297	0.099	0.586
PQ46	2	7	5.34	0.15	1.215	1.477	−0.741	0.297	0.564	0.586
PQ47	3	7	5.31	0.15	1.224	1.498	−0.302	0.297	−0.810	0.586
PQ48	2	7	5.32	0.17	1.371	1.878	−0.649	0.297	−0.203	0.586
PQ49	2	7	5.34	0.17	1.350	1.821	−0.570	0.297	−0.328	0.586
PQ50	2	7	4.88	0.14	1.166	1.360	−0.180	0.297	−0.590	0.586
PQ51	1	7	4.55	0.13	1.436	2.063	−0.209	0.297	−0.486	0.586
PQ52	1	7	5.29	0.15	1.308	1.710	−0.999	0.297	1.810	0.586

三、信效度检验

（一）检验方法和标准

为了保证问卷的质量，需要对搜集到的数据进行信度、效度检验。信度是为了衡量测量结果的一致性和稳定性，即多次测量的结果是否一致；效度则是为了衡量测量工具或手段的有效性，即是否能够准确测量需要测量的概念。信度和效度越高，问卷搜集的数据可靠性越好（王佳，2016）。在进行信效度检验时，本书拟采用 SPSS 软件（22.0 版）。

本书主要采用"内在信度"对测量量表的信度进行检验，主要评价指标为 Cronbach's α 系数（科隆巴赫信度系数），一般来说，该系数大于 0.7 是可以接受的，大于 0.8 是较好的（Nunnally 和 Bernstein，1994），但对于探索性量表来说，信度指标低于 0.7（0.6 左右）也是可以接受的（王建明，2013；胡银花，2016）。此外，还需要检测 CITC（Corrected Item – Total Correlation，修正后的总相关系数）指标，该指标可以用来优化量表，精简题项。一般认为，CITC 值大于 0.4 或 0.5 可接受，当某一题项的 CITC 值小于 0.3 时应予以删除，且以删除后可以增大 α 值为宜（Churchill，1979）。

在效度检验上，本书主要关注"结构效度"。它衡量的是量表能测量理论概念或其特质的有效程度，常用方法是探索性因子分析法，通过因子分析可以对变量的量表进行优化，可能包括合并或删除题项等。在进行探索性因子分析前要先进行 KMO 检验和 Bartlett（巴特利）球形检验。一般认为，当 KMO 值大于 0.7 且 Bartlett 球形检验值达到小于 0.05 的显著性水平时，适合进行因子分析，KMO 值最低不能低于 0.6。利用探索性因子分析筛选量表题项的标准是：该题项在提取因子上的负载值接近 1，而在其他因子上的负载值接近 0；如果一个题项在所有因子上的负载值都小于 0.5，则应予以删除；如果在两个及以上因子上的负载值都大于 0.5，则同样也应予以删除（Lederer 和 Sethi，1991）。

（二）各变量检验

1. 组织变革的信效度分析

（1）信度分析。

分析结果如表 4 – 15 所示。由表中结果可知，组织变革的 Cronbach's α 值（0.778）大于 0.7，结果较好；每个题项的 CITC 值均大于 0.3，且没有题项在删除后可以显著提高变量的 α 系数，因此无须删除题项。这说明"组织变革"的测量量表具有较高的信度，可以继续研究。

表 4 – 15　组织变革变量的信度评价

变量名称	Cronbach's α	题项编号	CITC	删除该题项后的 α 值
组织变革	0.778	ZZBG1	0.350	0.780
		ZZBG2	0.448	0.760
		ZZBG3	0.432	0.762
		ZZBG4	0.628	0.728
		ZZBG5	0.648	0.723
		ZZBG6	0.433	0.763
		ZZBG7	0.593	0.739
		ZZBG8	0.354	0.773

（2）效度分析。

首先，进行 KMO 检验和 Bartlett 球形检验，结果如表 4-15 所示。KMO 值（0.720）大于 0.7，且 Bartlett 球形检验的显著性水平（0.000）小于 0.05，已达到极其显著的水平，这表明适合进行因子分析。其次，进行探索性因子分析，运用主成分分析法提取公共因子，并用最大方差法进行正交旋转，初次旋转得到的结果中，发现第六个题项（ZZBG6）在两个因子上的载荷都大于 0.5，因此删除该题项。

表 4-16 组织变革变量的 KMO 和 Bartlett 球形检验值

取样足够度的 KMO 度量		0.720
Bartlett 的球形度检验	近似卡方	159.867
	自由度（df.）	28
	显著性（Sig.）	0.000

删除题项后按步骤再重新分析，发现 KMO 值（0.685）略低于 0.7 但十分接近，显著性（0.000）小于 0.5，经提取主成分和正交旋转，发现可以提取两个公共因子，所有题项均在其中一个因子上的负载值大于 0.5，而在另一个因子上的负载值小于 0.5，具体如表 4-17 所示，因此可以保留现有题项。

表 4-17 组织变革变量的效度评价

	测量题项	因子 1	因子 2	累积方差贡献率（%）
组织变革	ZZBG3	0.758	—	42.199
	ZZBG4	0.905	—	
	ZZBG5	0.806	—	
	ZZBG1	—	0.700	60.988
	ZZBG2	—	0.824	
	ZZBG7	—	0.705	
	ZZBG8	—	0.576	

KMO = 0.685，近似卡方 = 133.862，自由度 = 21，显著性 = 0.000

2. 僵化惯性的信效度分析

（1）信度分析。

僵化惯性有三个维度的变量，分析结果如表 4-18 所示。由此可知，"惰性"维度的 Cronbach's α 值（0.820）大于 0.7，所有题项的 CITC 值均大于 0.3，且没有题项在删除后可以明显提升该变量整体的 α 系数，因此可以认为该维度变量的量表具有较好的信度。"刚性"维度的 Cronbach's α 值（0.764）大于 0.7，所有题项的 CITC 值均大于 0.3，没有题项在删除后可以明显提升该变量整体的 α 系数，因此该维度变量的量表具有较好的信度。"抗性"维度的 Cronbach's α 值（0.796）大于 0.7，所有题项的 CITC 值均大于 0.3，且没有题项在删除后可明显提升变量的 α 系数，因此该维度变量的量表也具有较好的信度。

表 4-18　僵化惯性各维度变量的信度评价

变量名称	Cronbach's α	题项编号	CITC	删除该题项后的 α 值
惰性	0.820	DX1	0.578	0.811
		DX2	0.741	0.726
		DX3	0.609	0.788
		DX4	0.664	0.767
刚性	0.764	GX1	0.490	0.748
		GX2	0.715	0.625
		GX3	0.445	0.768
		GX4	0.620	0.676
抗性	0.796	KX1	0.719	0.686
		KX2	0.718	0.693
		KX3	0.455	0.813
		KX4	0.560	0.768

（2）效度分析。

首先，进行 KMO 检验和 Bartlett 球形检验，结果如表 4-19 所示。KMO 值（0.787）大于 0.7，且 Bartlett 球形检验的显著性水平（0.000）小于 0.05，已达到极其显著的水平，这表明适合进行因子分析。

表 4-19　僵化惯性的 KMO 和 Bartlett 球形检验值

取样足够度的 KMO 度量		0.787
Bartlett 的球形度检验	近似卡方	382.185
	自由度（df.）	66
	显著性（Sig.）	0.000

通过主成分分析法提取公共因子，并用最大方差法进行正交旋转，初次分析后共提取出三个公共因子，经分析发现，刚性因素的第 2 个题项（GX2）在其中两个因子上的载荷都大于 0.5，因此对其删除后再进行因子分析。第二次同样提取出三个公共因子，经分析发现，刚性因素的第 1 个题项（GX1）在其中两个因子上的载荷都大于 0.5，因此再删除此题项，然后重新进行因子分析。第三次分析后发现，共提取出三个公共因子，所有题项均无出现在两个及以上因子上的负载值大于 0.5 的情况，也没有出现都小于 0.5 的情况，因此可以保留这些题项，具体的因子分布如表 4 - 20 所示。

表 4 - 20 僵化惯性的各维度变量效度评价

僵化惯性	测量题项	因子 1	因子 2	因子 3	累积方差贡献率（%）
惰性	DX1	0.779	—	—	40.238
	DX2	0.834	—	—	
	DX3	0.775	—	—	
	DX4	0.740	—	—	
抗性	KX1	—	0.800		57.563
	KX2	—	0.887		
	KX3	—	0.618		
	KX4	—	0.679		
刚性	GX3	—	—	0.853	68.941
	GX4	—	—	0.820	

KMO = 0.725，近似卡方 = 266.915，自由度 = 45，显著性 = 0.000

3. 动态惯性的信效度分析

（1）信度分析。

同样按照前文的分析方法进行检验，结果如表 4 - 21 所示。由表可知，"惯例"维度的 Cronbach's α 值（0.712）大于 0.7，所有题项的 CITC 值均大于 0.3，且没有题项在删除后可以明显提升该变量整体的 α 系数，因此可以认为该维度变量的量表具有较好的信度。"动量"维度的 Cronbach's α 值（0.834）大于 0.7，所有题项的 CITC 值均大于 0.3，且没有题项在删除后可以明显提升该变量整体的 α 系数，因此可以认为该维度变量的量表具有很好的信度。

表 4 – 21 动态惯性各维度变量的信度评价

变量名称	Cronbach's α	题项编号	CITC	删除该题项后的 α 值
惯例	0.712	GL1	0.474	0.665
		GL2	0.418	0.699
		GL3	0.462	0.679
		GL4	0.675	0.548
动量	0.834	DL1	0.676	0.788
		DL2	0.543	0.826
		DL3	0.603	0.809
		DL4	0.657	0.793
		DL5	0.692	0.784

（2）效度分析。

首先，进行 KMO 检验和 Bartlett 球形检验，结果如表 4 – 22 所示。KMO 值（0.730）大于 0.7，且 Bartlett 球形检验的显著性水平（0.000）小于 0.05，已达到极其显著的水平，这表明适合进行因子分析。

表 4 – 22 动态惯性的 KMO 和 Bartlett 球形检验值

取样足够度的 KMO 度量		0.730
Bartlett 的球形度检验	近似卡方	190.719
	自由度（df.）	36
	显著性（Sig.）	0.000

通过主成分分析法提取公共因子，并用最大方差法进行正交旋转，结果如表 4 – 23 所示。共提取出两个公共因子，且没有题项同时在两个公共因子上的负载值大于 0.5 或小于 0.5，因此无须删除题项。此外，题项的因子分类符合预设，不需要调整题项的归属。

4. 路径依赖的信效度分析

（1）信度分析。

分析结果如表 4 – 24 所示。由此可知，"路径依赖"这一变量的 Cronbach's α 值（0.755）大于 0.7，每个题项的 CITC 值均大于 0.3，且没有题项在删除后可以显著提高变量的 α 系数，因此可认为该变量的量表具有较高的信度。

表 4-23　动态惯性的各维度变量效度评价

动态惯性	测量题项	因子 1	因子 2	累积方差贡献率（%）
动量	DL1	0.799	—	36.588
	DL2	0.707	—	
	DL3	0.758	—	
	DL4	0.780	—	
	DL5	0.807	—	
惯例	GL1	—	0.683	58.200
	GL2	—	0.645	
	GL3	—	0.730	
	GL4	—	0.867	

KMO = 0.730，近似卡方 = 190.719，自由度 = 36，显著性 = 0.000

表 4-24　路径依赖变量的信度评价

变量名称	Cronbach's α	题项编号	CITC	删除该题项后的 α 值
路径依赖	0.755	LJYL1	0.424	0.742
		LJYL2	0.667	0.680
		LJYL3	0.753	0.658
		LJYL4	0.406	0.742
		LJYL5	0.368	0.755
		LJYL6	0.452	0.736

（2）效度分析。

首先进行 KMO 检验和 Bartlett 球形检验，结果如表 4-25 所示。KMO 值（0.739）大于 0.7，且 Bartlett 球形检验的显著性水平（0.000）小于 0.05，已达到极其显著的水平，这表明适合进行因子分析。

表 4-25　路径依赖变量的 KMO 和 Bartlett 球形检验值

取样足够度的 KMO 度量		0.739
Bartlett 的球形度检验	近似卡方	108.760
	自由度（df.）	15
	显著性（Sig.）	0.000

通过主成分分析法提取公共因子，并用最大方差法进行正交旋转，结果如表4-26所示。共提取出一个公共因子，所有题项在该因子上的负载值都大于0.5，因此不需要删除题项。累积方差贡献率虽然略低于50%，但考虑到只有一个公共因子，因此其解释力是可以接受的。

表4-26 路径依赖变量的效度评价

变量名称	测量题项	因子1	累积方差贡献率（%）
路径依赖	LJYL1	0.630	47.720
	LJYL2	0.814	
	LJYL3	0.874	
	LJYL4	0.565	
	LJYL5	0.548	
	LJYL6	0.649	
KMO = 0.739，近似卡方 = 108.760，自由度 = 15，显著性 = 0.000			

5. 资源拼凑的信效度分析

（1）信度分析。

分析结果如表4-27所示。由表可知，"资源拼凑"这一变量的Cronbach's α值（0.770）大于0.7，每个题项的CITC值均大于0.3，且没有题项在删除后可以显著提高变量的α系数，因此可认为该变量的量表具有较高的信度。

表4-27 资源拼凑变量的信度评价

变量名称	Cronbach's α	题项编号	CITC	删除该题项后的α值
资源拼凑	0.770	ZYPC1	0.448	0.761
		ZYPC2	0.546	0.727
		ZYPC3	0.505	0.742
		ZYPC4	0.606	0.710
		ZYPC5	0.621	0.701

（2）效度分析。

首先进行KMO检验和Bartlett球形检验，结果如表4-28所示。KMO值（0.763）大于0.7，且Bartlett球形检验的显著性水平（0.000）小于0.05，已达到极其显著的水平，这表明适合进行因子分析。

表 4-28　资源拼凑变量的 KMO 和 Bartlett 球形检验值

取样足够度的 KMO 度量		0.763
Bartlett 的球形度检验	近似卡方	81.510
	自由度（df.）	10
	显著性（Sig.）	0.000

通过主成分分析法提取公共因子，并用最大方差法进行正交旋转，结果如表 4-29 所示，共提取出一个公共因子，所有题项在该因子上的负载值都大于 0.5，因此不需要删除题项。累积方差贡献率（52.862%）大于 50%，说明该量表具有可靠的解释力。

表 4-29　资源拼凑变量的效度评价

变量名称	测量题项	因子 1	累积方差贡献率（%）
资源拼凑	ZYPC1	0.620	52.862
	ZYPC2	0.723	
	ZYPC3	0.691	
	ZYPC4	0.787	
	ZYPC5	0.799	
KMO=0.763，近似卡方=81.510，自由度=10，显著性=0.000			

6. 网络关系的信效度分析

（1）信度分析。

首次分析结果显示，"网络关系"这一变量的 Cronbach's α 值（0.764）大于 0.7，符合要求，但第 6 个题项（WLGX6）的 CITC 值（0.039）远远小于 0.3，且显示删除此题项后可明显提升变量的信度系数（α 值由 0.764 变为 0.824），这与预调研时答题者普遍反映的该题意思较难理解相符合，因此将其删除，然后再做信度分析。第二次分析结果如表 4-30 所示，由此可知，Cronbach's α 值（0.824）大于 0.7，每个题项的 CITC 值均大于 0.3，且没有题项在删除后可以显著提高该变量的信度系数，因此可认为该变量的量表具有较好的信度。

（2）效度分析。

首先进行 KMO 检验和 Bartlett 球形检验，结果如表 4-31 所示。KMO 值（0.796）大于 0.7，且 Bartlett 球形检验的显著性水平（0.000）小于 0.05，已达到极其显著的水平，这表明适合进行因子分析。

表 4 – 30　网络关系变量的信度评价

变量名称	Cronbach's α	题项编号	CITC	删除该题项后的 α 值
网络关系	0.824	WLGX1	0.485	0.817
		WLGX2	0.657	0.785
		WLGX3	0.808	0.748
		WLGX4	0.715	0.769
		WLGX5	0.407	0.838
		WLGX7	0.531	0.809

表 4 – 31　网络关系的 KMO 和 Bartlett 球形检验值

取样足够度的 KMO 度量		0.796
Bartlett 的球形度检验	近似卡方	153.323
	自由度（df.）	15
	显著性（Sig.）	0.000

通过主成分分析法提取公共因子，并用最大方差法进行正交旋转，结果如表 4 – 32 所示。共提取出一个公共因子，所有题项在该因子上的负载值都大于 0.5，因此不需要删除题项。累积方差贡献率（55.050%）大于 50%，说明该量表具有可靠的解释力。

表 4 – 32　网络关系变量的效度评价

变量名称	测量题项	因子 1	累积方差贡献率（%）
网络关系	WLGX1	0.660	55.050
	WLGX2	0.791	
	WLGX3	0.896	
	WLGX4	0.819	
	WLGX5	0.548	
	WLGX7	0.685	

KMO = 0.796，近似卡方 = 153.323，自由度 = 15，显著性 = 0.000

7. 员工承诺的信效度分析

（1）信度分析。

首次分析结果显示，Cronbach's α 值（0.640）小于 0.7 但大于 0.6，基本符合要求，但第 4 个题项（YGCN4）的 CITC 值（0.194）小于 0.3，且显示删除此题项后可提升变量的信度系数（α 值由 0.640 变为 0.690），因此将该题项删除，然后再做信度分析。第二次分析发现，Cronbach's α 值（0.690）接近 0.7，第 5 个题项（YGCN5）的 CITC 值（0.290）小于 0.3，且删除此题项后可明显提升信度系数（α 值由 0.690 变为 0.735），因此再将题项 5 删除，然后再次重复以上分析过程。第三次分析结果如表 4-33 所示。Cronbach's α 值（0.735）大于 0.7，每个题项的 CITC 值均大于 0.3，且没有题项在删除后可以显著提高该变量的信度系数，因此可保留剩下的三个题项，且量表具有可靠的信度。

表 4-33　员工承诺变量的信度评价

变量名称	Cronbach's α	题项编号	CITC	删除该题项后的 α 值
员工承诺	0.735	YGCN1	0.624	0.568
		YGCN2	0.635	0.553
		YGCN3	0.434	0.781

（2）效度分析。

首先进行 KMO 检验和 Bartlett 球形检验，结果如表 4-34 所示。KMO 值为 0.637，虽然小于 0.7 但大于 0.6，在可接受的因子分析限度内。此外，Bartlett 球形检验的显著性水平（0.000）小于 0.05，综合考虑，也可以进行因子分析。

表 4-34　员工承诺的 KMO 和 Bartlett 球形检验值

取样足够度的 KMO 度量		0.637
Bartlett 的球形度检验	近似卡方	45.860
	自由度（df.）	3
	显著性（Sig.）	0.000

通过主成分分析法提取公共因子，并用最大方差法进行正交旋转，结果如表 4-35 所示。共提取出一个公共因子，所有题项在该因子上的负载值都大于 0.5，因此不需要删除题项。累积方差贡献率（65.412%）大于 50%，说明该量表具有可靠的解释力。

表4-35　员工承诺变量的效度评价

变量名称	测量题项	因子1	累积方差贡献率（%）
员工承诺	YGCN1	0.854	65.412
	YGCN2	0.861	
	YGCN3	0.701	

KMO = 0.637，近似卡方 = 45.860，自由度 = 3，显著性 = 0.000

四、正式问卷生成

经过以上信效度分析，问卷问项的主要优化工作得以完成，一共删除了6个题项，最终得到包含10个变量，由46个题项组成的测量量表。在此基础上，根据预调研时收集的意见，笔者对问卷设计和表达进行了进一步修饰和优化，改变主要包括：

第一，量表等级表述的修改。预调研发现"赞同"这一表述易被作答者误以为是一种对题项的未来预期，而不是对已发生状况的判断，因此在反复斟酌和研究反馈意见的基础上，把7点量表的表述，由"赞同"改为"符合"，而"一般"改为"中立"，即1代表"非常不符合"，2代表"中等不符合"，3代表"轻微不符合"，4代表"中立"，5代表"轻微符合"，6代表"中等符合"，7代表"非常符合"。

第二，因变量测量量纲的修改。预调研时"组织变革"和其他变量一样，测量量表都采用李克特7点量表，但问卷填写反馈结果表明不利于作答，难以抉择。为了使问卷作答更便捷、准确，正式问卷拟将其由7点量表改为3点量表，即1表示"符合"，2表示"中立"，3表示"不符合"。在后续分析中，不同量纲可以通过数据的标准化处理，来使变量间数据具有可对比性。

第三，问卷基本信息项的修改。首先，删除公司名称，因为预调研发现填写麻烦，而且填写者容易增加心理顾虑，而没有公司名称不影响数据分析；其次，对企业所处行业，由预调研的填空变为正式调研的选择，选项来自预调研的统计分析，取出现频率最高的几个行业；再次，根据预调研统计情况，对企业成立年限和作答者在该企业工作年限的分类做了修改，使之更加符合实际情况；最后，对企业性质分类和作答者所处部门分类做了完善，使之更加全面。

经过以上修改，形成了最终的正式调查问卷，如附录二所示。

第四节　正式调研数据获取与描述

一、正式问卷发放与收集

正式问卷的发放在 2018 年 10 月和 11 月进行，分为两种手段：一是纸质版问卷的现场发放和填写；二是网络问卷通过网络途径的传播与回收。

纸质版问卷即将问卷制作成考卷模样，用 A3 纸（共 4 页）打印后进行现场发放和回收。发放对象主要为在读 MBA 学员和参加高级研修班、高管培训班的企业管理者，此外还到一些企业现场进行了发放。纸质版问卷的发放前后经过了四个批次：第一批（10 月 27 日）共发放 50 份，回收 49 份，其中有效问卷 45 份；第二批（11 月 3 日）共发放 51 份，回收 49 份，其中有效问卷 46 份；第三批（11 月 10 日）共发放 27 份，回收 26 份，其中有效问卷 25 份。第四批（11 月 23 日）共发放 70 份，回收 40 份，其中有效问卷 35 份。在判断纸质版回收问卷有效与否时，遵循如下原则：第一，看问卷是否有漏填项目，只要存在任何漏填、漏选题目，该问卷就视为无效问卷，这也是纸质问卷在填写过程中容易出现的问题；第二，看选择分值，如果存在大量选择同一分值的情况，则视该问卷为无效问卷。正式调研共计发放纸质问卷 198 份，回收 164 份，其中有效问卷 151 份，问卷回收率为 82.8%，回收问卷有效率为 92.1%。

网络版问卷利用"问卷星"企业平台进行问卷的制作和发放，10 月 10 日开始发放，11 月 30 日停止发放，一共集中进行了两批次的发放和回收。第一批次共回收问卷 235 份，其中无效问卷 35 份，有效问卷 200 份；第二批次共回收问卷 319 份，其中无效问卷 71 份，有效问卷 248 份。两批问卷合计回收 554 份[①]，其中有效问卷 448 份，回收问卷有效率为 80.9%。

在确定网络问卷的有效性上，采取 4 步骤筛选原则：第一步，看公司成立年限，成立年限小于 2 年的视为无效问卷，因为本书关注组织变革和惯性问题，应以企业运营时间较长为宜。第二步，看填写者在该企业的工作年限及填写问卷的时间，经预调研和正式调研反复实验，网络填写时间少于 240 秒（4 分钟）的问卷即有重大随机填写嫌疑，而工作年限如果小于 2 年，对该企业的了解会相对不足，因此当填写者工作年限小于 2 年且填写时间低于 240 秒时，该问卷被视为无

[①]　由于网络问卷的发放具有链式推广的特征，不同的人都进行过问卷传递，但传递的人数无法精确确定，故无法得知一共发放了多少份问卷，且粗略估计，共推广了 1356 人（即发放 1356 份问卷），按此，问卷回收率约为 40.9%。

效问卷。第三步，对填写时间低于300秒（5分钟）的问卷进行逐一审查，根据答卷的质量决定问卷有效与否，如果出现大量重复选择的，或者明显随机选择（违反逻辑）的，则视其为无效。第四步，对剩下的所有问卷再进行筛选，判断方法与第三步相同。

调研经过以上两种方式共发放问卷约1554份（因为网络问卷的具体人数是估计的），回收问卷718份，问卷整体回收率为46.2%，其中有效问卷599份，回收问卷的有效率为83.4%，具体如表4-36所示。

表4-36 正式调研问卷数量统计

发放方式	发放数量/份	回收数量/份	有效数量/份	回收率（%）	有效率（%）
纸质问卷	198	164	151	82.8	92.1
网络问卷	约1356	554	448	40.9	80.9
合计	1554	718	599	46.2	83.4

二、总体特征描述

（一）样本地区分布

本次调研没有设定地区限制，在调研前不知道被调查者来自哪里（即企业处于何地），由此出现了多个地区（城市）的参项。经统计，样本共来自26个省、96个城市，其中包括北京、上海、天津、重庆4个直辖市，具体地区分布如表4-37所示。

表4-37 正式调研样本企业的地区分布

省份	城市	数量/份	占比（%）
北京	北京	207	34.56
上海	上海	68	11.35
广东	广州、深圳、东莞、惠州、佛山、梅州、清远、汕头、韶关、湛江	60	10.02
云南	昆明、曲靖、玉溪、丽江、红河州	44	7.35
河南	郑州、南阳、驻马店、信阳、洛阳、济源	33	5.51
浙江	杭州、绍兴、嘉兴、宁波、金华、温州	23	3.84
江苏	南京、南通、苏州、宿迁、常州、盐城、扬州、镇江	16	2.67
山东	滨州、菏泽、济南、聊城、泰安、烟台、枣庄、淄博	16	2.67
安徽	亳州、合肥、宿州、安庆、蚌埠、池州、芜湖	15	2.50

省份	城市	数量/份	占比（%）
天津	天津	14	2.34
山西	晋城、晋中、太原、大同、忻州、运城	13	2.17
河北	石家庄、沧州、廊坊、邢台、张家口	12	2.00
湖北	武汉、襄阳	12	2.00
重庆	重庆	10	1.67
陕西	宝鸡、西安	8	1.34
四川	成都	8	1.34
福建	厦门、福州、泉州	8	1.34
辽宁	鞍山、本溪、大连、丹东、葫芦岛、沈阳	8	1.34
广西	桂林、南宁、钦州	6	1.00
内蒙古	包头、乌兰察布、赤峰、呼和浩特	5	0.83
江西	南昌、萍乡	4	0.67
湖南	长沙、湘潭、郴州	3	0.50
贵州	贵阳	2	0.33
甘肃	白银、兰州	2	0.33
黑龙江	哈尔滨	1	0.17
台湾	桃园	1	0.17
合计		599	100

由表4－37可知，被调查企业主要集中于北京地区，约占总数的1/3；其次是上海，占11.35%；第三是广东，占比10.02%；排名前三的地区其样本量达到了全部样本量的一半以上（55.93%）；云南、河南分别位列第四、第五，分别占比为7.35%、5.51%；数量最多的前五个地区占到全部样本量的68.78%，剩余地区则占比较小。

（二）企业性质分布

本次调研中，涉及国有企业的样本量有223份，涉及民营企业的有292份，二者数量相当，比例约为1∶1.3；国有企业和民营企业占据了样本的大部分，剩下的中外合资企业和外商独资企业数量较少，分别为29份和55份，比例约为1∶1.9，具体数量分布如图4－1所示。

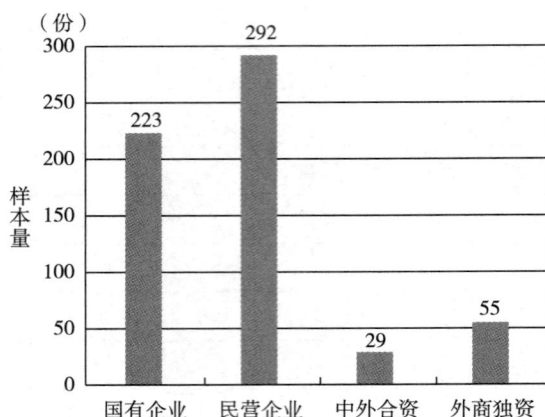

图4-1　正式调研样本企业性质数量分布

从占比上来看，民营企业占比最高，比重为49%，其次是国有企业，比重为37%，再次是外商独资企业，比重为9%，最后是中外合资企业，比重为5%。具体的比例分布关系如图4-2所示。

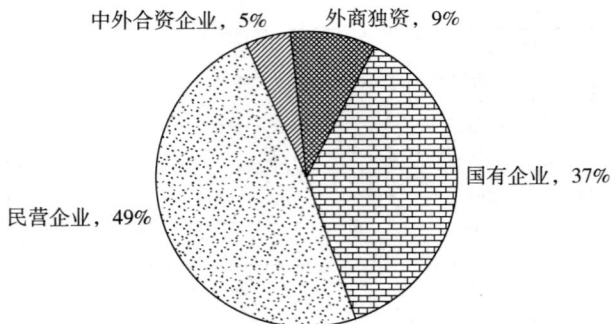

图4-2　正式调研样本企业性质比例分布

（三）行业分布

本次调研企业中，属于制造业的样本量有190份（见图4-3），在所有行业中最多，占比达31.7%；属于"其他"类的次之，有114份，占比19%，这反映了样本企业行业分布的广泛性；金融服务业样本量占第三，数量为106份，占比为17.7%；制造业和金融服务业合起来的占比为49.4%，几乎占所有样本量的一半。剩下的行业中，IT行业排名第四，数量为60份，占比为10%；教育培训行业占第五，数量为47份，占比7.8%；其次是工程建设行业，数量为46份，占比 7.7%；第七是房地产业，数量为 29 份，占比 4.8%；最后是影视传媒行业，数量为 7 份，占比 1.2%。

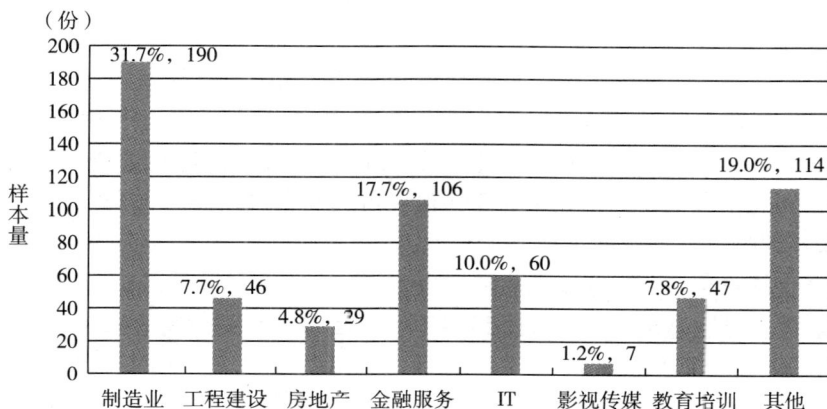

图 4-3　正式调研样本企业的行业分布

（四）企业规模和年龄的联合分布

本次调研中，样本企业的成立年限与规模的联合分布如表 4-38 所示。由此可知，企业成立年限在 20 年以上的数量最多，共有 213 家，占样本总量的 35.6%；其次是成立年限在 11~20 年的企业，共有 190 家，占比 31.7%；再次是成立年限在 6~10 年的企业，共有 129 家，占比 21.5%，这三者合起来占了样本的大部分，比例接近九成（88.8%）。另外可以发现，没有企业成立年限小于 2 年的样本，这是因为对问卷进行了筛选，凡企业成立年限小于 2 年的，都被视为无效问卷，因此其数量为 0。

表 4-38　正式调研企业成立年限和企业规模的联合分布

企业规模	成立年限					总计	占比（%）
	<2 年	2~5 年	6~10 年	11~20 年	>20 年		
<50 人	0	25	22	10	3	60	10.0
50~99 人	0	14	29	20	11	74	12.4
100~299 人	0	16	30	47	25	118	19.7
300~499 人	0	5	17	31	13	66	11.0
500~1000 人	0	4	16	31	26	77	12.9
>1000 人	0	3	15	51	135	204	34.1
总计	0	67	129	190	213	599	—
占比（%）	0	11.2	21.5	31.7	35.6	—	—

在企业规模分布中，人数大于 1000 人的企业占比最多，达到 34.1%；其次是 100～299 人的企业，占比为 19.7%；再次是 500～1000 人的企业，占比为 12.9%；所有规模在 100 人以上的企业，其样本数量占到了总数的接近八成，比例为 77.7%。

从表 4－38 中还可以看出，企业规模分布基本和企业年龄成正比，即企业成立年限越长，企业的规模越大；企业成立年限相对较短的企业，其规模也普遍较小。表中阴影部分的企业，属于企业年龄（10 年以上）和企业规模（100 人以上）都较大的企业，其样本数量为 359 份，占到样本总数的 59.9%。

（五）调研对象身份特征分布

调研对象的身份特征分布如表 4－39 所示。由表可知，在所有调研对象中，按性别来看，男性有 344 人，占比 57.4%；女性有 255 人，占比 42.6%，性别比例基本均衡，为 1.3∶1。

从工作年限上来看，在所调查企业工作不满 2 年的有 89 人，占比 14.9%；工作 2～4 年的有 194 人，占比 32.4%；工作 5～8 年的有 159 人，占比 26.5%；工作 8 年以上的有 157 人，占比 26.2%。总体上看，工作满 2 年以上的人数占到总数的八成以上，即 85.1%。

从职位级别来看，普通职工、基层管理者和高层管理者的人数相当，分别为 168 人、168 人、178 人，占比分别为 28.0%、28.0%、29.7%；高层管理者人数相对较少，为 85 人，占比为 14.2%。

从所属部门来看，研发/设计/技术部门有 152 人，占比 25.4%；财务/行政/人事部门有 162 人，占比 27.0%；市场/营销部门有 138 人，占比 23.0%；这三者所占比例相当。生产/运输部门有 56 人，占比 9.3%；其他部门有 91 人，占比 15.2%。

表 4－39　正式调研对象的身份特征分布

特征	性别		所属部门				
	男	女	研发/设计/技术	财务/行政/人事	市场/营销	生产/运输	其他
人数（人）	344	255	152	162	138	56	91
比例（%）	57.4	42.6	25.4	27.0	23.0	9.3	15.2

特征	工作年限				职位级别			
	<2 年	2～4 年	5～8 年	>8 年	普通职工	基层管理者	中层管理者	高层管理者
人数（人）	89	194	159	157	168	168	178	85
比例（%）	14.9	32.4	26.5	26.2	28.0	28.0	29.7	14.2

（六）描述性统计

本次调研的数据描述性统计结果如表 4-40 所示。由此可知，组织变革的各题项最小值均为 1，最大值均为 3；而其他题项的最小值均为 1，最大值均为 7。在组织变革的题项中，均值的最小值为 1.94，最大值为 2.55，均值的平均值为 2.32，说明从整体上看发生了组织变革的企业稍多一些；在剩下所有题项中，均值最低值为 2.88，最高为 6.02，均值的平均值为 4.85，方差为 0.65。所有测量题项中，标准差最低为 0.752，最高为 1.937，标准差的均值为 1.415；方差最低为 0.566，最高为 3.752，方差的均值为 2.103。

表 4-40　正式调研数据的描述性统计结果

题项	最小值	最大值	均值	标准差	方差	偏度	峰度
ZZBG1	1	3	2.35	0.863	0.745	-0.730	-1.263
ZZBG2	1	3	2.26	0.820	0.673	-0.506	-1.333
ZZBG3	1	3	1.94	0.808	0.652	0.104	-1.460
ZZBG4	1	3	2.42	0.778	0.606	-0.894	-0.775
ZZBG5	1	3	2.22	0.837	0.701	-0.433	-1.439
ZZBG6	1	3	2.55	0.752	0.566	-1.286	-0.009
ZZBG7	1	3	2.49	0.799	0.638	-1.126	-0.489
WLGX1	1	7	5.55	1.427	2.037	-1.258	1.576
WLGX2	1	7	5.53	1.362	1.855	-1.035	0.873
WLGX3	1	7	5.48	1.363	1.859	-1.066	0.910
WLGX4	1	7	5.33	1.428	2.039	-0.900	0.476
WLGX5	1	7	5.07	1.559	2.430	-0.768	-0.113
WLGX6	1	7	5.96	1.302	1.696	-1.603	2.504
DX1	1	7	3.76	1.937	3.752	0.113	-1.244
DX2	1	7	3.05	1.841	3.389	0.588	-0.858
DX3	1	7	2.88	1.762	3.105	0.678	-0.651
DX4	1	7	3.11	1.870	3.495	0.560	-0.889
GX1	1	7	4.86	1.715	2.943	-0.626	-0.587
GX2	1	7	4.71	1.596	2.546	-0.454	-0.627
KX1	1	7	3.52	1.808	3.270	0.242	-1.016
KX2	1	7	3.57	1.830	3.350	0.138	-1.176
KX3	1	7	4.27	1.677	2.811	-0.236	-0.853
KX4	1	7	3.98	1.755	3.080	0.043	-1.040
LJYL1	1	7	4.66	1.621	2.629	-0.469	-0.610
LJYL2	1	7	5.33	1.325	1.755	-0.951	0.781
LJYL3	1	7	4.87	1.471	2.162	-0.556	-0.229

题项	最小值	最大值	均值	标准差	方差	偏度	峰度
LJYL4	1	7	4.53	1.565	2.450	−0.450	−0.532
LJYL5	1	7	5.12	1.607	2.583	−0.842	−0.022
LJYL6	1	7	4.32	1.876	3.520	−0.188	−1.132
ZYPC1	1	7	5.52	1.429	2.043	−1.153	0.994
ZYPC2	1	7	5.05	1.623	2.633	−0.779	−0.195
ZYPC3	1	7	4.55	1.590	2.529	−0.471	−0.556
ZYPC4	1	7	5.08	1.441	2.077	−0.864	0.339
ZYPC5	1	7	5.33	1.432	2.051	−0.988	0.664
GL1	1	7	5.38	1.320	1.742	−1.075	1.206
GL2	1	7	5.35	1.298	1.684	−0.914	0.542
GL3	1	7	5.45	1.359	1.846	−0.972	0.560
GL4	1	7	5.35	1.304	1.700	−0.887	0.685
DL1	1	7	5.12	1.402	1.965	−0.773	0.256
DL2	1	7	4.47	1.576	2.484	−0.322	−0.702
DL3	1	7	4.88	1.547	2.393	−0.696	−0.302
DL4	1	7	5.44	1.236	1.528	−0.964	1.063
DL5	1	7	5.54	1.332	1.774	−1.144	1.159
YGCN1	1	7	5.59	1.397	1.951	−1.169	1.131
YGCN2	1	7	6.02	1.126	1.267	−1.486	2.601
YGCN3	1	7	5.48	1.317	1.735	−0.871	0.565

对偏度和峰度来说，偏度描述的是数据分布的对称性，其取值范围为 −3 ~ 3，当值大于0时，说明数据分布为右偏，右侧有长尾，峰值偏左，数据多集中于低值部分；当值小于0时，说明数据分布为左偏，左侧有长尾，峰值偏右，数据多集中与高值部分。当值等于0时，说明数据分布均匀，属于正态分布。峰度描述的是数据聚集在众数周围的程度，当峰度系数大于0时为高峰度，说明数据分布比标准正态分布更陡峭（高狭），有更多的数聚集在众数附近；峰度系数小于0为低峰度，说明数据分布比标准正态分布更平坦（低阔），有更少的数聚集在众数附近；若峰度系数等于0，说明数据分布的陡峭程度与标准正态分布相当（冯岩松，2015）。

根据表4−40中结果可知，所有测量题项中，偏度最小值为 −1.603，最大值为0.678，均值为 −0.640，说明既有左偏的题项，也有右偏的题项，整体上来看左偏的程度大一点，即数据多集中于高值部分。所有测量题项中，峰度最小值为 −1.460，最大值为2.601，均值为 −0.745，说明既有低峰度，也有高峰度，而整体上低峰度的程度更高一些，即更少的数聚集在众数附近。

　　从数据的偏度和峰度来判断，本次调研的数据并非严格的正态分布，这从专门的正态分布性检视中也可以看出，该检视结果如表4-41所示。由于本次调研数据属于小样本检视，故主要看S-W检验结果[①]，由于各题项的P值均小于0.05，故在0.05的显著性水平上各题项均不符合正态分布。

表4-41　正式调研数据的正态分布性检视

题项	Shapiro - Wilk 检验		题项	Shapiro - Wilk 检验	
	统计资料	P 值		统计资料	P 值
ZZBG1	0.675	0.000	LJYL1	0.928	0.000
ZZBG2	0.750	0.000	LJYL2	0.884	0.000
ZZBG3	0.795	0.000	LJYL3	0.926	0.000
ZZBG4	0.695	0.000	LJYL4	0.932	0.000
ZZBG5	0.752	0.000	LJYL5	0.887	0.000
ZZBG6	0.608	0.000	LJYL6	0.925	0.000
ZZBG7	0.620	0.000	ZYPC1	0.850	0.000
WLGX1	0.841	0.000	ZYPC2	0.893	0.000
WLGX2	0.867	0.000	ZYPC3	0.930	0.000
WLGX3	0.866	0.000	ZYPC4	0.896	0.000
WLGX4	0.887	0.000	ZYPC5	0.878	0.000
WLGX5	0.899	0.000	GL1	0.870	0.000
WLGX6	0.765	0.000	GL2	0.882	0.000
DX1	0.918	0.000	GL3	0.872	0.000
DX2	0.884	0.000	GL4	0.888	0.000
DX3	0.878	0.000	DL1	0.906	0.000
DX4	0.887	0.000	DL2	0.939	0.000
GX1	0.903	0.000	DL3	0.904	0.000
GX2	0.927	0.000	DL4	0.880	0.000
KX1	0.927	0.000	DL5	0.854	0.000
KX2	0.921	0.000	YGCN1	0.847	0.000
KX3	0.941	0.000	YGCN2	0.789	0.000
KX4	0.939	0.000	YGCN3	0.885	0.000

　　[①]　一般来说，SPSS 的正态性检视规定，当数据量小于 5000 时称为小样本，数据量大于 5000 时称为大样本，小样本看 S - W 检验结果，大样本看 K - S 检验结果，由于本调研有 599 个样本量，故属于小样本数据。

　　虽然本次调研数据不符合正态分布，但仍可以采用极大似然法进行参数估计，因为其具有很好的稳健性（Hu 等，1992）。不少学者认为，当偏度系数的绝对值小于 3，且峰度系数的绝对值小于 5 时，数据的非严格正态分布性并不会对极大似然估计法的结果产生较强的不良影响，因此可以按照近似正态分布对待，使用极大似然法进行估计（黄芳铭，2005；余红剑，2007）。本研究的数据偏度和峰度显然符合这一要求，因此可以采用极大似然法进行估计。

第五章 组织惯性对组织变革的负面
作用机制模型实证检验

上一章已经对问卷数据进行了总体特征描述，本章要对数据进行分析，但是在分析之前必须对数据的质量进行评估，主要包括：信度检验、效度检验、验证性因子分析等，以为结构方程模型分析做准备，最后验证模型和假设的正确性。本章的安排是：第一节进行信度检验；第二节进行验证性因子分析和效度检验；第三节进行结构方程模型的假设检验。

第一节 信度检验

由于正式调研问卷所用的量表并非统一，因此本书需要考虑对数据进行标准化处理。本次调研为了便于被调查者作答，对因变量"组织变茧"编制了3级量表，这样便于判断组织是否发生了明显变化；而其他题目为了夏加精确，延续了预调研的7级量表，这就导致同一问卷量表不一致，为了把它们统一起来并使它们具有可比较性，需要对所有变量数据进行标准化处理，其处理方法是把每一个数值减去变量得分的平均值，再除以其标准差，具体操作通过SPSS22.0描述统计中的"描述"分析功能来实现。原始数据经过数据标准化处理后，各指标处于同一数量级，适合进行综合对比评价。但需要注意的是，标准化不改变数据的分布特征，非正态分布数据标准之后仍然是非正态分布（侯杰泰等，2004）。

在信效度分析上，对量表型问卷来说，潜在变量就是模型设定中的变量，而观察变量指的是该变量的测量题项，因此一个潜在变量会对应若干个观察变量。信度表示的是同一个潜在变量下观察变量（测量变量）的相关性/聚集性，如果同一个潜在变量下的观察变量高度相关，就说明信度较高。而效度表示的是观察变量之间的区分性，效度高代表区分性好，即同一个潜在变量下的观察变量相关性强，而不同潜在变量下的观察变量相关性弱。可以认为，测量模型的效度高，信度一般也高；而信度高，效度不一定高。

信度分析本文采用的方法同前，信度优劣度的判别标准前文同样已说明，这里有必要再次说明，科隆巴赫信度系数（Cronbach's α）大于 0.7 是可以接受的，大于 0.8 是较好的，对于探索性量表来说，信度指标高于 0.6 也是可以接受的。对修正后的总相关系数（CITC），值大于 0.4 或 0.5 可接受，最低不得低于0.3，否则题项应予以删除。

为了方便理清变量关系，特把前文的模型重复在此展示为图 5 - 1。由图可知，在组织惯性对组织变革的负面作用机制模型中，因变量为"组织变革"；自变量为"僵化惯性"，它包含"惰性""刚性""抗性"要素三个维度；中介变量为"路径依赖"；调节变量为"网络关系"。

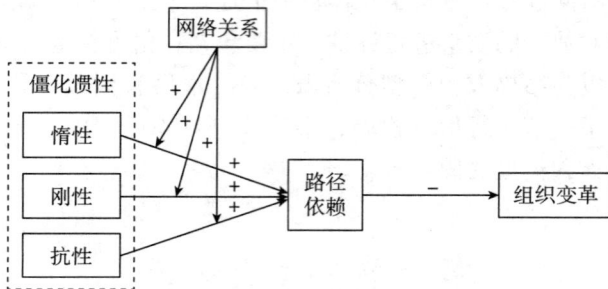

图 5 - 1　组织惯性对组织变革的负面作用机制模型

本次分析所用的软件为 SPSS22.0。首先应用软件对所有变量数据进行信度检测，一共 6 个变量、29 个题项，得到总体信度系数（Cronbach's α）为 0.675，说明具有可靠的信度。然后对每个单一变量进行检测，得到的结果如表 5 - 1 所示，因变量"组织变革"的信度系数为 0.649，自变量"惰性"的信度系数为0.943，"刚性"的信度系数为 0.854，"抗性"的信度系数为 0.883，中介变量"路径依赖"的信度系数为 0.915，调节变量"网络关系"的信度系数为 0.901，都达到了较好的信度水平。这说明，本次调研所搜集的数据具有较好的可靠性。

表 5 - 1　正式调研数据的信度分析结果（负面机制相关）

变量	Cronbach's α	测量题项	CICT	删除该题项后的 α 值
因变量	组织变革	0.649	ZZBG1	0.308	0.628
			ZZBG2	0.399	0.601
			ZZBG3	0.312	0.627
			ZZBG4	0.399	0.601
			ZZBG5	0.434	0.590
			ZZBG6	0.328	0.622
			ZZBG7	0.331	0.621

变量	Cronbach's α	测量题项	CICT	删除该题项后的 α 值	
自变量	惰性 0.943		DX1	0.834	0.936
			DX2	0.875	0.923
			DX3	0.872	0.924
			DX4	0.877	0.922
	刚性 0.854		GX1	0.746	—
			GX2	0.746	—
	抗性 0.883		KX1	0.763	0.843
			KX2	0.809	0.825
			KX3	0.706	0.864
			KX4	0.705	0.865
中介变量	路径依赖 0.915		LJYL1	0.765	0.899
			LJYL2	0.811	0.893
			LJYL3	0.769	0.899
			LJYL4	0.748	0.902
			LJYL5	0.750	0.901
			LJYL6	0.719	0.906
调节变量	网络关系 0.901		WLGX1	0.726	0.884
			WLGX2	0.718	0.885
			WLGX3	0.795	0.873
			WLGX4	0.730	0.883
			WLGX5	0.654	0.895
			WLGX6	0.755	0.879
总体信度系数	0.675			—	

这里还需要说明的是，"刚性"变量的删除该题项后的 α 值为"缺失"，原因是该变量只有两个题项，删除该题项后的 α 值表示的是如果删除该题项则该变量的信度系数为多少，如果删除一个题项后就只剩一个题项了，无所谓内部一致性问题，因而值是缺失的。这在只有两个题项的变量中会出现这种情况，因此一般要求变量至少有三个及以上题项，但是问卷初始设计有四个题项，预调研分析删除后还剩两个，由于这个变量比较重要，不能随便放弃，因此继续保留了下来。

第二节 验证性因子分析和效度检验

一、检验方法和标准

本书利用 Amos 22.0 版进行验证性因子分析（CFA），验证性因子分析的作用主要有两个：第一是进行量表的效度检验；第二是进行结构方程模型的前序检验，即对"测量模型"进行检验。在分析结果中，还可以另行计算得到量表的组合信度值（非 Cronbach's α），所以实质上验证性因子分析也具有信度分析功能。

（一）效度检验方法

效度检验包括两部分，一是收敛效度，这是主要部分；二是区别/判别效度。收敛效度高即同一个潜在变量下的观察变量之间相关度高（收敛性），而不同潜在变量下的观察变量之间相关度低（区别性）。收敛效度的判断指标有两个：因子载荷（λ）和平均抽取方差（AVE）。因子载荷的判别标准是：原则上要大于 0.71，即 $\lambda > 0.71$，这时潜在变量能解释观察变量 50% 的变异量，但在实际中，有学者建议，由于社会科学研究者所编制的量表因子载荷都不会太高，因此当 $\lambda > 0.55$ 即可宣称结果为良好（Tabachnick 和 Fidell，2007），一般取 $\lambda > 0.5$ 为标准；另当 $\lambda > 0.45$ 时，结果为普通；当 $\lambda > 0.32$ 时，结果为不好；当 $\lambda < 0.32$ 时，结果无法接受，因此，因子载荷的最低接受限度可以视为 0.32，最好是在 0.71 以上，而且越接近于 1 越好（邱皓政和林碧芳，2009）。

平均抽取方差的判别标准是 AVE > 0.5，它反映的是观察变量的总方差中有多少来自于对应潜在变量的方差，大于 0.5 即该潜在变量可以解释观察变量 50% 的变异，解释方式等同于探索性因子分析中的特征值（余红剑，2007）。由于 Amos 不会报告 AVE 结果，因此需要另行计算，其计算公式为：$AVE = \dfrac{\sum \lambda^2}{\sum \lambda^2 + \sum \theta}$，其中，λ 表示因子载荷，θ 表示测量误差（残差值），只要用 Amos 运行出 λ 和 θ 值，在 Excel 软件中即可计算出 AVE 的值。跟 AVE 值类似的，组合信度（CR）值也需要另行计算，其计算公式为：$CR = \dfrac{(\sum \lambda)^2}{(\sum \lambda)^2 + \sum \theta}$，λ 和 θ 值同 AVE 公式中的一样，CR 的判别标准是：CR > 0.6，组合信度可以和科隆巴赫信度系数（Cronbach's α）相互印证，等于多了一条判断变量信度的途径。

区别效度的判断指标是平均抽取方差的平方根，即$\sqrt{AVE}$，每个潜在变量对应一个 AVE 值，具体的方法是判断"该潜在变量的$\sqrt{AVE}$值"与"该潜在变量与其他潜在变量之间的相关系数"的大小，如果$\sqrt{AVE}$＞相关系数，则说明变量具有较好的区别效度，否则区别效度较低。可以看出，只有在多个变量同属一个更高阶变量时，才存在区别效度的问题，只有单一变量时无所谓区别效度。

当一个变量包含多个维度时，这几个维度应该有较好的相关性但又不能过度相关：有相关性是因为几个维度同属一个更高阶的潜在变量，因此彼此有联系；不能过度相关是因为各维度应有一定的区分性，否则就成了一个事物，不该划分为多个维度。区别效度就是为了考察多个因子之间的区分性，而因子间相关系数可用来考察不同因子间的相关性。因子间是否显著相关，可以根据相关系数的 T 值来判断。可简单地认为，当 T＞2 时，存在着明显的相关性（侯杰泰等，2004；黄芳铭，2005）。

（二）测量模型检验方法

结构方程模型分为两个部分：一是"测量模型"部分，二是"结构模型"部分。测量模型就是指潜在变量与观察变量之间构成的关系，而潜在变量与潜在变量之间构成的关系则叫作结构模型。为了验证结构模型的正确性，必须先检验测量模型是否合适，即观察变量是否能够有效测量潜在变量，如果可以，才能检验真正的模型假说（王佳，2016）。

检验测量模型就是分析测量模型对数据的整体拟合水平，其拟合指标包括以下几项：相对卡方（χ^2/df）、适配指数（GFI）、修正适配指数（AGFI）、渐进误差均方和平方根（RMSEA）、规准拟合指数（NFI）、比较拟合指数（CFI）、非规准拟合指数（TLI），其中前四项代表的是绝对拟合指标，后三项代表的是比较拟合指标，它们的判别标准如表 5 − 2 所示。

表 5 − 2　测量模型拟合指标判定标准

拟合指数	$\chi^2/df.$	GFI	AGFI	RMSEA	NFI	CFI	TLI
要求值	＜5	＞0.9	＞0.9	＜0.08	＞0.9	＞0.9	＞0.9
说明	越小越好	越大越好	越大越好	越小越好	越大越好	越大越好	越大越好

根据上面的方法梳理，可以按以下的顺序进行各项内容判断：收敛效度（2个指标）—组合信度（1个指标）—区别效度（1个指标）—模型拟合度（7个指标）。下文将对各变量及模型依次进行检验。

二、各变量的检验

（一）组织变革

本书所做的验证性因子分析使用的是 Amos22.0 版本。首先绘制路径图，然后进行分析输入分析结果，初次分析结果显示，卡方值为 40.792，偏高，自由度为 14，P 值为 0.00，小于 0.05，模型被拒绝，说明需要对模型进行修改。根据 Amos 给出的修正参考指标（Modification Indices），发现误差项 e1 和 e5，以及 e3 和 e7 之间存在相关，同时又根据实际题项分析发现，两组相关（题 1 和题 5，以及题 3 和题 7）具有一定的合理性，因此在 e1 和 e5 之间，以及 e3 和 e7 之间建立双向相关，然后再次进行模型拟合。修正后的拟合结果显示，卡方值降为 18.613，自由度为 12，P 值变为 0.098，大于 0.05，说明测量模型与实际数据的差异达到不显著水平，模型拟合质量提高。

最终的模型拟合结果和各参数值如图 5-2 所示。左图中展现了非标准化的结果，右图则是标准化以后的参数值。结合图中参数值以及 Amos 的文档（Text）输入结果，可以整理出如表 5-3 所示的因子载荷及信效度指标结果。可以看出。各测量题项的标准化因子载荷的 P 值都小于 0.001，达到显著水平，虽然各测量题项的因子载荷都比较低，但是高于最低可接受限度；由于因子载荷值偏低，从而求出的 AVE 值也偏低，但是从实际考虑出发，"组织变革"变量的测量是从多个方面考察的，具有一定的发散性，某一部分的"变革"不代表其他部分也一

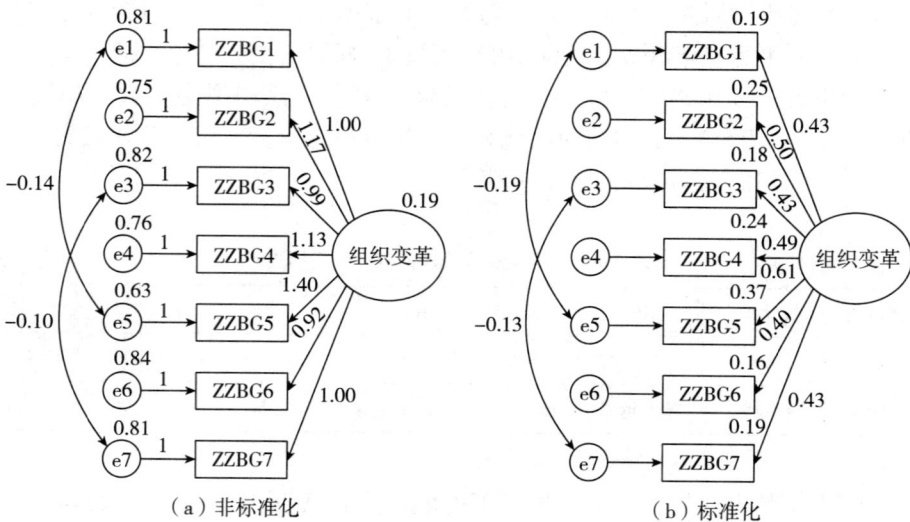

（a）非标准化　　　　　　　　（b）标准化

图 5-2　组织变革的测量模型及参数值

定"变革"，所以题与题之间的相关性本身就不是必然高的；而且该变量属于因变量，来自不同企业的作答者的情况不同，结果的差距性也较大、较难收敛，这都是导致因子载荷和 AVE 值较低的原因，所以从实际考虑，尽管该变量收敛效度较低，但是仍然可以接受。

表 5 - 3　组织变革变量的信效度指标值

变量	题项	因子载荷				信效度值	
		非标准化	标准误	标准化	显著性	AVE	CR（ρ_c）
组织变革	ZZBG1	0.996	0.162	0.432	***	0.23	0.666
	ZZBG2	1.163	0.163	0.504	***		
	ZZBG3	0.988	0.158	0.428	***		
	ZZBG4	1.126	0.160	0.488	***		
	ZZBG5	1.400	0.192	0.607	***		
	ZZBG6	0.916	0.146	0.397	***		
	ZZBG7	1.000	—	0.434	—		

注：*** 表示 P < 0.001；** 表示 P < 0.01；* 表示 P < 0.05。

对于区别效度，由于只有一个潜在变量，不存在观察变量被另一个潜在变量解释的情况，所以无须判断。最后是 CR 值（组合信度），结果显示为 0.666，这与第一节信度检验中的科隆巴赫信度系数值（0.649）相似，再次证明该变量的信度是可以接受的。

接下来看拟合水平，根据前文设定好的方法，这里把相关判定指标的运行结果总结如表 5 - 4 所示，可知：$\chi^2/df = 1.552$，GFI = 0.991，AGFI = 0.980，RMSEA = 0.030，NFI = 0.955，CFI = 0.983，TLI = 0.970，所有指标均满足要求，显示测量模型对样本数据拟合情况较理想。

表 5 - 4　组织变革测量模型拟合指数一览表

拟合指数	χ^2/df	GFI	AGFI	RMSEA	NFI	CFI	TLI
要求值	< 5	> 0.9	> 0.9	< 0.08	> 0.9	> 0.9	> 0.9
报告值	1.552	0.991	0.980	0.030	0.955	0.983	0.970
效果判断	良好	良好	良好	良好	良好	良好	良好

（二）僵化惯性

这里运用多因子斜交模型进行分析，斜交是相对于直交而言，即假设潜在变量之间存在相关性的模型，由于本研究的假设是僵化惯性包含三个维度，分别是惰性、刚性和抗性，因此需要在三者之间建立联系。

用 Amos22.0 进行数据分析和模型调试后，得到如图 5－3 所示的结果。左图中展现了非标准化的结果，右图则是标准化以后的参数值。结合图中参数值以及文档输出结果（Text Output），可以整理出如表 5－5 所示的因子载荷及信效度指标结果。可以看出，各测量题项的标准化因子载荷均大于 0.5，且 P 值都小于0.001，达到显著水平；惰性、刚性、抗性三个维度的 AVE 值分别为 0.800、0.747、0.659，均大于 0.5，综合因子载荷和 AVE 值，可以认为量表具有可靠的收敛效度。从表中还可以看出三个变量的组合信度值分别为 0.941、0.855、0.885，这与第一节的信度分析结果（0.943、0.854、0.883）基本吻合，再次证明量表具有良好的信度。

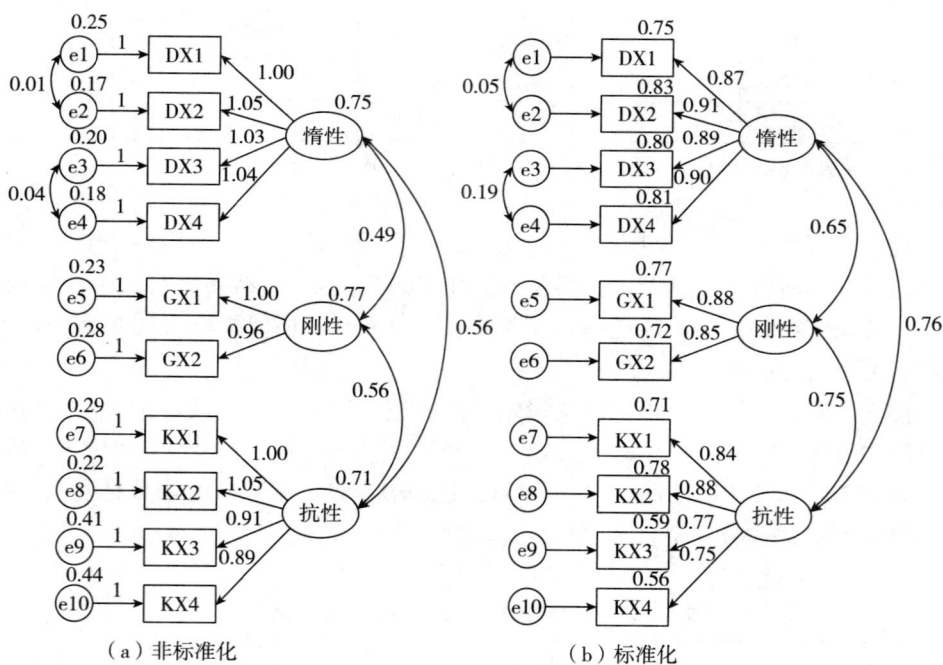

图 5－3　僵化惯性的测量模型及参数值

对区别效度来说，各潜在变量的 AVE 值和变量间的相关系数比较结果如表5－6 所示。可以看出，惰性、刚性、抗性的 AVE 的平方根值（$\sqrt{AVE}$）分别为0.894、0.864、0.812，均大于其与其他因子的相关系数，说明三者之间具有较好的区别效度。而对于三个因子间的相关性，惰性与刚性的相关系数为 0.648，

表5-5　僵化惯性各维度变量的信效度指标值

变量	题项	因子载荷				信效度值	
		非标准化	标准误	标准化	显著性	AVE	CR（ρ_c）
惰性	DX1	1.000	—	0.867	—	0.800	0.941
	DX2	1.052	0.032	0.913	***		
	DX3	1.031	0.039	0.894	***		
	DX4	1.041	0.038	0.903	***		
刚性	GX1	1.000	—	0.880	—	0.747	0.855
	GX2	0.964	0.044	0.848	***		
抗性	KX1	1.000	—	0.844	—	0.659	0.885
	KX2	1.045	0.039	0.882	***		
	KX3	0.907	0.042	0.765	***		
	KX4	0.887	0.042	0.749	***		

注：＊＊＊表示 P < 0.001；＊＊表示 P < 0.01；＊表示 P < 0.05。

且在0.001的显著性水平上达到显著，即 T 值远大于2（P < 0.01 时，T 值已大于2.58）；惰性与抗性的相关系数为0.760，且在0.001的显著性水平上达到显著，即 T 值大于2；刚性与抗性的相关系数为0.752，且在0.001的显著性水平上达到显著，即 T 值大于2。因此这三个维度变量之间既有良好的区分度，又有明显的相关性。

表5-6　僵化惯性各测量维度的区别效度判别

	惰性	刚性	抗性
惰性	0.894	—	—
刚性	0.648 ***	0.864	—
抗性	0.760 ***	0.752 ***	0.812

注：①对角线上的数字表示 AVE 的平方根值，左下方数字表示变量间相关系数。②＊＊＊表示 P < 0.001，三个相关系数的 t 值分别为：7.632、10.170、6.830。

最后看拟合指标，结果如表5-7所示。可以看出，$\chi^2/df = 2.705$，GFI = 0.973，AGFI = 0.951，RMSEA = 0.053，NFI = 0.983，CFI = 0.989，TLI = 0.984，所有指标均满足要求，显示测量模型对样本数据拟合情况较理想。

表 5 - 7　僵化惯性测量模型拟合指数一览

拟合指数	χ^2/df	GFI	AGFI	RMSEA	NFI	CFI	TLI
要求值	<5	>0.9	>0.9	<0.08	>0.9	>0.9	>0.9
报告值	2.705	0.973	0.951	0.053	0.983	0.989	0.984
效果判断	良好	良好	良好	良好	良好	良好	良好

（三）路径依赖

用 Amos22.0 进行数据分析和模型调试后，得到如图 5 - 4 所示的结果，一些详细的参数值如表 5 - 8 所示。由此可知，各测量题项的标准化因子载荷均大于 0.5，且 P 值都小于 0.001，达到显著水平；该变量的 AVE 值为 0.638，大于 0.5，可以认为量表具有可靠的收敛效度。从信度上看，其组合信度为 0.913，这与前文的信度分析结果（0.915）基本吻合，再次证明量表具有良好的信度。

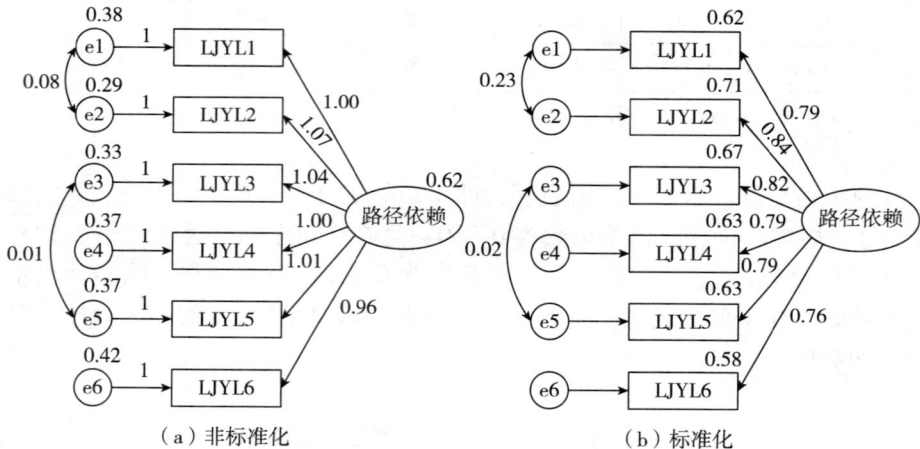

（a）非标准化　　　　　　　　（b）标准化

图 5 - 4　路径依赖的测量模型及参数值

表 5 - 8　路径依赖变量的信效度指标值

变量	题项	因子载荷				信效度值	
		非标准化	标准误	标准化	显著性	AVE	CR（ρ_c）
路径依赖	LJYL1	1.000	—	0.788	—	0.638	0.913
	LJYL2	1.069	0.042	0.842	***		
	LJYL3	1.036	0.050	0.816	***		
	LJYL4	1.004	0.049	0.791	***		
	LJYL5	1.005	0.050	0.792	***		
	LJYL6	0.964	0.050	0.760	***		

注：*** 表示 P < 0.001；** 表示 P < 0.01；* 表示 P < 0.05。

由于只有一个（潜在）变量，因此不存在区别效度的问题，故不需要判断。最后判断拟合度指标，其结果如表 5 - 9 所示，由表可知：$\chi^2/\text{df} = 1.492$，GFI = 0.994，AGFI = 0.982，RMSEA = 0.029，NFI = 0.995，CFI = 0.998，TLI = 0.997，所有指标均满足要求，显示测量模型对样本数据拟合情况较理想。

表 5 - 9 路径依赖测量模型拟合指数一览表

拟合指数	$\chi^2/\text{df}.$	GFI	AGFI	RMSEA	NFI	CFI	TLI
要求值	< 5	> 0.9	> 0.9	< 0.08	> 0.9	> 0.9	> 0.9
报告值	1.492	0.994	0.982	0.029	0.995	0.998	0.997
效果判断	良好	良好	良好	良好	良好	良好	良好

（四）网络关系

对网络关系的测量模型，分析和调试模型后，得到如图 5 - 5 所示的结果，具体参数值汇总如表 5 - 10 所示。由此可知，各测量题项的标准化因子载荷均大于 0.5，且 P 值都小于 0.001，达到显著水平；该变量的 AVE 值为 0.589，大于 0.5，综合可以认为量表具有可靠的收敛效度。从信度上看，其组合信度为 0.896，这与第一节的信度分析结果（0.901）基本吻合，再次证明量表具有良好的信度。

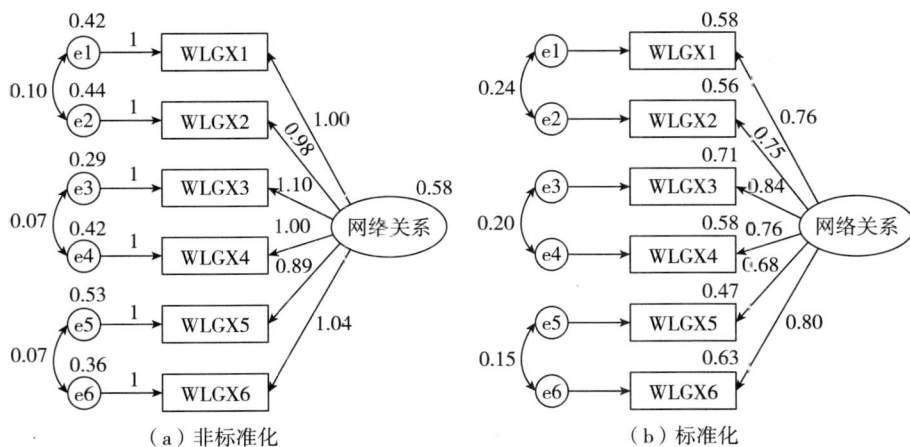

图 5 - 5 网络关系的测量模型及参数值

表 5 – 10　网络关系变量的信效度指标值

变量	题项	因子载荷				信效度值	
		非标准化	标准误	标准化	显著性	AVE	CR（ρ_c）
网络关系	WLGX1	1.000	—	0.764	—	0.589	0.896
	WLGX2	0.976	0.047	0.746	***		
	WLGX3	1.104	0.056	0.844	***		
	WLGX4	0.999	0.056	0.764	***		
	WLGX5	0.893	0.056	0.682	***		
	WLGX6	1.042	0.055	0.797	***		

注：*** 表示 P < 0.001；** 表示 P < 0.01；* 表示 P < 0.05。

由于只有一个（潜在）变量，因此不存在区别效度的问题，故不需要判断。最后判断拟合度指标，其结果如表 5 – 11 所示，由表可知：$\chi^2/df. = 3.226$，GFI = 0.989，AGFI = 0.963，RMSEA = 0.061，NFI = 0.991，CFI = 0.993，TLI = 0.984，所有指标均满足要求，显示测量模型对样本数据拟合情况较理想。

表 5 – 11　网络关系测量模型拟合指数一览表

拟合指数	χ^2/df	GFI	AGFI	RMSEA	NFI	CFI	TLI
要求值	<5	>0.9	>0.9	<0.08	>0.9	>0.9	>0.9
报告值	3.226	0.989	0.963	0.061	0.991	0.993	0.984
效果判断	良好	良好	良好	良好	良好	良好	良好

资料来源：作者绘制。

第三节　假设检验

一、检验方法和程序

本书所假设的模型，是一种中介效应和调节效应，或者叫作带调节的中介效应，所以要分别检验中介效应和调节效应是否存在。对中介效应的检验，结构方程模型已比较成熟，得到了大量研究者的认可，因此可采用结构方程模型来进行分析，采用 Amos22.0 软件来完成。而调节效应则采用比较成熟的层次回归法来进行分析，采用 SPSS22.0 完成。结构方程模型和层次回归分析的不同之处在于，后者认为变量均是无误差的观察变量，即每个变量只有一个值，而前者区分为潜在变量和观察变量，每个变量（潜变量）是由若干个测量指标（观察变量）表示的，有多个值，结构方程模型可以直接用这多个值进行变量间关系分析（吴明隆，2009）。另外，回归分析中的因变量被自变量解释后的残差被假设与自变量的关系是独立的，而结构方程模型分析则允许残差项与变量之间有关联（邱皓政和林碧芳，2009），因此结构方程模型方法较传统回归分析法复杂。

（一）相关分析的方法和判断标准

前边已经分析过测量模型，即观察变量与潜在变量之间的关系，这里要正式开始分析结构模型，即潜在变量之间的关系。在此之前必须进行变量间相关关系的检验，确定研究变量之间有相关性之后，才能进一步进行检验。为了检验这种相关性，可以使用 SPSS 软件中的 Pearson 相关分析法。如果变量间的相关系数达到显著水平，则说明变量间明显相关，常见的显著水平有 $\alpha = 0.1$，$\alpha = 0.05$，$\alpha = 0.01$ 三种，分别以"*""**""***"标注，分析结果将报告在什么水平上达到显著，由此可以判断变量间的相关性强弱。一般认为，当达到两颗星时（P 值 < 0.05），可以认为变量间明显相关，即这种相关性具有统计学意义，这时根据相关系数大小可以判断关系强弱：当相关系数 < 0.3 时，相关度为弱；相关系数 < 0.5 时，相关度为中等；相关系数 > 0.5 时，相关度为强（胡银花，2016），本书亦采用这样的标准。

（二）中介效应检验

中介效应的原理和方法在侯杰泰等（2004）的文章中有详细介绍，得到了广泛的认可，本书以此进行梳理。其原理如图 5-6 所示，X 表示自变量，Y 表示因变量，M 表示中介变量；X 对 Y 的直接回归系数为 c，间接回归系数为 c′；X 对 M 的回归系数为 a；M 对 Y 的回归系数为 b；所有"果"变量必须有残差项（e1、e2、e3）。

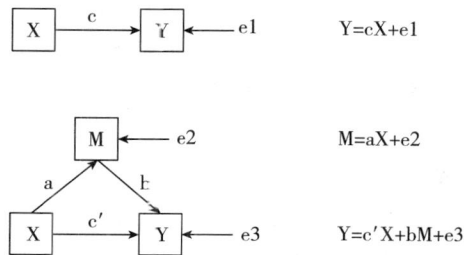

图 5-6　中介效应原理图示

资料来源：侯杰泰，温忠麟，成子娟. 结构方程模型及其应用 [M]. 北京：教育科学出版社，2004.

中介效应的具体的检验程序如图 5 - 7 所示，分为三个步骤：第一，检验自变量对因变量是否有显著影响；第二，检验自变量对中介变量是否有显著影响，以及中介变量对因变量是否有显著影响；第三，根据第二步的检验结果分情况进行后续检验。结合图 5 - 6 和图 5 - 7 来看，如果系数 c 不显著，则说明自变量与因变量没有相关性，更无所谓中介效应，因此检验结束；如果 c 显著，再检验 a 和 b，如果二者都显著，则检验 c′，如果 c′ 也显著则说明具有显著部分中介效应，如果 c′ 不显著则说明具有完全中介效应；如果 a、b 至少有一个不显著，则做 Sobel 检验，如果结果显著则说明具有显著部分中介效应，如果结果不显著则说明不存在中介效应。

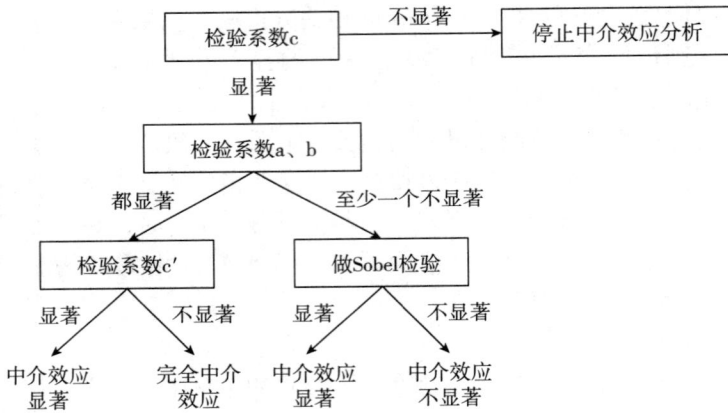

图 5 - 7　中介效应的检验程序

资料来源：侯杰泰，温忠麟，成子娟. 结构方程模型及其应用 [M]. 北京：教育科学出版社，2004.

这里所谓的系数的显著性，指的是相关系数的显著性水平，同"相关分析"的标准一样，本研究认为当相关系数在 $\alpha = 0.05$ 的显著性水平上达到显著时（P 值 < 0.05），这种相关性具有统计学意义，这时看相关系数大小：相关系数 < 0.3 时，相关性为弱；相关系数 < 0.5 时，相关性为中等；相关系数 > 0.5 时，相关性为强。

（三）调节效应检验

最后是检验调节效应。调节效应指的是，如果 Y 与 X 的关系受到 M 的影响，则认为 M 在 X 与 Y 之间发挥了调节作用，M 调节的是 X 对 Y 影响的强弱。线性调节效应的回归方程为：$Y = aX + bM + cXM + e$，其中 M 是调节变量，c 衡量了调节效应的大小（温忠麟等，2005），其关系如图 5 - 8 所示。

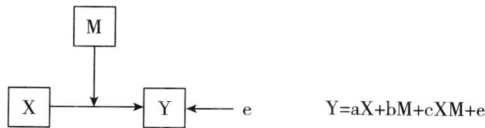

图 5 - 8　调节效应原理图示

资料来源：温忠麟，侯杰泰，张雷．调节效应与中介效应的比较和应用 [J]．心理学报，2005（2）：268 - 274.

在做调节效应检验时，如果自变量和调节变量是连续变量，则首先要对其进行中心化处理，即将变量值减去其样本数据的均值，得到新的一系列数据，将变量的分布由围绕均值分布变为围绕零点的分布，从而有效防止多重共线性问题（温忠麟和叶宝娟，2014）。由于本书在前文已经将数据进行过标准化处理（变量值减去均值再除以标准差），因此不需要再做中心化处理。其次要将潜变量显化，由于本书中的变量都属于潜在变量，具有多个观测指标，因此需要先将其显化，即每个潜变量只用一个数值表示，常用的方法是求所有观测值的均值，用均值来代表该潜在变量（温忠麟等，2012）。再次是将调节变量乘以自变量，得到交互项 X·M 的值，以用于后边的回归分析。最后用带有交互项（乘积项）的回归模型做层次/分层回归分析。

在层次回归分析时，按照下列步骤进行：第一，做 Y 对 X 和 M 的回归，得到测定系数 R_1^2；第二，做 Y 对 X、M、XM 的回归，得到 R_2^2；或者做 XM 的偏回归系数检验，得到系数 c。对调节效应的判定标准是：如果 R_2^2 显著高于 R_1^2，则调节效应显著；或者看第二步所得的系数 c，如果系数显著，则调节效应显著，否则不存在调节效应。

二、相关分析

在检验中介效应和调节效应之前，要先对各（潜在）变量间的相关性进行鉴定，这里使用 SPSS22.0 软件进行 Pearson 相关性分析，参与分析的变量有惰性、刚性、抗性、路径依赖、组织变革，即牵涉到自变量、中介变量和因变量。由于每个变量都由若干个题项组成，无法直接分析变量间关系，因此先对每个变量的得分做均值处理，然后进行相关分析。最终分析结果如表 5 - 12 所示。由此可知，所有变量之间的相关系数都在 0.01 的显著性水平上达到了显著，但相关系数大小有所不同，这说明自变量、中介变量、因变量之间明显有相关性，但相关程度不同。

表 5 - 12　负面作用机制模型各变量的相关系数（n = 599）

	惰性	刚性	抗性	路径依赖	组织变革	网络关系
惰性	1	—	—	—	—	—
刚性	0.581**	1	—	—	—	—
抗性	0.703**	0.657**	1	—	—	—
路径依赖	0.774**	0.653**	0.747**	1	—	—
组织变革	-0.654**	-0.579**	-0.657**	-0.673**	1	—
网络关系	-0.446**	-0.399**	-0.486**	-0.455**	0.588**	1

注：** 表示在 α = 0.01 的显著性水平上达到显著（双尾检验）。

具体来说，从自变量与因变量的关系来看，相关系数处于 -0.478 ~ -0.737，属于中强度相关水平，系数为负说明双方为负相关，这与前文的假设相符。从自变量与中介变量的关系来看，相关系数处于 0.409 ~ 0.704，也属于中强度相关，系数为正，说明双方为正相关。从中介变量与因变量的关系看，路径依赖与组织变革之间的相关系数为 -0.596，说明呈负相关，且相关度为强。最后，调节变量"网络关系"与自变量和中介变量的相关系数处于 -0.323 ~ -0.537，基本属于中等程度相关，也具有统计学意义，具体的关系还需要后续进一步检验。

三、直接效应分析

（一）组织惰性、刚性、抗性对组织变革的影响

以组织惰性（DX）、刚性（GX）和抗性（KX）为外生潜在变量，以组织变革（ZZBG）为内生潜在变量，构建其作用关系的结构方程模型，如图 5 - 9 所示。输入样本数据，用 Amos22.0 进行统计分析，得到如表 5 - 13 所示的模型拟合指标值，由表可知：$\chi^2/df = 1.813$，小于 5；GFI = 0.961，大于 0.9；AGFI = 0.947，大于 0.9；RMSEA = 0.037，小于 0.08；NFI = 0.965，大于 0.9；CFI = 0.984，大于 0.9；TLI = 0.981，大于 0.9，所有指标均满足要求，说明数据和模型的拟合情况较为理想。

再来看具体的路径系数，这里将其简化如图 5 - 10 所示，相对应的具体系数值和显著性如表 5 - 14 所示。可以看出，三条路径系数都为负，且相关系数都在 0.001 的水平上达到显著，满足 P < 0.05 的要求，说明惰性、刚性和抗性与组织变革显著负相关。从路径系数的大小来看，惰性和抗性对组织变革的影响程度相当，都属于中等程度相关，而刚性对组织变革的影响程度较弱，属于弱相关。由以上可知，本书所提出的 H1、H2、H3 得到了验证。

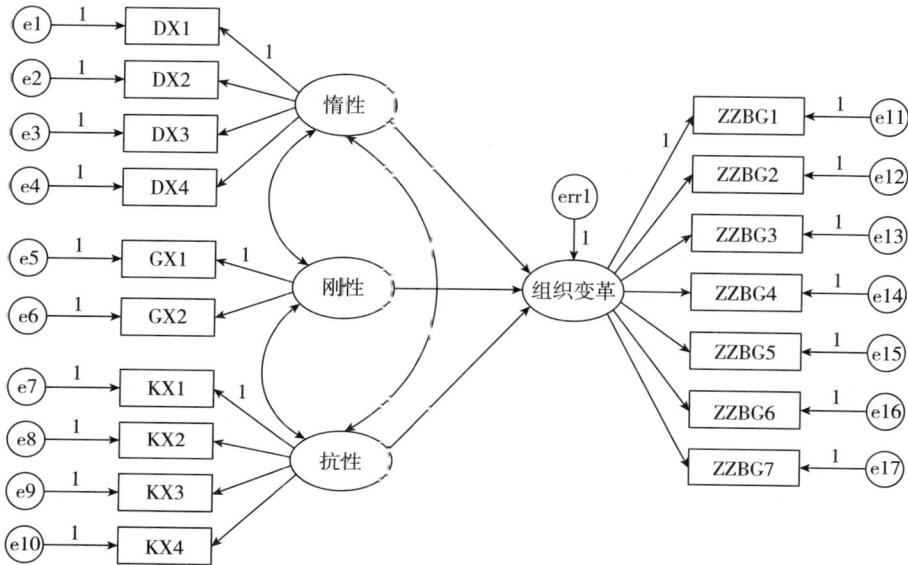

图 5 – 9　僵化惯性对组织变革的直接影响效应模型

表 5 – 13　僵化惯性对组织变革的直接影响模型拟合指标值

拟合指数	χ^2/df	GFI	AGFI	RMSEA	NFI	CFI	TLI
要求值	<5	>0.9	>0.9	<0.08	>0.9	>0.9	>0.9
报告值	1.813	0.961	0.947	0.037	0.965	0.984	0.981
效果判断	良好	良好	良好	良好	良好	良好	良好

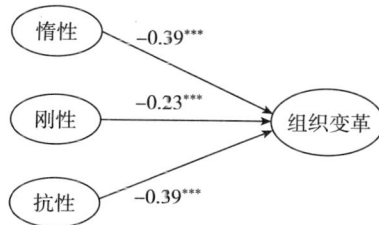

图 5 – 10　僵化惯性对组织变革的直接影响路径系数

注：＊＊＊表示 P<0.001。

表 5 - 14　僵化惯性对组织变革的直接影响效应指标值

影响路径	路径系数	SE	CR	显著性（P值）
惰性—组织变革	- 0.390	0.034	- 5.523	***
刚性—组织变革	- 0.229	0.033	- 3.313	***
抗性—组织变革	- 0.389	0.043	- 4.537	***

注：*** 表示 P < 0.001。

（二）组织惰性、刚性、抗性对路径依赖的影响

以组织惰性（DX）、刚性（GX）、抗性（KX）为外生潜在变量，路径依赖（LJYL）为内生潜在变量，构建其作用关系的结构方程模型，如图 5 - 11 所示。输入样本数据，用 Amos22.0 进行统计分析，得到如表 5 - 15 所示的模型拟合指标值，由表可知：$\chi^2/df = 2.453$，小于 5；GFI = 0.952，大于 0.9；AGFI = 0.934，大于 0.9；RMSEA = 0.049，小于 0.08；NFI = 0.970，大于 0.9；CFI = 0.982，大于 0.9；TLI = 0.978，大于 0.9，所有指标均满足要求，说明数据和模型的拟合情况较为理想。

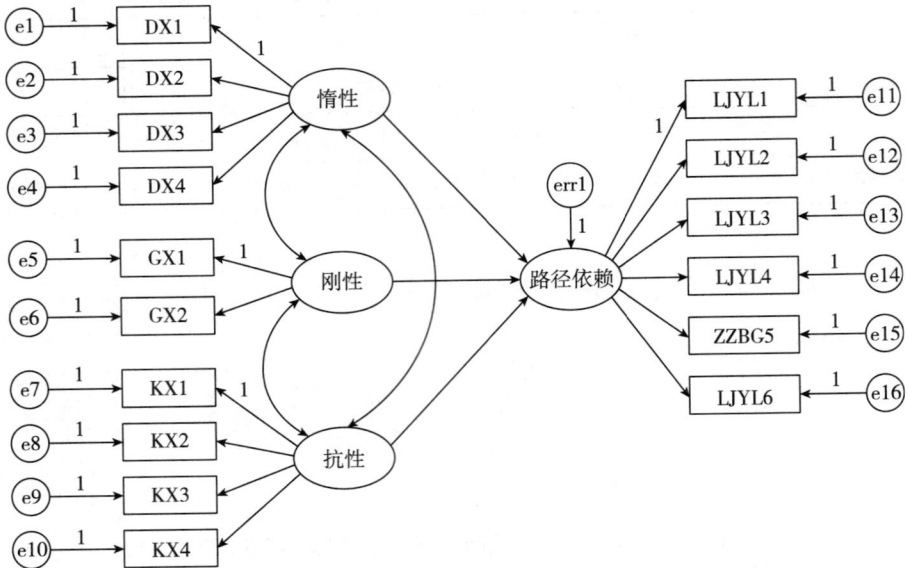

图 5 - 11　僵化惯性对路径依赖的直接影响效应模型

表 5 – 15 僵化惯性对路径依赖的直接影响模型拟合指标值

拟合指数	χ^2/df	GFI	AGFI	RMSEA	NFI	CFI	TLI
要求值	<5	>0.9	>0.9	<0.08	>0.9	>0.9	>0.9
报告值	2.453	0.952	0.934	0.049	0.970	0.982	0.978
效果判断	良好	良好	良好	良好	良好	良好	良好

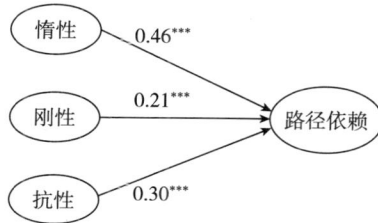

图 5 – 12 僵化惯性对路径依赖的直接影响路径系数

注：***表示 P<0.001。

接下来看具体的路径系数，其简化图如图 5 – 12 所示，相对应的具体系数值和显著性如表 5 – 16 所示。可以看出，组织惰性、刚性、抗性都和路径依赖显著相关，在 0.001 的水平上达到显著，满足 P<0.05 的要求，路径系数为正，说明前者对后者具有正向影响，即惰性、刚性、抗性越大，路径依赖越强烈。从路径系数大小来看，惰性对路径依赖的影响程度最大，抗性次之，二者都属于中等程度影响，刚性最小，属于弱等程度影响。由上可知，本书所提出的 H4、H5、H6 得到了验证。

表 5 – 16 僵化惯性对路径依赖的直接影响效应指标值

影响路径	路径系数	SE	CR	显著性（P 值）
惰性—路径依赖	0.459	0.042	10.309	***
刚性—路径依赖	0.215	0.043	4.675	***
抗性—路径依赖	0.303	0.053	5.570	***

注：***表示 P<0.001。

（三）路径依赖对组织变革的影响

以路径依赖（LJYL）为外生潜在变量、以组织变革（ZZBG）为内生潜在变量，构建其作用关系的结构方程模型，如图 5 – 13 所示。输入样本数据，用 Amos 22.0 进行统计分析，得到如表 5 – 17 所示的模型拟合指标值，由表可知：

$\chi^2/df = 2.009$，小于 5；GFI $= 0.968$，大于 0.9；AGFI $= 0.954$，大于 0.9；RM-SEA $= 0.041$，小于 0.08；NFI $= 0.959$，大于 0.9；CFI $= 0.979$，大于 0.9；TLI $= 0.974$，大于 0.9，所有指标均满足要求，说明数据和模型的拟合情况较为理想。

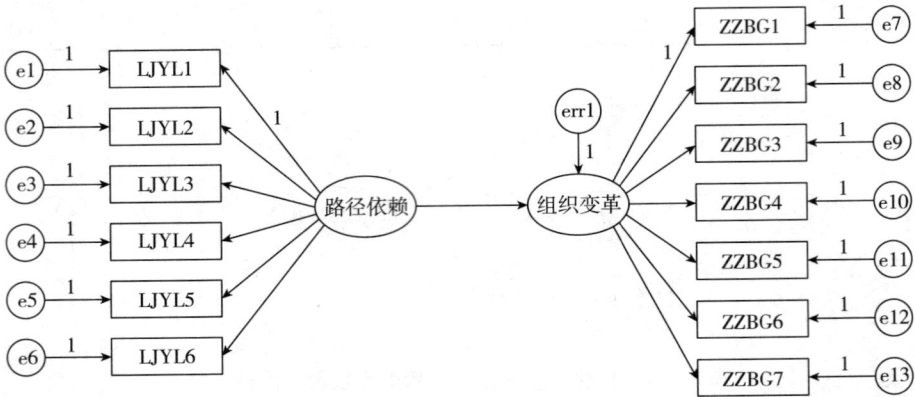

图 5 - 13　路径依赖对组织变革的直接影响效应模型

表 5 - 17　路径依赖对组织变革的直接影响模型拟合指标值

拟合指数	χ^2/df	GFI	AGFI	RMSEA	NFI	CFI	TLI
要求值	<5	>0.9	>0.9	<0.08	>0.9	>0.9	>0.9
报告值	2.009	0.968	0.954	0.041	0.959	0.979	0.974
效果判断	良好	良好	良好	良好	良好	良好	良好

再看具体的路径系数，路径系数简化如图 5 - 14 所示，相对应的具体系数值和显著性如表 5 - 18 所示。可以看出，路径依赖与组织变革显著相关，在 0.001 的水平上达到显著，满足 P < 0.05 的要求。路径系数为负，说明路径依赖对组织变革的影响是负向的，即路径依赖越严重，组织变革越困难。从路径系数的大小来看，二者的相关性属于强相关。由以上可知，本书所提出的 H7 得到了验证。

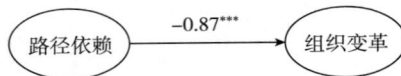

图 5 - 14　路径依赖对组织变革的直接影响路径系数

注：* * * 表示 P < 0.001。

表 5 - 18　路径依赖对组织变革的直接影响效应指标值

影响路径	路径系数	SE	CR	显著性（P 值）
路径依赖—组织变革	- 0. 867	0. 048	- 8. 980	***

注：*** 表示 P < 0.001。

四、中介效应分析

根据前文所定的检验程序和标准，已分别验证了自变量对因变量的作用系数 c、自变量对中介变量的作用系数 a、中介变量对因变量的作用系数 b 都是显著的，说明存在中介效应。下一步要检验综合时自变量对因变量的作用系数 c′是否显著，从而判断中介效应的作用程度，为此，以组织惰性（DX）、刚性（GX）、抗性（KX）为外生潜在变量，以路径依赖（LJYL）、组织变革（ZZBG）为内生潜在变量，构建全路径的中介效应结构方程模型，如图 5 - 15 所示。

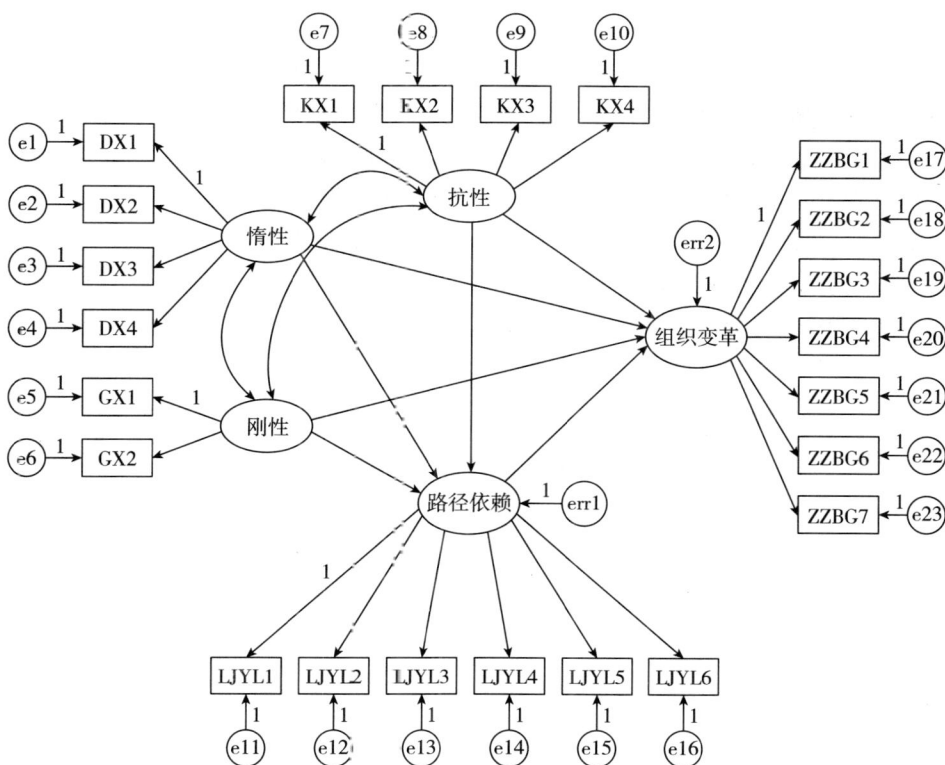

图 5 - 15　路径依赖在僵化惯性和组织变革之间的中介效应模型

输入样本数据，用 Amos22.0 进行统计分析，得到如表 5 – 19 所示的模型拟合指标值，由表可知：$\chi^2/df = 1.785$，小于 5；GFI = 0.946，大于 0.9；AGFI = 0.932，大于 0.9；RMSEA = 0.036，小于 0.08；NFI = 0.956，大于 0.9；CFI = 0.980，大于 0.9；TLI = 0.977，大于 0.9，所有指标均满足要求，说明数据和模型的拟合情况较为理想。

表 5 – 19　路径依赖在僵化惯性和组织变革之间的中介效应模型拟合指标值

拟合指数	χ^2/df	GFI	AGFI	RMSEA	NFI	CFI	TLI
要求值	<5	>0.9	>0.9	<0.08	>0.9	>0.9	>0.9
报告值	1.785	0.946	0.932	0.036	0.956	0.980	0.977
效果判断	良好	良好	良好	良好	良好	良好	良好

对具体的路径系数，图 5 – 16 报告了一个简化结果，表 5 – 20 则给出了显著性水平等信息。由此可知，所有相关系数均在 $\alpha = 0.05$ 的显著性水平上达到了显著，虽然刚性对组织变革，以及路径依赖对组织变革的影响系数没有达到 0.001 的显著性水平，但满足 0.05 的判别要求。具体来说，惰性对组织变革的影响路径系数（c'_1）为 – 0.26 且显著，根据前文的判定标准，c 显著、a 和 b 显著、c'_1 也显著，说明路径依赖在惰性对组织变革的影响中起到部分中介作用，这与原假设不符，H8 得到部分支持。刚性对组织变革的影响路径系数（c'_2）为 – 0.17 且显著，根据前文的判定标准，说明路径依赖在刚性对组织变革的影响中起到部分中介作用，这与原假设不符，H9 得到部分支持。抗性对组织变革的影响路径系数（c'_3）为 – 0.30 且显著，根据前文的判定标准，说明路径依赖在抗性对组织变革的影响中起到部分中介作用，同样与原假设不符，H10 得到部分支持。

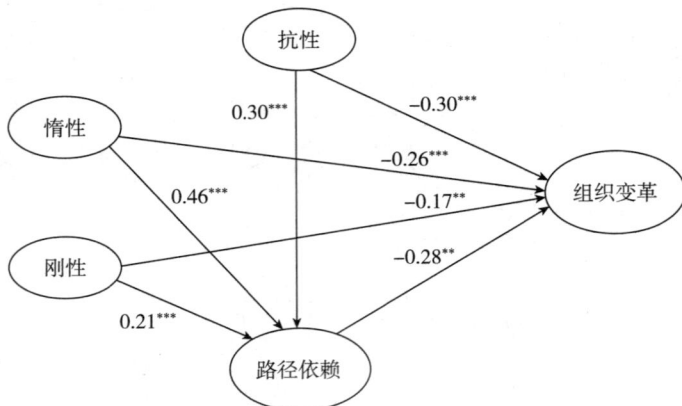

图 5 – 16　路径依赖在僵化惯性和组织变革之间的中介效应路径系数

注：＊＊表示 P < 0.01，＊＊＊表示 P < 0.001。

表 5 - 20　路径依赖在僵化惯性和组织变革之间的中介效应指标值

影响路径	路径系数	SE	CR	显著性（P 值）
惰性—组织变革	- 0.258	0.037	- 3.384	***
刚性—组织变革	- 0.167	0.033	- 2.408	0.016
抗性—组织变革	- 0.304	0.043	- 3.521	***
惰性—路径依赖	0.459	0.042	10.294	***
刚性—路径依赖	0.214	0.043	4.652	***
抗性—路径依赖	0.305	0.053	5.586	***
路径依赖—组织变革	- 0.284	0.049	- 2.977	0.003

注：＊＊＊表示 P < 0.001，如果 P 大于或等于 0.001，则直接以数值表示。

为了进一步验证中介作用的大小，这里把惰性、刚性、抗性（自变量）对组织变革（因变量）的直接影响效应和间接影响效应的大小进行了统计，如表 5 - 21 所示。表中间接效应的综合值计算方法是 a×b，即一条完整路径上的前后两段路径值相乘，如果存在多条路径，则多个相乘的值加起来就是间接效应的大小。得到间接效应值后跟直接效应的路径系数相对比，如果前者大于后者，说明具有完全中介效应；如果前者小于后者，说明中介效应不完全。这里的直接效应其实就是系数 c′，而总效应是系数 c，间接效应、直接效应和总效应之间的关系应满足：c = c′ + a×b，间接效应代表了中介效应的大小。

表 5 - 21　路径依赖在僵化惯性和组织变革之间的中介效应路径分解

直接效应			间接效应				效应判断
影响路径	路径系数	P 值	影响路径	路径系数	P 值	综合值	
惰性—组织变革	- 0.258	***	DX→LJYL	0.459	***	- 0.130	部分中介
			LJYL→ZZBG	- 0.284	0.003		
刚性—组织变革	- 0.167	0.016	GX→LJYL	0.214	***	- 0.061	部分中介
			LJYL→ZZBG	- 0.284	0.003		
抗性—组织变革	- 0.304	***	KX→LJYL	0.305	***	- 0.087	部分中介
			LJYL→ZZBG	- 0.284	0.003		

注：＊＊＊表示 P < 0.001。

根据表中数据可知，惰性对组织变革的间接效应值为 - 0.130，直接效应值为 - 0.258，前者小于后者（绝对值），说明路径依赖在惰性对组织变革的影响中起到部分中介作用，这与前边的判断结果一致。刚性对组织变革的间接效应值为

－0.061，直接效应值为－0.167，同样前者小于后者（绝对值），说明路径依赖在刚性对组织变革的影响中起到部分中介作用，也与前边的判断结果一致。抗性对组织变革的间接效应值为－0.087，直接效应值为－0.304，前者小于后者（绝对值），说明路径依赖在抗性对组织变革的影响中起到部分中介作用，同样与前边的判断结果一致。

五、调节效应分析

利用SPSS22.0进行分析，在分析之前需要将自变量、调节变量、因变量显化，即求出各自观测值的平均值，然后求出交互项的值，这里有三个交互项，分别是：网络关系×惰性（WLGX×DX）、网络关系×刚性（WLGX×GX）、网络关系×抗性（WLGX×KX），这样就可以进行正式的层次回归分析。在SPSS的回归分析中，选择线性回归，调节变量对每个自变量的调节效应做一次回归，每个回归中，首先加入因变量"路径依赖"，然后第一层自变量加入原模型的自变量（惰性/刚性/抗性），第二层自变量加入调节变量（网络关系），第三层自变量加入交互变量（网络关系×惰性/网络关系×刚性/网络关系×抗性）。设定好模型后，输入分析结果，如表5－22所示。

表5－22　网络关系的调节效应指标值

自变量	标准化系数	自变量	标准化系数	自变量	标准化系数
惰性	0.722 ***	刚性	0.564 ***	抗性	0.681 ***
网络关系	－0.061	网络关系	－0.161 ***	网络关系	－0.074 **
WLGX×DX	－0.123 ***	WLGX×GX	－0.123 ***	WLGX×KX	－0.083 **
R_1^2	**0.614**	R_1^2	**0.471**	R_1^2	**0.569**
R_2^2	**0.624**	R_2^2	**0.482**	R_2^2	**0.573**
ΔR^2	**0.010**	ΔR^2	**0.011**	ΔR^2	**0.004**

注：*** 表示 $P < 0.001$；** 表示 $P < 0.01$；* 表示 $P < 0.05$；无"*"则表示不显著。

由表可知，在加入调节变量之后，惰性、刚性、抗性三个变量对路径依赖的正向影响（系数为正）依然在0.001的水平上显著，说明僵化惯性各变量对路径依赖具有正向影响的结论被进一步证实，具有稳健性。

在调节效应上，网络关系对"惰性对路径依赖的影响"的调节效应显著，交互项的路径系数为－0.123，且在0.001的显著性水平上达到显著，而且$\Delta R^2 > 0$，同样说明调节效应显著。但是根据路径系数来看，系数为负，说明网络关系起到了负向调节作用，这与原假设相反，说明H11没有得到支持。

网络关系对"刚性对路径依赖的影响"的调节效应显著，交互项的路径系数同样为 -0.123，且在 0.001 的显著性水平上达到显著，而且 $\Delta R^2 > 0$，也说明调节效应显著。同样，根据路径系数来看，系数为负，说明网络关系起到了负向调节作用，这与原假设相反，说明 H12 没有得到支持。

网络关系对"抗性对路径依赖的影响"的调节效应显著，交互项的路径系数为 -0.083，且在 0.01 的显著性水平上达到显著，而且 $\Delta R^2 > 0$，同样说明调节效应显著，但是显著性不如前两者。根据路径系数来看，系数为负，同样说明网络关系起到了负向调节作用，这与原假设相反，说明 H13 没有得到支持。

整体上来看，三个交互变量的回归系数绝对值都较小（<0.3），说明虽然调节效应明显，但是调节能力十分有限。可以认为，网络关系在惰性、刚性、抗性对路径依赖的正向影响中，都起到了负面调节作用，即网络关系减弱了僵化惯性对路径依赖的正向作用，然而这和削弱作用处于弱等水平，作用有限。

六、检验结果汇总

关于组织惯性对组织变革的负面作用机制，本书提出了 13 个相关假设，经假设检验后，有 7 个假设得到了验证，3 个假设被部分支持，3 个假设没有得到支持，其汇总结果如表 5-23 所示。

表 5-23　组织惯性对组织变革的负面作用机制假设验证结果汇总

序号	原假设	结果
H1	组织惯性的惰性要素对组织变革具有负向影响	支持
H2	组织惯性的刚性要素对组织变革具有负向影响	支持
H3	组织惯性的抗性要素对组织变革具有负向影响	支持
H4	组织惯性的惰性要素对路径依赖具有正向影响	支持
H5	组织惯性的刚性要素对路径依赖具有正向影响	支持
H6	组织惯性的抗性要素对路径依赖具有正向影响	支持
H7	路径依赖对组织变革具有负向影响	支持
H8	路径依赖在组织惯性的惰性要素和组织变革之间起到完全中介作用	部分中介
H9	路径依赖在组织惯性的刚性要素和组织变革之间起到完全中介作用	部分中介
H10	路径依赖在组织惯性的抗性要素和组织变革之间起到完全中介作用	部分中介
H11	网络关系在惰性要素和路径依赖之间起到正向调节作用	相反
H12	网络关系在刚性要素和路径依赖之间起到正向调节作用	相反
H13	网络关系在抗性要素和路径依赖之间起到正向调节作用	相反

由此可见，第一，组织惰性、刚性、抗性对组织变革不仅有直接的负面影响，而且还通过路径依赖间接地对组织变革产生不利影响，路径依赖在僵化惯性和组织变革之间起到了部分中介作用，部分传导了前者的不利影响。第二，组织惰性、刚性、抗性越强，组织的路径依赖就越明显，而路径依赖越明显，组织变革就越困难。第三，虽然惰性、刚性和抗性会造成路径依赖，但是网络关系的存在，会削弱这种作用，一定的网络关系有利于缓解路径依赖的产生。

根据以上假设检验的结果，可以对本书提出的模型进行修正，修正后模型如图 5 – 17 所示。

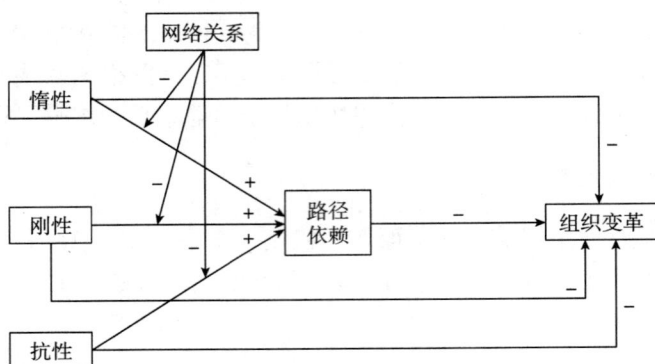

图 5 – 17　调整后的组织惯性对组织变革的正面作用机制模型

第六章　组织惯性对组织变革的正面作用机制模型实证检验

本章的逻辑安排和上一章是一致的，首先需要对数据进行信度检验，其次进行验证性因子分析，检验数据的效度和测量模型的拟合优度，再次进行假设检验，对前文提出的模型和假设进行分析检验，最后进行小结。

第一节　信度检验

首先，为了观察方便，特意把前文的模型重复在此展示为图 6-1。因变量是"组织变革"，自变量是"动态惯性"，分为"动量"和"惯例"两个维度，中介变量是"资源拼凑"，调节变量是"员工承诺"。

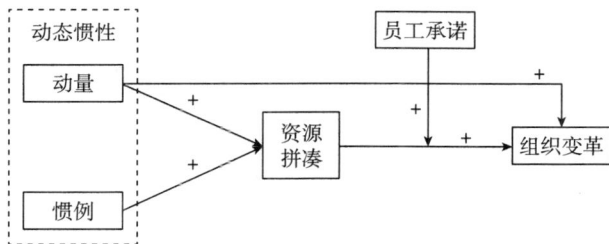

图6-1　组织惯性对组织变革的正面作用机制模型

确定了各变量的关系后，接着进行信度检验。其检验标准和前文一致，主要看科隆巴赫信度系数（Cronbach's α）和修正后的总相关系数（CITC）：α系数大于0.7是可以接受的，大于0.8是较好的，对于探索性量表来说，信度指标高于0.6也是可以接受的。对CITC来说，值大于0.4或0.5可接受，最低不得低于0.3，否则题项应予以删除。上一章已经将数据进行过标准化，因此这一章可以直接使用。此外，上一章已经对因变量"组织变革"进行了信、效度检验，因此这一章可以省去检验过程直接报告结果即可。

这里仍然使用 SPSS22.0 对数据进行分析，一共 5 个变量，共 24 个题项，具体分析结果如表 6 - 1 所示。由此可知，整体信度为 0.932，水平较高；组织变革 α 系数为 0.649 动量的 α 系数为 0.908；惯例的 α 系数为 0.864；资源拼凑的 α 系数为 0.912；员工承诺的 α 系数为 0.865，均达到较好水平。另外，所有测量题项的 CITC 均大于 0.3，满足最低要求，因此可以认为数据具有可靠的信度。

表 6 - 1　正式调研数据的信度分析结果（正面机制相关）

变量		Cronbach's α	测量题项	CICT	删除该题项后的 α 值
因变量	组织变革	0.649	ZZBG1	0.308	0.628
			ZZBG2	0.399	0.601
			ZZBG3	0.312	0.627
			ZZBG4	0.399	0.601
			ZZBG5	0.434	0.590
			ZZBG6	0.328	0.622
			ZZBG7	0.331	0.621
自变量	动量	0.908	DL1	0.782	0.885
			DL2	0.699	0.902
			DL3	0.766	0.888
			DL4	0.784	0.885
			DL5	0.812	0.879
	惯例	0.864	GL1	0.707	0.828
			GL2	0.672	0.842
			GL3	0.750	0.810
			GL4	0.719	0.823
中介变量	资源拼凑	0.912	ZYPC1	0.755	0.897
			ZYPC2	0.806	0.887
			ZYPC3	0.713	0.906
			ZYPC4	0.799	0.888
			ZYPC5	0.811	0.885
调节变量	员工承诺	0.865	YGCY1	0.749	0.806
			YGCY2	0.784	0.773
			YGCY3	0.700	0.850
总体信度系数		0.932		—	

第二节　验证性因子分析和效度检验

一、检验方法和标准

检验方法在上一章已经进行过详细说明，不再赘述，只把一些指标和相应判定标准再次进行说明。大方向上分为两类检验：效度检验和测量模型检验。效度检验又分为两种：收敛效度检验和区别效度检验。收敛效度是所有变量都需要检测的，而区别效度只有在多维度变量中才需要。

收敛效度的判别指标有两个：因子载荷（λ）和平均抽取方差（AVE）。因子载荷的判别标准是：$\lambda > 0.5$，最低不得低于 0.32。平均抽取方差的判别标准是：$AVE > 0.5$。由于 Amos 不会报告 AVE 结果，因此需要另行计算，与之类似的还有组合信度（CR）值，也由另外计算而知，用来判别数据信度，和 Cronbach's α 相互印证。

区别效度的判断指标是平均抽取方差的平方根（$\sqrt{AVE}$）和因子间（潜变量）的相关系数，如果 $\sqrt{AVE} >$ 相关系数，则说明因子间具有较好的区别效度，否则区别效度较低。而对于因子间相关性，同前一样，也根据相关系数的 T 值来判断，当 T 值大于 2 时，可以认为存在着明显的相关性。

测量模型的检验指标有七项，判别标准是相对卡方值（χ^2/df）< 5、适配指数（GFI）> 0.9、修正适配指数（AGFI）> 0.9、渐进误差均方和平方根（RMSEA）< 0.08、规准拟合指数（NFI）> 0.9、比较拟合指数（CFI）> 0.9、非规准拟合指数（TLI）> 0.9。其中前四项代表的是绝对拟合指标，后三项代表的是比较拟合指标，如果都满足条件则说明测量模型具有较好的拟合水平。

二、各变量的检验

（一）动态惯性

动态惯性由"惯例"和"动量"两个维度构成，在二者之间应建立联系，故采用两因子斜交模型，经 Amos2.0 进行分析和调试后，得到如图 6 - 2 所示的结果，左图展示的是非标准化的参数值，右图展示的是标准化的参数值。

结合图中参数和文档报表（Text Output），可以整理出如表 6 - 2 所示的核心指标值。由这些结果可以看出，各测量题项的标准化因子载荷均大于 0.5，且其对应 P 值都小于 0.001，即在 0.001 的显著性水平上达到显著；动量、惯例两个维度变量的 AVE 值分别为 0.667、0.603，均大于 0.5。综合因子载荷和 AVE 值，

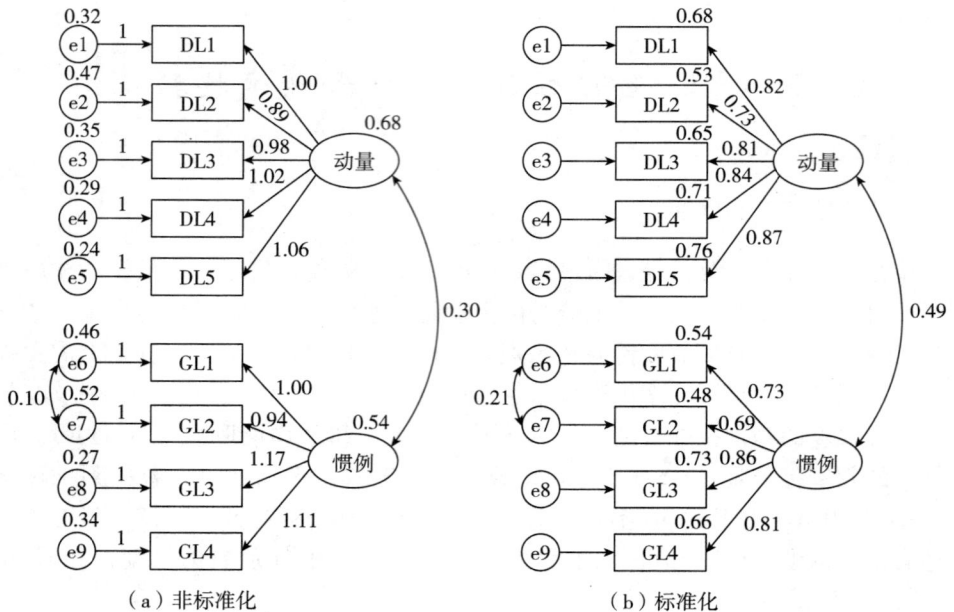

图 6 - 2　动态惯性的测量模型及参数值

可以认为数据具有良好的收敛效度。在表中，还可以看到动量、惯例两个变量所对应的组合信度值分别为 0.909 和 0.858，均大于 0.6，而且和第一节所得到 Cronbach's α 系数（0.908 和 0.864）较为接近，再次说明数据具有良好的信度。

表 6 - 2　动态惯性各维度变量的信效度指标值

变量	题项	因子载荷				信效度值	
		非标准化	标准误	标准化	显著性	AVE	CR（ρ_c）
动量	DL1	1.00	—	0.823	—	0.667	0.909
	DL2	0.888	0.045	0.731	***		
	DL3	0.981	0.043	0.807	***		
	DL4	1.025	0.042	0.843	***		
	DL5	1.059	0.042	0.872	***		
惯例	GL1	1.000	—	0.735	—	0.603	0.858
	GL2	0.939	0.052	0.690	***		
	GL3	1.166	0.062	0.857	***		
	GL4	1.105	0.060	0.812	***		

注：*** 表示 P < 0.001；** 表示 P < 0.01；* 表示 P < 0.05。

由于这是两因子斜交模型，因此还需判断区别效度，其判断结果如表 6 – 3 所示。可以看出，动量和惯例两个因子的 $\sqrt{AVE}$ 值分别为 0.817 和 0.776，均大于二者的相关系数（0.490），说明二者具有较好的区别效度。从相关性上来看，两个因子的相关系数是 0.490，且在 0.001 的显著性水平上达到显著，即 T 值远大于 2（P < 0.01 时 T 值已大于 2.58），因此根据前文的判断标准，二者具有明显的相关性。综合可以认为，动量和惯例两个因子既有良好的相关性，又很好的区分度。

表 6 – 3　动态惯性各测量维度的区别效度判别表

	动量	惯例
动量	0.817	—
惯例	0.490 ***	0.776

注：①对角线数字表示 AVE 的平方根值，左下方数字表示变量间相关系数。② *** 表示 P < 0.001，二者相关系数的 t 值为 6.629。

最后看测量模型的拟合优度，其指标结果如表 6 – 4 所示。由此可知：$\chi^2/df = 2.167$，GFI = 0.980，AGFI = 0.964，RMSEA = 0.044，NFI = 0.983，CFI = 0.991，TLI = 0.987，所有指标均满足要求，说明测量模型对样本数据拟合情况较理想。

表 6 – 4　动态惯性测量模型拟合指数一览表

拟合指数	χ^2/df	GFI	AGFI	RMSEA	NFI	CFI	TLI
要求值	< 5	> 0.9	> 0.9	< 0.08	> 0.9	> 0.9	> 0.9
报告值	2.167	0.980	0.964	0.044	0.983	0.991	0.987
效果判断	良好	良好	良好	良好	良好	良好	良好

（二）资源拼凑

用 Amos22.0 进行数据分析和模型调试后，得到如图 6 – 3 所示的结果，一些详细的参数值如表 6 – 5 所示。由此可知，各测量题项的标准化因子载荷均大于 0.5，最小值为 0.76（ZYPC1），且 P 值都小于 0.001，在 0.001 的显著性水平上达到显著；该变量的 AVE 值为 0.690，大于 0.5，可以认为数据具有可靠的收敛效度。同时可以看出，其组合信度值为 0.917，这与上一节中信度分析结果（0.912）基本吻合，再次证明数据具有良好的信度。

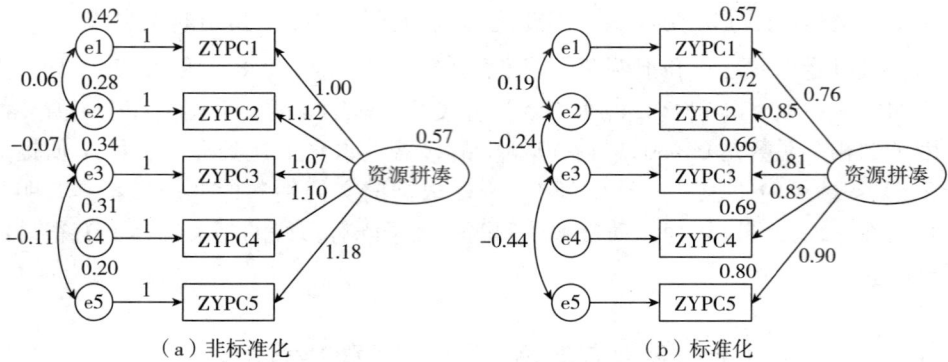

（a）非标准化　　　　　　　　　（b）标准化

图 6-3　资源拼凑的测量模型及参数值

表 6-5　资源拼凑变量的信效度指标值

变量	题项	因子载荷				信效度值	
		非标准化	标准误	标准化	显著性	AVE	CR（ρ_c）
资源拼凑	ZYPC1	1.000	—	0.758	—	0.690	0.917
	ZYPC2	1.119	0.047	0.849	***		
	ZYPC3	1.069	0.057	0.811	***		
	ZYPC4	1.098	0.051	0.833	***		
	ZYPC5	1.183	0.054	0.897	***		

注：*** 表示 $P < 0.001$；** 表示 $P < 0.01$；* 表示 $P < 0.05$。

由于这里只有一个因子，因此不需要判断区别效度，直接看测量模型的拟合优度。其结果如表 6-6 所示，由此可知：$\chi^2/df = 2.162$，GFI = 0.998，AGFI = 0.989，RMSEA = 0.016，NFI = 0.998，CFI = 1.000，TLI = 0.999，所有指标均满足要求，说明测量模型对样本数据拟合情况较理想。

表 6-6　资源拼凑测量模型拟合指数一览表

拟合指数	χ^2/df	GFI	AGFI	RMSEA	NFI	CFI	TLI
要求值	< 5	> 0.9	> 0.9	< 0.08	> 0.9	> 0.9	> 0.9
报告值	2.162	0.998	0.989	0.016	0.998	1.000	0.999
效果判断	良好	良好	良好	良好	良好	良好	良好

（三）员工承诺

对员工承诺的验证性因子分析不能单独进行，这是因为单独分析时模型是饱和模型。所谓饱和模型是指自由度为 0 的模型，一旦自由度为 0，则卡方值也为 0，模型有唯一解，识别永远不会被拒绝，从而数据与模型完美适配，实质上这样的模型拟合参数就是真实数据本身的反映，无所谓模型假说，因而是无意义的（吴明隆，2009）。自由度（df）的数值判断，是用"t 规则"来进行，即 $df = \frac{1}{2}q(q+1) - t$，其中，q 表示观察变量的数量，t 表示模型中待估计的参数的数量（Bollen，1989），在"员工承诺"变量中，观察变量（测量题项）有三个（q = 3），待估计参数有六个（t = 6），包括三个路径系数和三个误差项，因此自由度（df）等于 0。

为了能对该变量进行验证性因子分析，特借用其他变量进行共同分析，以达到自由度大于 0 的目的。这里选取"资源拼凑"和"员工承诺"联合起来分析，经过模型调试后得到如图 6 – 4 所示的分析结果，结合输出文档可以整理出如表 6 – 7 所示的参数值，这里只列举员工承诺变量所涉及的各项数值。由此可知，员工承诺各测量题项的标准化因子载荷均大于 0.5，最小值为 0.77（YGCN3），且 P 值都小于 0.001，在 0.001 的显著性水平上达到显著；该变量的 AVE 值为 0.687，大于 0.5，综合可以认为数据具有可靠的收敛效度。同时可以看出，其组合信度值为 0.868，这与第一节中的信度分析结果（0.865）基本吻合，再次证明数据具有良好的信度。

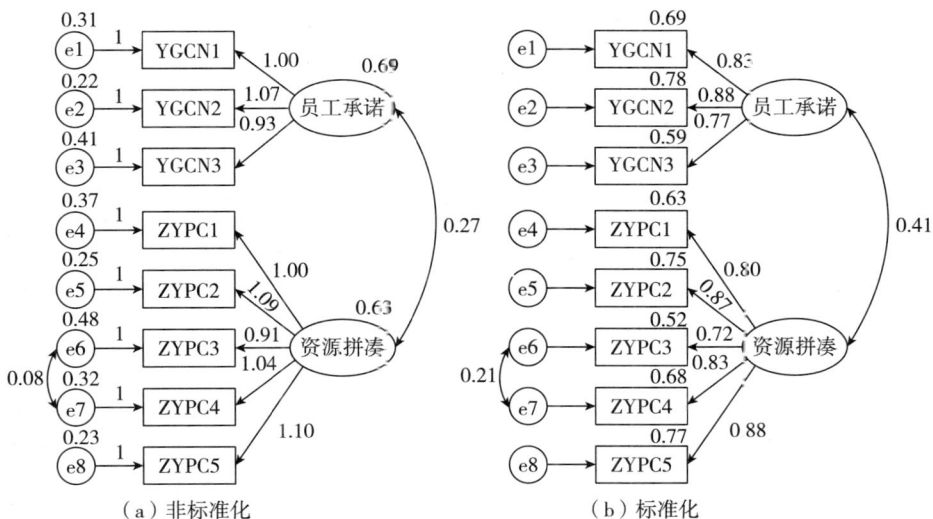

（a）非标准化　　　　　　　（b）标准化

图 6 – 4　员工承诺的测量模型及参数值

表6-7　员工承诺变量的信效度指标值

变量	题项	因子载荷				信效度值	
		非标准化	标准误	标准化	显著性	AVE	CR（ρ_c）
员工承诺	YGCN1	1.000	—	0.830	—	0.687	0.868
	YGCN2	1.066	0.047	0.885	***		
	YGCN3	0.925	0.046	0.768	***		

注：*** 表示 P<0.001；** 表示 P<0.01；* 表示 P<0.05。

接下来看模型的拟合优度，其指标值如表6-8所示。由此可知：$\chi^2/df = 3.138$，GFI=0.977，AGFI=0.953，RMSEA=0.060，NFI=0.981，CFI=0.987，TLI=0.980，所有指标均满足要求，说明测量模型对样本数据拟合情况较理想。

表6-8　员工承诺测量模型拟合指数一览表

拟合指数	χ^2/df	GFI	AGFI	RMSEA	NFI	CFI	TLI
要求值	<5	>0.9	>0.9	<0.08	>0.9	>0.9	>0.9
报告值	3.138	0.977	0.953	0.060	0.981	0.987	0.980
效果判断	良好	良好	良好	良好	良好	良好	良好

第三节　假设检验

一、检验方法和程序

首先是要进行相关分析，可以用 SPSS 软件来完成，进行 Pearson 相关分析，分析目的在于考察变量间是否有显著相关性。本书采取的显著性标准是 $P < 0.05$，在满足此显著性的前提下，如果相关系数小于 0.3，则视为弱相关；如果相关系数小于 0.5，则视为中等相关；如果相关系数大于等于 0.5，则视为强相关。

其次要进行中介效应分析，用 Amos 软件来完成。先分析自变量对因变量的直接影响效应，得到系数 c；再分析自变量对中介变量的直接影响效应，得到系数 a；然后分析中介变量对因变量的直接影响效应，得到系数 b；最后分析三类变量在一起时的影响效应，得到自变量对因变量的作用系数 c′，如果 c 显著、a和 b 显著，同时 c′也显著，则说明存在部分中介效应；如果 c 显著、a 和 b 显著，

但 c' 不显著，则说明存在完全中介效应。

最后要进行调节效应分析，用 SPSS 软件完成。采用层次回归分析法，以模型中被调节的因变量为回归方程的因变量，以被调节的自变量为第一层回归的自变量，以调节变量为第二层回归的自变量，以模型的自变量和调节变量的乘积项（交互变量）为第三层回归的自变量，进行回归后得到各因变量的回归系数，以及不同层次回归方程的 R^2 值，由此可以用两种方法来判断调节效应存在与否：第一，看第三层回归方程的 R^2 值相对于第二层回归方程的 R^2 值的变化值，如果变化为正，则说明存在调节效应。第二，看交互变量的偏回归系数，如果该系数显著，则说明调节效应显著，存在调节效应。

二、相关分析

使用 SPSS22.0 软件对各变量之间的相关性进行鉴定，参与分析的变量有动量、惯例、资源拼凑、员工承诺、组织变革，所做的分析为 Pearson 相关性分析。首先对每个变量的观测值做均值处理，然后再进行分析。最终分析结果如表 6 - 9 所示，由此可知，所有变量之间的相关系数都在 0.01 的显著性水平上达到了显著，说明具有显著的相关性，相关系数大小位于 0.233 ~ 0.688，相关程度各有不同。

表 6 - 9　正面作用机制模型各变量的相关系数（$n = 599$）

	动量	惯列	资源拼凑	员工承诺	组织变革
动量	1	—	—	—	—
惯例	0.436 **	1	—	—	—
资源拼凑	0.688 **	0.627 **	1	—	—
员工承诺	0.597 **	0.233 **	0.387 **	1	—
组织变革	0.673 **	0.506 **	0.646 **	0.546 **	1

注：＊＊表示在 $\alpha = 0.01$ 的显著性水平上达到显著（双尾检验）。

具体来说，自变量间（动量、惯例）的相关系数为 0.463，属于中等程度相关，不存在多重共线性问题，与前文区别效度检验结果良好的结论相吻合。从自变量与因变量的关系来看，动量与组织变革之间的相关系数为 0.673，惯例与组织变革之间的相关系数为 0.505，都达到了强相关。从自变量与中介变量的关系来看，动量与资源拼凑之间的相关系数为 0.688，惯例与资源拼凑之间的相关系数为 0.627，也都达到了强相关。从中介变量与因变量的关系来看，资源拼凑与组织变革之间的相关系数为 0.646，属于强相关。最后，调节变量"员工承诺"

与因变量"组织变革"之间的相关系数为 0.546，也达到了强相关，说明前者可能会对后者产生有利影响。

以上判断基本可以认为各变量之间具有较好的相关性，但具体的关系还需要后续进一步检验，下文详细展开。

三、直接效应分析

（一）组织动量、组织惯例对组织变革的影响

以组织动量（DL）和惯例（GL）为外生潜在变量、以组织变革（ZZBG）为内生潜在变量构建其作用关系的结构方程模型，如图 6 – 5 所示。输入样本数据，用 Amos22.0 进行统计分析，得到如表 6 – 10 所示的模型拟合指标值，由表可知：$\chi^2/df = 2.071$，小于 5；GFI = 0.958，大于 0.9；AGFI = 0.944，大于 0.9；RMSEA = 0.042，小于 0.08；NFI = 0.950，大于 0.9；CFI = 0.973，大于 0.9；TLI = 0.968，大于 0.9，所有指标均满足要求，说明数据对模型拟合情况较为理想。

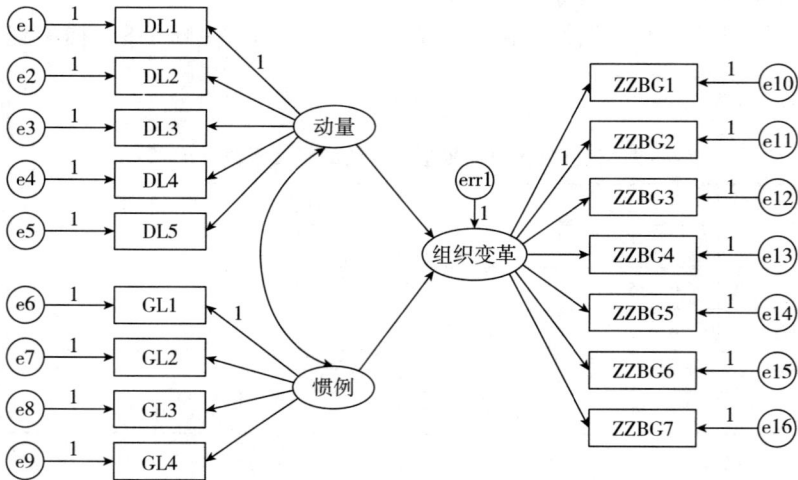

图 6 – 5　动态惯性对组织变革的直接影响效应模型

表 6 – 10　动态惯性对组织变革的直接影响模型拟合指标值

拟合指数	χ^2/df	GFI	AGFI	RMSEA	NFI	CFI	TLI
要求值	<5	>0.9	>0.9	<0.08	>0.9	>0.9	>0.9
报告值	2.071	0.958	0.944	0.042	0.950	0.973	0.968
效果判断	良好	良好	良好	良好	良好	良好	良好

再来看具体的路径系数，这里将其简化为图 6 - 6 所示，相对应的具体系数值和显著性如表 6 - 11 所示。可以看出，两条路径系数都为正，且相关系数都在 0.001 的水平上达到显著，满足 P < 0.05 的要求，说明动量和惯例与组织变革正相关且显著。从路径系数的大小来看，二者与组织变革的相关性都为强相关性，而且动量对组织变革的直接影响要明显大于惯例。由以上可知，本书所提出的 H14、H15 得到了验证。

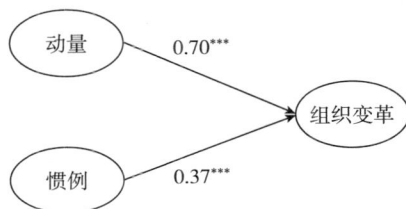

图 6 - 6　动态惯性对组织变革的直接影响路径系数

注：＊＊＊表示 P < 0.001。

表 6 - 11　动态惯性对组织变革的直接影响效应指标值

影响路径	路径系数	SE	CR	显著性（P 值）
动量—组织变革	0.698	0.039	8.407	＊＊＊
惯例—组织变革	0.371	0.030	6.376	＊＊＊

注：＊＊＊表示 P < 0.001。

（二）组织动量、组织惯例对资源拼凑的影响

以组织动量（DL）和惯例（GL）为外生潜在变量、以资源拼凑（ZYPC）为内生潜在变量，构建其作用关系的结构方程模型，如图 6 - 7 所示。输入样本数据，用 Amos22.0 进行统计分析，得到如表 6 - 12 所示的模型拟合指标值，由表可知：$\chi^2/df = 2.856$，小于 5；GFI = 0.951，大于 0.9；AGFI = 0.930，大于 0.9；RMSEA = 0.056，小于 0.08；NFI = 0.964，大于 0.9；CFI = 0.976，大于 0.9；TLI = 0.971，大于 0.9，所有指标均满足要求，说明数据和模型的拟合情况较为理想。

接下来看具体的路径系数，其简化图如图 6 - 8 所示，相对应的具体系数值和显著性如表 6 - 13 所示。可以看出，组织动量和组织惯例都与资源拼凑显著相关，在 0.001 的水平上达到显著，满足 P < 0.05 的要求。路径系数为正，说明二者对资源拼凑具有正向影响，从大小来看，动量与资源拼凑的相关程度为中等，

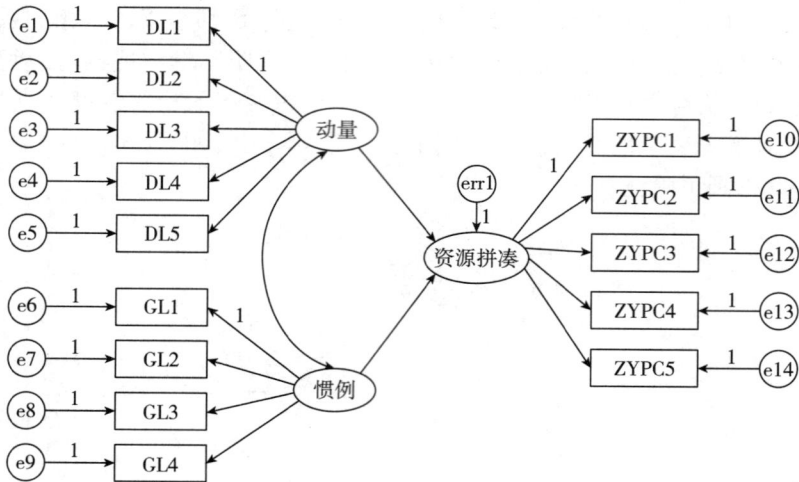

图 6 - 7   动态惯性对资源拼凑的直接影响效应模型

表 6 - 12   动态惯性对资源拼凑的直接影响模型拟合指标值

拟合指数	χ^2/df	GFI	AGFI	RMSEA	NFI	CFI	TLI
要求值	<5	>0.9	>0.9	<0.08	>0.9	>0.9	>0.9
报告值	2.856	0.951	0.930	0.056	0.964	0.976	0.971
效果判断	良好	良好	良好	良好	良好	良好	良好

惯例与资源拼凑的相关程度为强，动量对资源拼凑的直接影响略大于惯例。由上可知，本书所提出的 H16、H17 得到了验证。

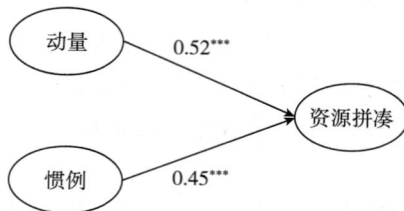

图 6 - 8   动态惯性对资源拼凑的直接影响路径系数

注：＊＊＊表示 P < 0.001。

表 6 - 13　动态惯性对资源拼凑的直接影响效应指标值

影响路径	路径系数	SE	CR	显著性（P 值）
动量—资源拼凑	0.524	0.039	13.341	***
惯例—资源拼凑	0.454	0.042	11.462	***

注：*** 表示 P < 0.001。

（三）资源拼凑对组织变革的影响

以资源拼凑（ZYPC）为外生潜在变量、以组织变革（ZZBG）为内生潜在变量，构建其作用关系的结构方程模型，如图 6 - 9 所示。输入样本数据，用 A-mos22.0 进行统计分析，得到如表 6 - 14 所示的模型拟合指标值，由表可知：$\chi^2/df = 2.479$，小于 5；GFI = 0.965，大于 0.9；AGFI = 0.948，大于 0.9；RMSEA = 0.050，小于 0.08；NFI = 0.953，大于 0.9；CFI = 0.971，大于 0.9；TLI = 0.964，大于 0.9，所有指标均满足要求，说明数据和模型的拟合情况较为理想。

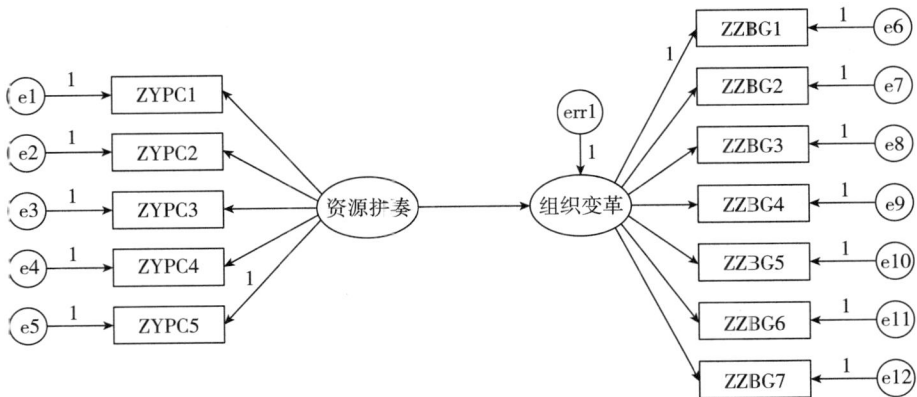

图 6 - 9　资源拼凑对组织变革的直接影响效应模型

表 6 - 14　资源拼凑对组织变革的直接影响模型拟合指标值

拟合指数	χ^2/df	GFI	AGFI	RMSEA	NFI	CFI	TLI
要求值	<5	>0.9	>0.9	<0.08	>0.9	>0.9	>0.9
报告值	2.479	0.965	0.948	0.050	0.953	0.971	0.964
效果判断	良好	良好	良好	良好	良好	良好	良好

再看具体的路径系数，路径系数简化图如图 6 - 10 所示，相对应的具体系数值和显著性如表 6 - 15 所示。可以看出，资源拼凑与组织变革显著相关，在

0.001 的水平上达到显著，满足 P < 0.05 的要求。路径系数为正，说明资源拼凑对组织变革的影响是正向的，从路径系数的大小来看，二者的相关性属于强相关。由以上可知，本书所提出的 H18 得到了验证。

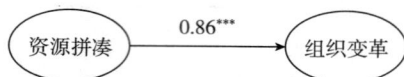

图 6 – 10　资源拼凑对组织变革的直接影响路径系数

注：＊＊＊表示 P < 0.001。

表 6 – 15　资源拼凑对组织变革的直接影响效应指标值

影响路径	路径系数	SE	CR	显著性（P 值）
资源拼凑—组织变革	0.856	0.044	7.934	＊＊＊

注：＊＊＊表示 P < 0.001。

四、中介效应分析

根据前文所定的检验程序和标准，上文已分别验证了自变量对因变量的作用系数 c、自变量对中介变量的作用系数 a、中介变量对因变量的作用系数 b，都是显著的，说明存在中介效应。下一步要检验综合起来时自变量对因变量的作用系数 c′是否显著，从而判断中介效应的作用程度，为此，以组织动量（DL）、惯例（GL）为外生潜在变量，以资源拼凑（ZYPC）、组织变革（ZZBG）为内生潜在变量，构建全路径的中介效应结构方程模型，如图 6 – 11 所示。

输入样本数据，用 Amos22.0 进行统计分析，得到如表 6 – 16 所示的模型拟合指标值，由表可知：$\chi^2/df = 2.159$，小于 5；GFI = 0.939，大于 0.9；AGFI = 0.924，大于 0.9；RMSEA = 0.044，小于 0.08；NFI = 0.943，大于 0.9；CFI = 0.968，大于 0.9；TLI = 0.964，大于 0.9，所有指标均满足要求，说明数据和模型的拟合情况较为理想。

对具体的路径系数，图 6 – 12 报告了一个简化结果，表 6 – 17 则给出了显著性水平等信息。由此可知，所有相关系数均在 α = 0.001 的显著性水平上达到显著（资源拼凑—组织变革的 P 值恰好为 0.001），满足 P < 0.05 的要求。动量对组织变革的影响路径系数（$c′_1$）为 0.56，且显著，根据前文的判定标准，c 显著、a 和 b 显著、$c′_1$ 也显著，说明资源拼凑在动量对组织变革的影响中起到部分中介作用，H19 得到验证。惯例对组织变革的影响路径系数（$c′_2$）为 0.25 且显著，根据前文的判定标准，c 显著、a 和 b 显著、$c′_2$ 也显著，说明资源拼凑在惯

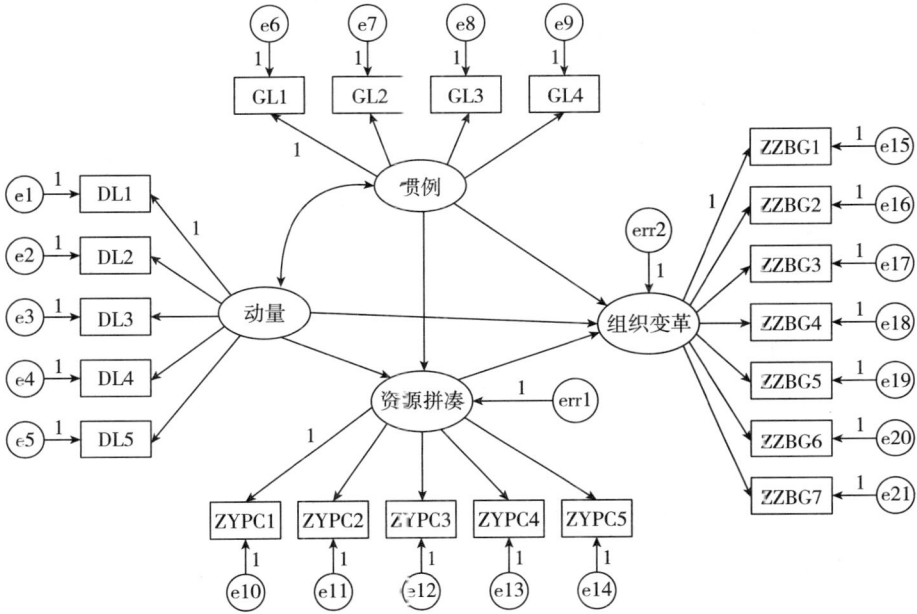

图 6-11　资源拼凑在动态惯性和组织变革之间的中介效应模型

表 6-16　资源拼凑在动态惯性和组织变革之间的中介效应模型拟合指标值

拟合指数	χ^2/df	GFI	AGFI	RMSEA	NFI	CFI	TLI
要求值	<5	>0.9	>0.9	<0.08	>0.9	>0.9	>0.9
报告值	2.159	0.939	0.924	0.044	0.943	0.968	0.964
效果判断	良好	良好	良好	良好	良好	良好	良好

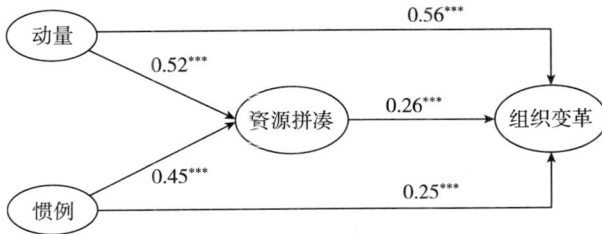

图 6-12　资源拼凑在动态惯性和组织变革之间的中介效应路径系数

注：＊＊＊表示 P<0.001。

例对组织变革的影响中起到部分中介作用，这与原假设不符，假设 H20 得到部分支持。

表 6 – 17　资源拼凑在动态惯性和组织变革之间的中介效应指标值

影响路径	路径系数	SE	CR	显著性（P 值）
动量—组织变革	0.562	0.038	6.825	***
惯例—组织变革	0.255	0.031	4.099	***
动量—资源拼凑	0.524	0.038	13.341	***
惯例—资源拼凑	0.453	0.042	11.406	***
资源拼凑—组织变革	0.258	0.038	3.210	0.001

注：*** 表示 P < 0.001，如果 P 大于或等于 0.001，则直接以数值表示。

为了进一步验证中介作用的大小，这里把动量和惯例（自变量）对组织变革（因变量）的直接影响效应和间接影响效应的大小进行了统计，如表 6 – 18 所示。表中间接效应的综合值计算方法是 a×b，即一条完整路径上的前后两段路径值相乘，如果存在多条路径，则多个相乘的值加起来就是间接效应的大小。得到综合值后跟直接效应的路径系数相对比，如果前者大于后者，说明具有完全中介效应；如果前者小于后者，说明中介效应不完全。这里的直接效应其实就是系数 c'，而总效应是系数 c，间接效应、直接效应和总效应之间的关系应满足：$c = c' + ab$，间接效应代表了中介效应的大小。

表 6 – 18　资源拼凑在动态惯性和组织变革之间的中介效应路径分解

直接效应			间接效应				效应判断
影响路径	路径系数	P 值	影响路径	路径系数	P 值	综合值	
动量—组织变革	0.562	***	DL→ZYPC	0.524	***	0.135	部分中介
			ZYPC→ZZBG	0.258	0.001		
惯例—组织变革	0.255	***	GL→ZYPC	0.453	***	0.117	部分中介
			ZYPC→ZZBG	0.258	0.001		

注：*** 表示 P < 0.001。

根据表 6 – 18 中数据可知，动量对组织变革的间接效应值为 0.135，直接效应值为 0.562，前者小于后者，说明资源拼凑在动量对组织变革的影响中起到部分中介作用，这与前边的判断结果一致，说明 H19 得到了验证。惯例对组织变革的间接效应值为 0.117，直接效应值为 0.255，同样前者小于后者，说明资源拼凑在惯例对组织变革的影响中起到部分中介作用，也与前边的判断结果一致，说明 H20 中所说的"完全中介作用"应改为"部分中介作用"，即惯例不仅通过资源拼凑正向影响组织变革，还直接影响组织变革。

而且这里还可以看出，惯例对组织变革的间接效应和直接效应之间的差距小于动量，说明资源拼凑在惯例和组织变革间的中介作用更强一些，资源拼凑对惯例的中介作用已近乎完全中介，但仍未达到完全，这从图 6 - 12 中亦可获得直观的验证。

五、调节效应分析

利用 SPSS22.0 进行分析前需要做的工作是，先求出自变量、调节变量、因变量显化观测值的平均值，然后求出交互项（资源拼凑×员工承诺）的值，这样就可以进行正式的层次回归分析。在 SPSS 的回归分析中，选择线性回归，首先加入因变量"组织变革"，其次在自变量框中加入第一层变量"资源拼凑"，然后加入第二层变量"员工承诺"，最后加入第三层变量"资源拼凑×员工承诺"，相当于依次将调节效应模型中的自变量、中介变量、交互变量放入回归模型。设定好模型后，输入分析结果，如表 6 - 19 所示。

由表 6 - 19 可知：$R_1^2 = 0.519$，$R_2^2 = 0.518$，前者大于后者，这是第二层到第三层的回归，自变量中新加入了交互项"ZYPC×YGCN"。由于测定系数有所降低，根据前文的调节效应判定标准，表明不存在调节效应。再看交互项的回归系数 c，表中显示是 - 0.003，而显著性水平的 P 值为 0.925，没有在 0.05 的水平上达到显著，说明交互项没有对因变量造成明显的影响，因此调节效应不显著。由此可见，H21 没有得到支持。

表 6 - 19 员工承诺的调节效应指标值

	非标准化系数	标准误差	标准化系数	T 值	显著性
常数	0.000	0.017		0.026	0.980
资源拼凑（ZYPC）	0.337	0.021	0.511	16.414	0.000
员工承诺（YGCN）	0.222	0.021	0.347	10.516	0.000
ZYPC × YGCN	- 0.002	0.018	- 0.003	- 0.095	0.925
R_1^2	0.519	R_2^2	0.518	ΔR^2	- 0.001

但是，在第一层回归到第二层回归的变化中，自变量由"资源拼凑"变为资源拼凑和员工承诺，R^2 值增加了 0.103，员工承诺的回归系数为 0.348，且在 0.01 的水平上达到显著，说明员工承诺对组织变革具有正向贡献。

综合以上结果可以发现，"ZYPC × YGCN"对组织变革没有独特贡献，而"员工承诺"有独特贡献。这可以理解为，员工承诺本身对组织变革具有正向影响，而不是通过调节"资源拼凑"来发挥这种作用的。这里可以猜想员工承诺在资源拼凑和组织变革之间起到了中介作用，按此对模型进行修正，然后再次检验。

六、检验结果汇总

关于组织惯性对组织变革的负面作用机制，本书提出了 8 个相关假设，经假设检验后，有 6 个假设得到了验证，1 个假设被部分支持，1 个假设没有得到支持，其汇总结果如表 6 – 20 所示。

表 6 – 20   组织惯性对组织变革的正面作用机制假设验证结果汇总

序号	原假设	结果
H14	组织惯性的动量要素对组织变革具有正向影响	支持
H15	组织惯性的惯例要素对组织变革具有正向影响	支持
H16	组织惯性的动量要素对资源拼凑具有正向影响	支持
H17	组织惯性的惯例要素对资源拼凑具有正向影响	支持
H18	资源拼凑对组织变革具有正向影响	支持
H19	资源拼凑在动量对组织变革的影响中起到部分中介作用	支持
H20	资源拼凑在惯例对组织变革的影响中起到完全中介作用	部分支持
H21	员工承诺在资源拼凑对组织变革的影响中起到正向调节作用	不支持

由此可见：第一，组织动量和惯例一方面对组织变革直接产生有利影响，一方面又通过资源拼凑的中介作用而促进组织变革行为的发生，资源拼凑部分地传导了动量和惯例对组织变革的促进作用。第二，组织动量和惯例越强，越有利于资源拼凑行为的发生，而资源拼凑越明显，组织变革就越容易发生。第三，员工承诺对"资源拼凑对组织变革"的促进作用既没有促进也没有削弱，其究竟起到什么作用，需要进一步检验，下文将继续探索。

第四节 模型调整

前文根据调节效应的检验结果，提出猜想：员工承诺在资源拼凑和组织变革之间起到了中介作用，为检验其是否正确，现按如图 6 – 13 所示的模型对其启动中介效应的检验程序。

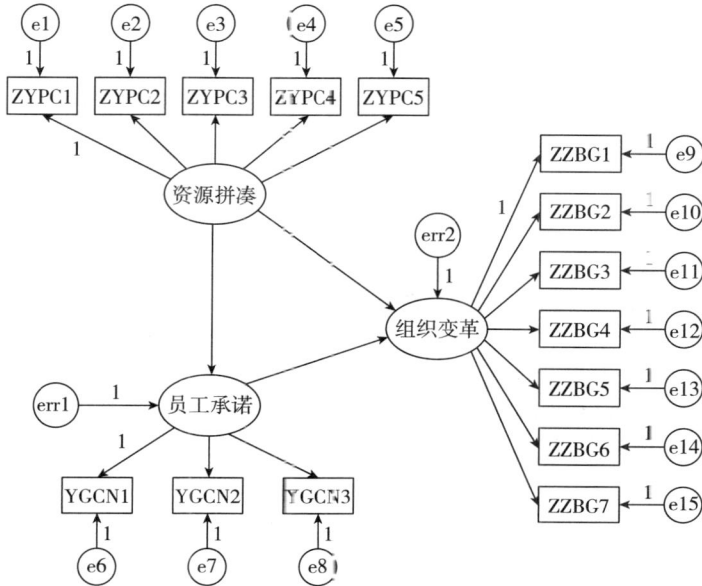

图 6 - 13　员工承诺在资源拼凑和组织变革之间的中介效应模型

第一步，检验资源拼凑对组织变革的直接影响，结果如图 6 - 14 所示，模型拟合指标如表 6 - 21 所示。由此可知，模型拟合良好，结果可靠，路径系数为0.86，且在 0.001 的显著性水平上达到显著，这其实在前文的直接效应分析的第三部分已经做过，结果说明系数 c 显著。

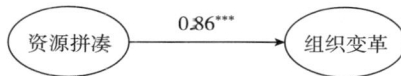

图 6 - 14　资源拼凑对组织变革的直接影响路径系数

注：＊＊＊表示 P＜0.001。

表 6 - 21　资源拼凑对组织变革的直接影响模型拟合指标值

拟合指数	χ^2/df	GFI	AGFI	RMSEA	NFI	CFI	TLI
要求值	＜5	＞0.9	＞0.9	＜0.08	＞0.9	＞0.9	＞0.9
报告值	2.479	0.965	0.948	0.050	0.953	0.971	0.964
效果判断	良好	良好	良好	良好	良好	良好	良好

第二步，检验资源拼凑对员工承诺的直接影响，结果如图6-15所示，模型拟合指标如表6-22所示。由此可知：模型拟合良好，结果可靠，路径系数为0.42，且在0.001的显著性水平上达到显著，这说明系数a显著。

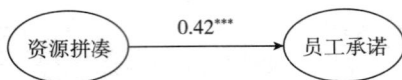

图6-15　资源拼凑对员工承诺的直接影响路径系数

注：＊＊＊表示 P<0.001。

表6-22　资源拼凑对员工承诺的直接影响模型拟合指标值

拟合指数	χ^2/df	GFI	AGFI	RMSEA	NFI	CFI	TLI
要求值	<5	>0.9	>0.9	<0.08	>0.9	>0.9	>0.9
报告值	3.979	0.969	0.942	0.071	0.975	0.981	0.972
效果判断	良好	良好	良好	良好	良好	良好	良好

第三步，检验员工承诺对组织变革的直接影响，结果如图6-16所示，模型拟合指标如表6-23所示。由此可知，模型拟合良好，结果可靠，路径系数为0.76，且在0.001的显著性水平上达到显著，这说明系数b显著。

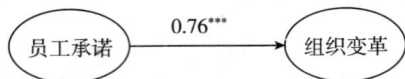

图6-16　员工承诺对组织变革的直接影响路径系数

注：＊＊＊表示 P<0.001。

表6-23　员工承诺对组织变革的直接影响模型拟合指标值

拟合指数	χ^2/df	GFI	AGFI	RMSEA	NFI	CFI	TLI
要求值	<5	>0.9	>0.9	<0.08	>0.9	>0.9	>0.9
报告值	2.796	0.969	0.950	0.055	0.940	0.960	0.947
效果判断	良好	良好	良好	良好	良好	良好	良好

第四步，以资源拼凑为自变量、员工承诺为中介变量、组织变革为因变量，

构建中介效应的结构方程模型，然后进行分析，得到如图 6 - 17 所示的结果，模型拟合指标如表 6 - 24 所示。可以看出，资源拼凑到组织变革的路径系数为 0.66，且在 0.001 的显著性水平上达到显著，说明系数 c' 显著。

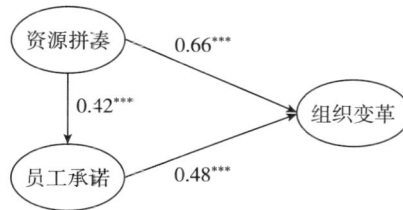

图 6 - 17　员工承诺在资源拼凑和组织变革之间的中介效应路径系数

注：∗∗∗ 表示 P < 0.001。

表 6 - 24　员工承诺在资源拼凑和组织变革之间的中介效应模型拟合指标值

拟合指数	χ^2/df	GFI	AGFI	RMSEA	NFI	CFI	TLI
要求值	<5	>0.9	>0.9	<0.08	>0.9	>0.9	>0.9
报告值	2.412	0.955	0.938	0.049	0.948	0.969	0.962
效果判断	良好	良好	良好	良好	良好	良好	良好

综上可知，系数 c 显著、a 和 b 都显著、最终的 c′ 也显著，说明员工承诺在资源拼凑和组织变革中间起到部分中介作用。此外，员工承诺在资源拼凑和组织变革之间的中介效应路径分解如表 6 - 25 所示，对比直接效应和间接效应值的大小，直接效应为 0.657，间接效应为 0.200，间接效应小于直接效应，也说明存在部分中介效应。由此说明，正如前文的猜想一样，员工承诺确实在资源拼凑和组织变革起到中介作用，但只是部分中介。至此，原有的组织惯性对组织变革的正面作用机制模型可以做出修改，得到如图 6 - 18 所示新的模型。

表 6 - 25　员工承诺在资源拼凑和组织变革之间的中介效应路径分解

直接效应			间接效应				效应判断
影响路径	路径系数	P 值	影响路径	路径系数	P 值	综合值	
资源拼凑—组织变革	0.657	∗∗∗	ZYPC→YGCN	0.417	∗∗∗	0.200	部分中介
			YGCN→ZZBG	0.479	∗∗∗		

注：∗∗∗ 表示 P < 0.001。

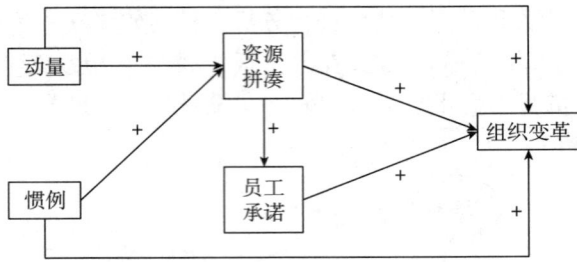

图 6 - 18　调整后的组织惯性对组织变革的正面作用机制模型

第七章 研究结论与展望

本章总结本书的研究结论，找到研究不足并提出未来研究的建议。第一节进行实证研究结果的讨论，梳理得到初步结论；第二节根据讨论结果整理总结本文的正式研究结论；第三节总结本研究在理论上和实践中可能有的启示；第四节总结本文的研究创新点；第五节总结研究不足，同时提出未来研究的建议。

第一节 实证结果讨论

一、负面作用机制的结果讨论

（一）关于直接效应结果的讨论

1. 组织惰性、刚性、抗性与组织变革之间的关系

在不考虑中介效应的情况下，组织惰性、刚性和抗性均对组织变革具有显著的负向影响，这可以从路径系数为负中看出，说明 H1、H2、H3 均得到了验证。其直观意义是，当组织的惰性越强，或者刚性越强，或者抗性越强时，组织变革的阻力越大。根据问卷内容，惰性强即员工安于现状，不求有功但求无过，不主动学习和改进自己，员工自身也缺乏学习的机会；而且企业整体不善于学习别的企业。刚性强即公司凡事追求一致，不容许异议，对新业务的开拓反应迟缓。抗性强即排斥新观点新想法，极力维护现状，面对变化焦虑而痛苦以至于工作发生混乱。如果出现以上情况，则组织变革就会陷入非常不利的局面，从而无法开展变革或者过程受挫最终以致失败。

从影响系数来看，惰性因素对组织变革的影响最大，路径系数为 -0.390，显著性水平为 P < 0.001；抗性因素对组织变革的影响次之，但几乎和惰性一样大，其路径系数为 -0.389，显著性水平为 P < 0.001；刚性因素对组织变革的影响最小，其路径系数为 -0.229，显著性水平为 P < 0.001。由此可知，惰性和抗性是阻碍组织变革最重要的因素，刚性次之，这表明组织成员主观上的不变革意

愿起到了非常重要的作用，其次才是实际行动，所以观念的改变很重要。

2. 组织惰性、刚性、抗性与路径依赖之间的关系

根据数据分析结果，组织惰性、刚性、抗性对路径依赖均具有显著的正向影响，这可以从路径系数为正中看出，说明 H4、H5、H6 均得到了验证。其直观意义是，正向影响说明前者促进了后者发生，也就是说，组织惰性越强，或者刚性越强，或者抗性越强，组织的路径依赖越强。根据问卷内容，路径依赖较强，其表现是企业发展路径固定不变，前期的状态导致后续的锁定，企业喜欢熟悉的行动方案，某种行动或表现出越久越觉得合理，或者即便认为不合理也倾向于接受而不试图改变，而且企业的输出（产品或服务）少有突破。很明显，此分析结果是合理的，组织惯性的这几个僵化要素使得组织的发展倾向于固定路径，难以进行转轨或变道。

从影响系数来看，惰性因素对路径依赖的影响最大，路径系数为 0.459，显著性水平为 P < 0.001；抗性因素对路径依赖的影响次之，其路径系数为 0.303，显著性水平为 P < 0.001；刚性的影响相对最小，其路径系数为 0.215，显著性水平为 P < 0.001。这与三者对组织变革的影响效应大小具有相似性，亦说明观念在其中发挥了重要作用。

3. 路径依赖与组织变革之间的关系

根据数据分析结果，路径依赖对组织变革具有显著的负向影响，这可以从路径系数为负中看出，说明 H7 得到了验证。其意义在于，如果企业的路径依赖性越强，企业成功进行组织变革的可能性越小。根据问卷内容，组织变革的项目包括公司部门结构的调整、组织层级的变化、权力结构的变化、工作/生产流程的变化、管理系统和方法的变化、人力配置的变化、岗位的变化。可见这些变化和调整，在组织的路径产生依赖的状态下，是很难展开进行的，整体下的局部可能被锁定，而局部之上的整体也只能维持现状，难以取得明显的突破。

从影响系数来看，路径依赖与组织变革之间属于强相关，其路径系数为 −0.867，显著性水平为 P < 0.001，即表明如果路径依赖的强度增加单位 1，则组织变革的可能性要减少 0.867，因此打破路径依赖对组织实施变革是有必要的。

（二）关于中介效应结果的讨论

根据数据分析结果，路径依赖在僵化惯性和组织变革之间的中介效应得到部分支持：路径依赖在惰性对组织变革的负向影响中起到部分中介效应，说明惰性一方面直接阻碍组织变革，另一方面通过造成路径依赖效果从而对组织变革产生不利影响，H8 得到部分验证。路径依赖在刚性对组织变革的负向影响中起到部分中介效应，说明刚性既可以直接阻碍组织变革，又可以通过造成路径依赖效果从而对组织变革产生不利影响，H9 得到部分验证。抗性亦是如此，路径依赖在

抗性对组织变革的负向影响中起到部分中介效应，说明抗性可以对组织变革有直接阻碍作用，也可以通过产生路径依赖而发挥不利影响，H10 得到部分验证。这说明，路径依赖在僵化惯性对组织变革的负面影响中起到了一定的传导作用，如果切断这种传导途径，其影响可能会被削弱。

从中介效应的大小来看，路径依赖在惰性和组织变革之间所起的中介效应最大，其中介效应大小为 -0.130，即传导路径上的路径系数之积；其次是在抗性和组织变革之间的中介效应，其中介效应大小为 -0.087；最后是在刚性和组织变革之间的中介效应，其中介效应大小为 -0.061。值得注意的是，在加入中介变量后，刚性对组织变革直接作用的显著性水平为 $P = 0.016$，虽然在 $\alpha = 0.05$ 的显著性水平上达到了显著，但如果取显著性水平要求为 $\alpha = 0.001$ 的话，这就属于不显著，而直接效应变得不显著则说明路径依赖在刚性对组织变革的负向影响中起到完全中介效应。所以，这和直接效应的结果相互印证，说明刚性对组织变革的直接作用最弱，多半变革问题属于不愿变革和抵制变革，而非想变而不能。

（三）关于调节效应结果的讨论

调节效应即网络关系在僵化惯性对路径依赖的作用强弱中所发挥的作用，根据数据分析结果，网络关系在这里发挥的作用为削弱僵化惯性各要素对路径依赖生成的正向作用，惰性、刚性、抗性的作用都被负向调节（交互项系数为负），这与预设模型是相反的，H11、Ha12、Ha13 均未得到验证，或得到了相反支持。这说明，虽然惰性、刚性、抗性三者都对路径依赖的产生起到了促进作用，但是由于企业外部网络关系的存在，这种作用被削弱了，路径依赖没有那么容易产生了。

为什么会与预期相反？根据问卷内容，企业的网络关系表现为：企业与多方合作伙伴经常进行信息交流；企业和合作伙伴之间的共事规则很明确；企业关心竞争对手的动向；企业会为合作伙伴的利益着想；企业的某些合作伙伴非常重要不能轻易更换等。根据这些表现可知，网络关系可能代表着企业在外部网络的压力下，不断对自己进行修正调整，从而去迎合合作关系的需要，它不仅会像预期那样受网络关系的"限制"，还更有可能在不断合作中被"牵引"发生变化，有时这种积极作用甚至超越了消极的限制作用，从而使它可以削弱路径依赖的产生途径。

从调节效应的大小来看，网络关系对惰性、刚性的调节作用一样大，交互作用的系数大小都为 -0.123，显著性水平为 $P < 0.001$；网络关系对抗性的调节作用相对较小，交互作用的系数大小为 -0.083，显著性水平为 $P < 0.01$。值得注意的是，虽然网络关系对抗性的调节作用在要求的显著性水平上（$\alpha = 0.05$）达

到了显著，但如果取显著性水平为 α = 0.001 的话，这种调节作用就变为不显著，说明抗性对路径依赖的推动作用受网络关系的影响较小，如果组织成员抵抗变化，那么即使施加外部拉力也难免陷入路径锁定的状态。

二、正面作用机制的结果讨论

（一）关于直接效应结果的讨论

1. 组织动量、惯例与组织变革之间的关系

在不考虑中介效应的情况下，组织动量、惯例对组织变革具有显著的正向影响，这可以从路径系数为正看出，这说明 H14、H15 均得到了验证。其意义是：组织动量和组织惯例的坚持和发展，能够促进组织变革的发生和成功实施。根据问卷内容，动量作用的表现是：组织不追求突飞猛进，总是逐步调整而且坚持不断地调整；组织总是从上一次的调整中总结经验教训，用于下一次的改进；组织下一步的调整能被明显预期并接受。惯例作用的表现是：组织内存在很多可以参照的惯例，为组织行动提供参考借鉴；不同人对惯例的理解和执行并不完全相同，而且会相互适应；在不断的重复和相互适应中，惯例促使组织不断发生变化，最后形成变革结果。很明显，动量和惯例效应的这些表现，会促进组织变革"自然而然"地完成。

从两个因素的影响效应大小来看，对组织变革促进作用比较明显的是动量，其路径系数为 0.698，显著性水平为 P < 0.001；次要明显的是惯例，其路径系数为 0.371，显著性水平为 P < 0.001，可见动量是促进组织变革的主要因素，惯例次之。这里需要特别注意的是动量的存在使"组织下一步的调整能被明显预期并接受"显得非常重要，这是变革顺利发生的关键，这在"员工承诺"的作用里会看得更加明白。

2. 组织动量、惯例与资源拼凑之间的关系

根据数据分析结果，组织动量、惯例对资源拼凑具有显著的正向影响，可以从路径系数为正看出，这说明 H16、H17 均得到了验证。其意义是：组织动量的存在，或者组织惯例的存在，有利于组织资源拼凑行为的发生。所谓资源拼凑，就是对现有资源的关注（而非是外部寻求），对其进行重新整合，以发挥新的效用，产生新的能力，根据问卷内容，它包括组织善于对资源进行内化积累，在资源不足时善于对人力和物力进行重新整合、资源不足时善于发现闲置资源并利用其创造新价值，在遇到挑战时善于充分利用有限的资源，创造意料之外的效果。这种资源拼凑是在原有的整体框架上对局部进行拆分、重组，资源不同的组合状态可能会创造出完全不同的价值，而在整体稳定不变的情况下进行重组，就是组织动量和惯例发挥之作用所在。

从两个因素的影响效应大小来看，对资源拼凑影响比较明显的是动量，其路径系数为 0.524，显著性水平为 P＜0.001；次要明显的是惯例，其路径系数为 0.454，显著性水平为 P＜0.001，说明动量是促使组织发生资源拼凑行为的首要因素，其次是惯例，但二者相差不大。

3. 资源拼凑与组织变革之间的关系

根据数据分析结果，资源拼凑对组织变革具有显著的正向影响，这可以从路径系数为正看出，说明 H18 得到了验证。其意义在于：企业的资源拼凑能力越强，企业成功进行组织变革的可能性越大。很明显，组织变革涉及组织结构、流程、制度和人员的调整，资源拼凑就是对资源的再整合再利用，必将对这些变革要素进行优化调整，发生变革效果。这时，整体下的局部会不断优化，局部之上的整体也日渐变化，最终取得突破性成果。

从影响系数来看，资源拼凑与组织变革之间属于强相关，其路径系数为 0.856，显著性水平为 P＜0.001，表明如果组织进行资源拼凑的能力增加单位 1，则组织变革的可能性会增加 0.856，所以资源拼凑对实现组织变革有较大帮助。

（二）关于中介效应结果的讨论

1. 资源拼凑的中介效应

在最初的正面作用机制预设模型中，中介效应只涉及资源拼凑在动态惯性和组织变革之间的中介。根据数据分析结果，资源拼凑在动量对组织变革的正向影响中起到部分中介效应，这与预期是相符的，H19 得到了验证，说明动量一方面对组织变革直接产生促进作用，另外通过促进产生资源拼凑行为而对组织变革产生有利影响。资源拼凑在惯例对组织变革的正向影响中也起到部分中介效应，说明惯例既可以直接对组织变革产生影响，又可以通过促进资源拼凑而对组织变革产生正向影响，H20 得到部分验证。这种中介效应的存在，说明要想促进组织变革的发生，应该强化组织内部的资源拼凑行为。

从中介效应的大小来看，资源拼凑在动量和组织变革之间所起的中介效应相对较大，其中介效应大小为 0.135（两段路径之积），在惯例和组织变革之间所起的中介效应相对较小，其中介效应大小为 0.117。这其实印证了直接效应中动量对资源拼凑的作用大于惯例对资源拼凑的作用。

2. 员工承诺的中介效应

员工承诺在预设的模型中起到调节的作用，并非中介作用，但是数据分析结果显示其有中介效应的存在，即员工承诺在资源拼凑和组织变革之间起到了部分中介作用，H21 没有得到支持。这说明资源拼凑对组织变革的促进作用，一方面是直接发生的，另一方面是通过员工承诺的传导而产生作用的。关于动量对组织变革的直接效应讨论里已经提到，'组织下一步的调整能被明显预期和接受'非常重要，这里员工承诺的中介作用正说明了这一点，根据问卷内容，员工承诺的表现是：如果企业对员工表示出关心和支持，愿意听取员工的意见，那么员工就更愿意与企业配合，而且愿意相信企业的决定并自觉实践。所以，员工承诺在很大程度上体现了员工对组织进行调整的认可接受，如果员工心里在早期有这样的预期，那么在变化来临之时接受度就会高一些，从而自觉顺应甚至推动变革的发生。反之，如果员工承诺较弱，动量、资源拼凑的传导作用就会中断或损失一部分，从而使组织变革蒙受损失。

员工承诺在资源拼凑与组织变革之间的中介效应大小为 0.200，根据资源拼凑对员工承诺的直接影响来看，其路径系数为 0.42，说明资源拼凑行为的发生有利于增强员工承诺，而从员工承诺对组织变革的直接影响来看，其路径系数为 0.76，说明员工承诺对组织变革的促进作用较大，如果员工承诺度增加 1 个单位，组织变革的可能性会增加 0.76。

（三）关于调节效应结果的讨论

在正面作用机制的预设模型里，调节作用指的是员工承诺在资源拼凑对组织变革的作用强弱中所发挥的作用。根据数据分析结果，交互作用的系数大小为 −0.003，显著性水平为 P = 0.925，远远没有达到要求的显著性水平，说明调节效应不显著，即不存在调节效应。而且这里的系数为负，说明起到的是削弱作用，这明显与事实相违背，所以员工承诺所起的作用并非调节作用。在第六章已经进行了说明，根据多方分析结果可以确定，员工承诺本身对组织变革具有正向影响，而不是通过调节"资源拼凑"而发挥这种作用的，因此猜想员工承诺在资源拼凑与组织变革之间发挥了中介效应，检验结果验证了这一猜想，也已在上一小节中进行了讨论。

第二节　研究结论

一、结论一

组织惯性具有两重属性，既有僵化性，又有动态性，因而组织惯性由僵化惯性和动态惯性两部分组成。僵化惯性对组织变革具有负面作用，而动态惯性对组织变革具有正面作用，因此组织惯性对组织变革存在着负、正两方面作用机制。

本书经由文献回顾发现，组织惯性是一个包含多种要素的多维变量，而这些要素蕴含着不同的作用，甚至是相互对立的。从整体上来看，组织惯性既不代表贬义，也不代表褒义，而是一个中性的表现，这在本书的概念界定中已做了明确说明（第三章第一节），由此，结合以往研究，本书发现组织惯性对组织不完全是有害的，在很多时候对组织是有利的，有害的一面已经受到了足够的重视，但是有利的一面还非常模糊。经本书的深入分析发现，组织惯性表现出来的有害一面，其实是由惯性本身所蕴含的"僵化"特征导致的，而这并不是惯性的全部特征，除此之外，惯性中还蕴含着"动态"的柔性特征，"动态惯性"展现惯性柔性的一面（第三章第一节）。

由此，本书发现，组织惯性包含"僵化惯性"和"动态惯性"两个基本的组成部分，其中僵化惯性指的是组织所表现出来的不愿变动、无法变动以及抵抗变动的情形，而动态惯性指的是组织表现出来的重复做某些事情而持续保持变化，以致最终发生明显变革的情形，是一种短期惯性达到长期变革效果的体现。僵化惯性对组织变革来说是不利的，它会阻碍组织发生变革；动态惯性对组织变革来说是有利的，促进组织发生变革而且有利于提高变革成功概率。因此，组织惯性对组织变革存在着负面和正面两方面影响。本书的实证研究证明了这一基本猜想，僵化惯性确实对组织变革产生阻碍作用（第五章），而动态惯性则对组织变革产生促进作用（第六章）。

二、结论二

僵化惯性对组织变革的负面作用遵循这样的作用机制：僵化惯性—路径依赖—组织变革，即僵化惯性导致产生路径依赖，而路径依赖阻碍组织变革。其中僵化惯性包含惰性、刚性、抗性三个要素，僵化惯性越强，组织变革的可能性越小。

本书实证研究结果表明，僵化惯性对组织变革产生阻碍作用，印证了由文献分析而提出的假设。这种阻碍作用，通过两种方式发挥作用：第一，直接发挥阻碍作用，僵化惯性对组织变革直接产生阻碍，也就是说组织一旦出现僵化惯性，组织就无法实现变革。第二，间接发挥阻碍作用。僵化惯性先作用于路径依赖，然后路径依赖再作用于组织变革，也就是说僵化惯性的出现会导致组织生成路径依赖，而路径依赖的生成导致组织无法实现变革。这两种作用路径表明了路径依赖在僵化惯性和组织变革之间起到部分中介作用。随着僵化惯性的增强，它对组织变革的直接阻碍作用也会增大，与此同时，它所导致的组织路径依赖强度也会增大，使组织变革更无法实现，所以僵化惯性越强，组织变革的可能性越小。

本书研究发现，僵化惯性是由惰性、刚性、抗性三个要素组成的，惰性代表了组织成员在主观意愿上的消极和懒惰；刚性代表了组织整体在客观因素上无能为力的状况；而抗性代表了组织成员在主观意识上对现状的青睐和对变化的拒抗，三个因素共同导致了组织的僵化和反应迟钝，但三者并不完全等同。本书的实证研究结果证明了这一假设，惰性、刚性、抗性三个要素之间具有显著的相关关系（见表5－12），但同时又具有良好的区别效度（见表5－6）。这说明惰性、刚性、抗性三个要素确实同属于一个更高阶的变量，在本书表现为僵化惯性，而且这三个要素之间具有一定的区别，发挥着不同的作用。这三个要素都对组织变革产生阻碍作用，既可以直接产生阻碍作用，又可以通过路径依赖的中介而发挥间接阻碍作用，这就是僵化惯性对组织变革产生阻碍作用的具体体现。因此，要想成功实施组织变革，组织就应尽量避免产生惰性、刚性和抗性这些不利因素。

从中介效应来看，路径依赖对惰性的中介效应最大，抗性次之，刚性最小。而根据直接效应和间接效应的大小对比可以看出，路径依赖在刚性对组织变革的影响中发挥的作用最大，因为直接效应与间接效应的差值最小（0.106，指的是绝对值，下同）；在惰性对组织变革的影响中发挥的作用次之（差值为0.128）；在抗性对组织变革的影响中发挥的作用最小（差值为0.217）。这说明，在三个要素同时对路径依赖产生作用时，路径依赖对刚性的作用传导效果最弱（对惰性最强）；单独对路径依赖产生作用时，刚性对路径依赖的传导途径依赖最强（抗性最弱）。由此可以认为，要想打破僵化惯性对组织变革的不利影响，首先应想办法消除直接效应明显的惰性和抗性，其次要致力于打破中介作用强烈的路径依赖。

三、结论三

动态惯性对组织变革的正面作用遵循这样的作用机制：动态惯性—资源拼凑—员工承诺—组织变革，即动态惯性促进资源拼凑行为的发生，而资源拼凑有利于提高员工承诺，员工承诺又促进了组织变革的成功实施。动态惯性由动量和惯例两个要素构成，动态惯性利用得越好，组织变革的可能性越大。

本书的实证研究结果表明，动态惯性对组织变革产生促进作用，很好地验证了笔者由文献分析提出的猜想。动态惯性对组织变革的促进作用也是通过两种方式发挥作用：第一，直接发挥促进作用。动态惯性直接促使组织变革的发生，也就是说由于动态惯性的存在，组织变革会自然而然地发生。第二，间接发挥促进作用。动态惯性先作用于资源拼凑，然后资源拼凑再作用于员工承诺，最后员工承诺作用于组织变革，也就是说动态惯性的存在促进了组织资源拼凑行为的发生，而资源拼凑行为又提高了员工承诺，员工承诺则促进了组织变革的成功实施。由此可知，动态惯性对组织变革的作用部分通过资源拼凑和员工承诺的传导而发挥，资源拼凑和员工承诺在动态惯性和组织变革之间起到了部分中介作用。

本书研究发现，动态惯性是由动量和惯例两个要素组成的，动量代表了重复某种事情的现象，它一方面具有重复性，另一方面具有趋势性或方向性，会营造一种持续变化的势头；惯例代表了一种可识别和可重复的模式，它的价值在不断被理解和重复执行中体现出来，正是这种不断的重复，促成了组织变革的发生，但很明显，动量的存在为惯例作用的发挥提供了前提保障。因此，两种要素既相互区别，又紧密相关，本书的实证研究证实了这种关系：两个要素之间既具有显著的相关性（见表6-9），同时又具有良好的区别效度（见表6-3），这说明动量和惯例确实同属于一个更高阶的变量，即动态惯性，二者既独立区分，又相互关联。

最后，从中介效应来看，动量对组织变革的间接效应大小为0.135，惯例对组织变革的间接效应大小为0.117（见图6-12、表6-18）。说明在同时传导动量和惯例的作用时，资源拼凑对动量的传导作用更明显一些。此外，动量对组织变革的直接效应大小为0.562，惯例对组织变革的直接效应大小为0.255（见图6-12、表6-18），对比直接效应和间接效应的大小可知，惯例对组织变革的直接效应和间接效应的差值更小（0.138），动量对组织变革的直接效应和间接效应的差值更大（0.427），说明惯例更加依赖于资源拼凑而发挥其作用。由此可以认为，当资源拼凑行为发生后，组织惯例最先受益并发挥作用，因此，要想成功实施组织变革，一方面要直接推动动量发挥作用，另一方面要善于从事资源拼凑而使组织惯例发挥作用。

四、结论四

企业外部网络关系有利于缓解企业发展路径的锁定，企业群体可以带动企业个体发展变革。员工承诺是企业个体实施组织变革的重要一环，组织变革的实施必须激发员工的积极作用。

本书的实证研究结果表明，企业的外部网络关系有利于削弱僵化惯性对路径依赖的促进作用，僵化惯性的三个组成要素皆符合这一结论。其实际意义在于：企业内部存在的僵化惯性会造成企业发展路径的锁定，但由于企业外部网络关系的存在，使得这种作用被削弱了，即网络关系会促进企业打破路径依赖。当企业独自发展时，容易陷入路径依赖而无法发生变革，而如果企业和一定的外部企业组成网络联系，打破发展路径的可能性就会增大。显然，这看上去似乎和组织生态学的结论是违背的，但实际上是兼容的，因为二者关注的重点不同：组织生态学的网络关系研究关注的是一个结果状态，即企业个体和其他企业组成一个群体。在群体关系中，不同企业之间是同构的而且是和环境匹配的，在这种状态下企业个体试图发生变革会导致失败率增加，但是这个确定的状态被视为前提，并不知道其如何形成。本书考虑的是网络关系的作用过程，主张的是外部网络节点上的某个企业的变动拉动该企业发生相应的变动。在这种持续作用的过程中，该企业个体实现了组织变革，达到一种新的状态，对企业来说，存在着这样的可能性，因而企业间的网络关系促进了企业个体的变革，打破它们的路径依赖状态。

对于企业个体来说，实施组织变革时，员工承诺具有重要作用。因为动态惯性对组织变革作用的发挥，部分通过资源拼凑和员工承诺的传导而实现，所以要想实现变革效果，必须激发员工的积极作用。激发员工的积极作用就是要提高员工的支持度和参与度，为此，企业需要考虑为员工提供满足其变革意识的激励机制，一方面激励员工参与，另一方面为员工提供变革资源，使其可以发挥个人的作用。资源拼凑有利于发挥员工的技能，激发员工利用有限资源进行创造的意识，而这种意识又反过来深化了资源拼凑的效果。实际上，员工本身也是一种重要的资源，当员工对变革的承诺度高时，就相当于这种资源获得了更好的利用，可以更好地发挥作用，因此资源拼凑和员工承诺之间具有紧密的联系就是理所当然的事情了。

五、结论五

动态惯性有利于促进组织变革的发生，企业可以通过对组织动量和惯例的充分利用实现成功变革，以破解"不变革等死，变革找死"的难题。

本书在研究初始就提出了企业变革所面临的一个难题，即"不变革等死，变革找死"。组织生态学甚至还认为，企业的首要生存目标是保持活着，而非活好，组织既变革又不死的局面似乎是无法实现的。但本书的研究表明，组织动态惯性有利于促进组织平稳地实现变革，它提供了一种既保持变革又不会导致组织死亡的途径，在这种可能的方法中，组织动量和惯例发挥了重要的作用。

首先是惯例的作用，惯例是一种可识别、可重复的模式，它在不断的互动中不断地发生着变化。从每一短期时刻来看，或者从每一次惯例发挥作用的过程中来看，惯例都是稳定不变的，但是在一次次的重复中，它会积少成多，最终发生了重大变革。这种互动包含两方面的情况：第一是"明示—实行"的互动，第二是跨层级互动。明示与实行的互动即惯例表述和执行的互动，这是由发生在个人（执行者）身上的"思想—行动—结果—思想"的反复循环所实现的，由于每个环节总有个人本身的偏差，以及人与人之间不同的偏差，所以它不断地促使组织做事方式的改变。跨层级的互动是惯例在不同层次之间的互动，个人层次上的习惯在与其他个人的互动中促进产生了团体层次的惯例，团体遵循的例行程序在与其他团体的互动中产生了组织层次的惯例，是一种可重复的交互模式。反过来，组织层次的交互模式约束了团体层次的例行程序，团体层次的例行程序约束了个体层次的习惯。个人的习惯、团体的例行程序和组织的交互模式都是稳定的、具有延续性，但是在三者的跨层级交互中，惯例不断地发生着变化，组织的运行模式也不断改变。以上就是惯例要素对组织成功变革的有利促进作用。

其次是动量的作用，动量是保持一种势头而不断重复的现象。惯例价值的体现在于执行，惯例作用的发挥在于重复，而动量恰好为惯例的重复提供了保障，在动量的迭代作用中，实现了惯例的内容升级。就动量而言，它对于组织变革具有三方面的作用意义：第一，它是一种势头，决定了变革的方向，营造了持续变化的"势"；第二，它具有重复性，上一次变化的发生促进下一次变化更快的发生，在这样的重复作用下，实现组织变化的迭代；第三，在现代环境下，它代表了一种快速变化的习惯，每次重复的过程都是一种习惯的延续，但由于不断地快速迭代，这种习惯也不断地升级改进。从这个意义上来说，动量与惯例的联系十分紧密，它们共同构成了动态惯性的内容且不断促使组织发生变化，不断的变化又促成了组织的成功变革。

由此可见，动态惯性的存在确实有可能成功解决本书初始提出的难题，实现"组织变革且不找死"的局面。本书开始（第一章）也指出，当前企业的外部大环境是第三次工业革命，技术快速地发生着变化。在这种形势下，企业的组织形式也在不断发生变化，许多新的组织形式不断产生，例如，虚拟化组织、平台型组织、自组织型组织等。这些新的组织形式已经弱化了组织僵化惯性的作用，使动态惯性的作用更好地发挥出来，企业由"出奇制胜"转而走向"守正出奇"。一次重大的变革不如内化为持续不断的小步伐、快节奏变化，只要在一种逻辑主线的主导作用下，企业快速地重复和迭代，最终就会实现一种"重大变革"的效果，在这里都可以找到"动量"与"惯例"发挥作用的影子。

第三节 理论与实践启示

一、理论启示

根据本书的所有研究内容，可以得到如下理论启示：

第一，真正的组织惯性应该多视角融合看待。首先是微观视角和宏观视角的结合，或者叫作内部视角和外部视角的结合，微观视角着重从单个企业内部看待惯性问题，认为惯性都是内生的，而宏观视角是从组织群体来看待，组织生态学代表了这一类型。本书的研究结合了两种视角，但是结果和传统研究有出入，发现组织群体有利于单个企业组织打破发展的路径依赖。这说明群体发展对个体具有带动作用，那么在如今强调商业生态系统的时代，这种群体作用是否会更加明显，传统理论是否需要修正，都是值得考虑的问题。本书对两种视角的融合做了尝试而有了新的发现，这对未来的研究具有一定的借鉴。

其次是正面视角和负面视角的结合。本书已经证明，组织惯性本身偏向于中性，它对组织发展变革既有不利的一面，也有有利的一面，组织惯性本身具有二重性。传统研究很少把二者结合起来看待问题，要么关注于组织惯性的负面影响（而且居多），要么关注于正面的积极作用。但实际上，只关注任何一面都有失偏颇，所以本书对未来理论上的研究启示就是，要善于把组织惯性的两方面作用融合起来看待，既要采取负面视角观察问题，又要采取正面视角观察问题。

最后是短期视角和长期视角的结合。本书反复强调，企业的动态惯性能达到"短期惯性实现长期变革"的效果，从短期来看，企业的惯性是僵化的、多余的、有害的，但是从长期来看，企业的惯性是动态的、必要的、有利的。如果我们只关注于某一时刻或很短时期的状态，就会发现惯性是全然有害的和无法克服的，但是如果我们多阶段地看待，纵向审视企业的发展，就会发现惯性虽然一直存在，但也是变化的，而且它促进了变革的完成。也就是说，惯性是完全可控和可利用的。所以，这对理论研究的启示是，要想更准确地认识组织惯性，必须从短期和长期同时着手，更加客观地进行剖析。

第二，组织惯性的分析框架可依惯性的性质进行构建。在文献综述部分，本书提到组织惯性理论的不成熟，原因之一是缺乏统一的分析框架，本书对构建一种新的分析框架进行了尝试，对惯性的要素进行了分解。这种分解是依据其性质而展开的，首先把组织惯性分为僵化惯性和动态惯性两部分，其次把僵化惯性分为惰性、刚性、抗性三个要素，把动态惯性分为动量、惯例两个要素。僵化惯性分别从个体层面和组织层面进行了考虑，而且考虑了主观与客观因素——惰性和抗性都属于员工个体主观上的因素，而刚性属于组织层面上的客观因素。由于个体层面和组织层面都会有一定的影响，而且客观因素和主观因素并存，因此理论上的划分就要考虑这些因素，以使僵化惯性更全面地包含应包括的内容。动态惯性的两个要素也分别有不同的功能，惯例是促进组织变革的必要条件，而动量是促进组织变革的充分条件，在动量的迭代作用下，惯例不断地重复升级，从而带动组织运行模式和管理模式的改变。如果从惯性的性质出发构建分析框架，则可以清晰地知道自己研究的是惯性的哪一部分性质，是哪一个分支内容，这对于深刻地认识组织惯性是有益的。

第三，组织惯性理论、路径依赖理论、组织变革理论、资源拼凑理论之间具有融通的可能性。本书解析了组织惯性对组织变革的作用机制，使组织惯性与组织变革之间的关系变得更加清晰。通过作用机制的研究发现，惯性理论和路径依赖理论以及资源拼凑理论之间都具有一定的关系，路径依赖是组织僵化惯性对组织变革产生影响的中间作用机制，而资源拼凑是组织动态惯性对组织变革产生影响的中间作用机制。探索只是初步的，它们之间更深层次的作用机理还需要大量的研究工作。但本书的研究至少可以说明，组织变革不仅要考虑变革自身的事，还需要考虑组织惯性、路径依赖、资源拼凑等可能对其造成的影响。至于影响模式，目前可能并没有一个统一的答案，但是对这些理论的研究越深入，就越能更准确地诊断问题和提出解决方案，因此未来的研究可以从这些理论进一步进行挖掘，以找到更多的解释。

二、实践启示

根据本书的研究内容，可以得到如下实践启示：

第一，组织变革既要"避短"，更要"扬长"。这是因为组织惯性于组织变革既有阻碍因素，又有促进因素，因此一方面既要避免不利因素，另一方面又要发挥有利因素。如果意识不到组织惯性有利因素的存在，那么组织就只会关注避免阻碍组织变革的因素，但实际上，排除了阻碍因素不意味着变革就能成功实施，如何利用好惯性的有益因素而促进变革的发生可能更加重要。

第二，组织的"避短"工作应有一定的重点顺序。根据本书的研究结论和核心观点，在打破组织变革阻碍因素的过程中（避短），有几个要点需要注意：一是企业应该首先改变观念，然后才宜规划行动，即"组织变革，观念先行"，而组织惰性、抗性更多地与观念有关，刚性则更多与行动有关，所以应仔细分析、区别对待；二是要注意打破路径依赖，敢于提出新的想法和发展路径，如果路径依赖被打破，则惰性、刚性、抗性的传导机制也会被部分打破，阻碍作用就会减弱；三是打破路径依赖时，消除抵制和反抗（即抗性）最重要，因为它对路径依赖的作用受网络关系的影响较小。据此可以给出企业消除组织变革阻碍因素的工作优先顺序建议，即首先是消除抵制和反抗，其次是克服惰性，再次是消灭刚性，最后是打破路径依赖。

第三，组织的"扬长"工作也应遵循一定的优先顺序。在发挥组织变革促进因素的过程中（扬长），建议注意以下事项：一是优先注意动量因素，因为动量对组织变革的直接作用比惯例更明显，所以要善于捕捉组织中的动量行为，然后加以利用；二是要注重资源拼凑，在资源拼凑的作用下，组织的惯例会有利于促成组织变革的发生，资源拼凑行为畅通，则惯例发挥作用的通道就畅通；三是要培养员工承诺，员工承诺高有利于把促进变革的因素转变为实际的变革行动。因此，建议企业在营造组织变革的有利因素时，首先从组织动量做起，其次是考虑资源拼凑，再次是惯例管理，最后是培养员工承诺。

第四，企业应把短期惯性转化为长期变革。本书的研究认为，组织的动态惯性对组织变革的促进作用是，短期惯性导致产生长期变革的效果，因为变革是在动量和惯例的推动作用下，以不明显的、稳定的、叠变的方式完成的。从短期来看，组织永远处于惯性的锁定状态，但是一个个阶段的累加效果最终使组织发生了变革，而惯性状态也已明显改变。虽然惯性是一直存在的，但是其表现是发生变化的，组织也是发展变革着的，这就是由短期惯性实现长期变革的一种可操作现实。动量和惯例是组织变革可以加以利用的有利惯性因素，根据本书研究，动量更多代表了一种变化的方向性和重复性，其本意有"势头"的意思，企业的变革实践中，一开始就营造出一种"势"应当也是必要的，然后保持不断重复、迭代；而惯例更多代表了一种变化的行动和节奏，一是要行动，二是可重复，在重复的行动中才能产生变革效果。所以，企业要善于发现和分析这些表现，利用这些有利因素，推动组织一步步变化，最后得到预期的变革效果。这种稳定的变革更好地兼顾了企业效率与创新，对解决二者的矛盾具有一定的帮助。

第五，应找准变革的实施单位和突破群体。本书的结论显示，员工承诺是成功实施组织变革的最后一环，所以必须保证员工对变革具有较高的承诺，即愿意参与和支持变革。本书所谓的"员工"主要是指数量最多的普通员工，为了提高员工承诺度，需要采用预期管理，提前调整员工的心理预期，使之对变革认可和接受。而这些结论对企业变革实践的启示是，企业应结合自身的实际情况，找到变革的最重要员工群体，即实施变革的突破口，真正的员工承诺就是这些关键变革单位的承诺。例如，对海尔集团来说，"人单合一"的长期变革主要抓住了"一线员工"这一关键群体，由一线员工直接面对用户需求，反向调动企业资源，逼迫组织层层变革、环环推进；相比之下，中层领导是不关键的群体，也是被大量裁撤的对象。所以说，企业推行组织变革，要找准关键员工群体。

第六，应善于借助外部力量拉动变革发生。外部力量是企业的外部网络关系，即同合作伙伴形成的合作关系。本书研究表明，企业外部合作网络有利于削弱僵化惯性对路径依赖的促进作用，因此它对组织变革是有利的，说明外部网络群体对企业本身具有带动作用。例如，海尔公司的其中一家供应商"河钢新材"①，该企业为海尔集团供应电冰箱门的钢板。该企业存在国企所具有的僵化特征，但是为了保有对海尔的销量，在海尔公司的持续改革压力下，河钢新材也跟随变革，探索"责任小微"运营模式，并改制薪酬体系，最终实现利润1年内剧增40倍的情形。所以，对企业来说，组织变革亦可考虑跟随合作伙伴而实施相应的举措，也许更容易取得成功。

---

① 本案例信息来自河钢新材董事长刘连民的讲座稿。

第四节 研究创新点

本书在现有文献中的研究定位是：发掘组织惯性对组织变革有利的影响作用，解析僵化惯性和动态惯性作用的发挥。相比现有文献，最大的创新点在于"动态惯性"理论的提出，在文献联系上，与 Feldman 和 Pentland（2003）、Gilbert（2005）的文章联系最为紧密。Feldman 和 Pentland 认为，组织中的惯例既具有稳定性，又具有灵活性，它是组织效率和组织变革的来源。Gilbert 继承了 Feldman 和 Pentland 的惯例观，但只关注于其稳定性的一面，得到惯例具有刚性的结论。Gilbert 的做法是对组织惯性进行拆解，认为组织惯性由资源刚性和惯例刚性组成，两种刚性其实构成组织惯性的僵化特征，所以他所关注的是组织惯性僵化的一面和组织惯例稳定性的一面。本书以 Gilbert 的文章为对照，稍微推进了一步，研究了组织惯例灵活性的一面，认为组织惯例是可以改变的，可以导致组织变革的发生。而惯例这种可变性的发挥是在组织"动量"的作用条件下发挥出来的，可谓惯例是推动变革的必要条件，而动量是其充分条件。因此，惯例和动量的结合就构成了动态惯性的内容，形成促进组织变革的充要条件，这就相当于把 Feldman、Pentland 和 Gilbert 的研究纳入了本书的框架，并向前推进了一小步。

具体来说，在研究视角、内容、方法等方面，可能存在着以下几方面的创新：

第一，本书对组织惯性和变革的研究融合了微观和宏观两种视角。微观视角即关注单个企业本身，宏观视角则关注企业群体，即外部网络关系。本书经文献梳理发现组织惯性的研究存在着"环境选择"与"组织适应"两种视角，而组织变革的研究存在"微观"和"宏观"两个层次，现有文献的研究一般都是从一个视角来看问题。本书的研究不仅从企业组织内部（微观）看待惯性问题，还从企业的外部网络关系来考察群体（宏观）环境对企业个体的影响，研究发现企业所处的群体网络关系是其打破内部僵化惯性的一种重要资源，网络关系有利于削弱僵化惯性产生路径依赖的作用，这意味着企业进行组织惯性管理，不仅需要从组织内部出发考虑问题，还可以从组织外部网络关系审视变革途径。因此，相比现有文献的研究，本书在研究视角的融合上有一定程度的创新。

第二，本文提出了组织惯性具有双重属性的特征，一方面是僵化属性，另一方面是动态属性。在传统研究上，多数学者认为组织惯性对组织只有有害的一面，把组织惯性和组织僵化等同起来。少数学者认为组织惯性对组织发展也是有利的，甚至是组织故意培养的，因为这有利于组织运转效率的提升。但是，把两种观点糅合起来看待的研究十分少见，虽然这是一个明显的趋势。本书经由文献分析，明确提出了组织惯性具有僵化和动态两种属性的观点，并提出了僵化惯性和动态惯性两个概念，认为它们同是组织惯性的组成部分。僵化惯性对于组织变革具有阻碍作用，而动态惯性对于组织变革实质上具有促进作用，这在本书的实证研究中也得到了证实。把这两种属性结合起来看待，也是本书相对于现有文献研究的一个创新。

第三，本书探索了组织惯性对组织变革两方面的作用机制，从过程视角解释了二者的关系。关于作用机制，现有文献的研究还不够充分，组织惯性对组织变革究竟是如何发挥作用的，这是一个不清晰的地方，本书尝试揭示了这一作用机制。按照本书的分析框架，组织惯性对组织变革的负面作用机制和正面作用机制分别做了研究，找到了各自可能存在的中间变量，并通过量化实证研究，验证了提出模型和假设的合理性。根据研究结果，负面作用机制经历了"僵化惯性—路径依赖—组织变革失败"的过程，正面作用机制经历了"动态惯性—资源拼凑—员工承诺—组织变革"的过程。关于组织惯性对组织变革的两方面具体作用机制进行分析研究，是本书相对于现有文献的又一个创新。

第四，本书开发了组织惯性和组织变革的测量量表，进行了量化实证研究。现有文献的研究中，对组织惯性和组织变革的分析多采用质性分析方法，缺乏可实际测量的量化工具，本书则弥补了这一不足，设计开发了关于组织惯性和组织变革的测量量表，而且对组织惯性的测量还按照其双重属性细化为两部分，而每一部分又包含若干个构成要素，每种要素都有具体的量表。组织变革的传统研究一般停留于理论分析层面，极少有研究对其进行量化测度，本书则对此做了尝试，开发了用于衡量组织变革与否的测量量表。本书开发的量表还通过调查问卷对量表的可靠性进行了检验，并对文章所提出的研究模型进行了检验，保证了研究结论的可靠性。所以，使用量表对组织惯性和组织变革进行量化测度，相比现有文献也具有一定的创新。

第五节　研究不足与建议

尽管本书已经做了大量努力，也取得了一些发现，但仍不免有未尽之处和局限性，在将来可以有进一步拓展的空间，具体表现在以下四个方面：

第一，关于过程机制的完整性。如前所述，本书的主要研究内容是组织惯性对组织变革的作用机制，这是一种对过程传导机制的探索，但有碍于研究方法和研究精力的限制，只能对这一机制做初步探索，由此还存在两方面的不足：一方面是横向过程机制的反应链还不够完善，即传导因素（中介变量）可能存在多个环节，就像在正面作用机制中，"员工承诺"由调节变量变成了中介变量，相当于反应链又多了一环，实际上这种环节可能还有更多，可留待未来探索。另一方面是传导因素在纵向上的维度问题，即中介变量可能存在多个并列的因素，各自发挥一部分机制传导作用，因为本文所得到的中介效应都是部分中介效应，这说明可能蕴藏着其他的中介变量，发挥其他部分的中介作用。因此，对于未来的研究，本书建议对组织惯性和组织变革中间的变量进行进一步挖掘和剖析，一方面找到更完整的传导链，另一方面找到更多维度的中间变量，这种作用机制会更加清晰明了。

第二，关于变量的分解。本书对于自变量即组织惯性具有最大程度的因素分解，也是最重要的内容，但对中介变量和因变量尚未形成正式的变量分解。首先，对于因变量即组织变革，本书提出了构成变革的四个维度，但是并未正式分解为四个变量，这有一定的局限性。例如，组织的僵化惯性会阻碍组织变革，那么在变革的四个维度中，惰性对哪个维度的阻碍作用最明显，对哪个维度的阻碍作用最轻微，这无法得知。所以在未来的研究中，建议对组织变革进行正式的变量分解，从而更加细化地考察组织惯性对其产生的作用。其次，中介变量——对本书来说即"路径依赖"和"资源拼凑"，也可以进行变量分解，这样有利于更加清楚地了解组织惯性的传导路径，从而对于"扬长避短"拥有更加清晰的工作方法。

第三，关于测量量表的开发。本书采用了问卷调查法来获取数据，虽然尽可能详细地对变量进行了测量，但大部分测量量表，尤其是最重要的变量——组织惯性和组织变革的量表开发，都属于探索性的，可以借鉴的成熟量表并不多见，因此在测量上并不能保证尽善尽美。虽然各项信效度指标等均满足数据质量要求，但量表本身仍有改进的空间。因此建议未来的研究若采用量化实证的方法，则可对这些变量的测量量表进行进一步的开发、完善，经过反复的实证检验形成一套成熟量表。

第四，关于综合效应的研究。对于组织惯性对组织变革的作用机制，本书的重心在于把惯性的二重性进行拆解，因此从负面机制和正面机制两方面分别来展开研究，负、正两方面机制现均已得到验证，然而两方面机制合起来看待也有很多值得探索的空间。即在同一个企业中，它既存在着僵化惯性的不利影响，又存在着动态惯性的有利影响，那么二者合起来时，会对最终结果造成怎样的影响？这都是值得探索的问题。从理论上来讲，能够成功实施组织变革的企业，其正面作用机制应该强于负面作用机制，未能成功实施变革的企业则应该相反，如果不符合理论预期，则说明有可能蕴含着更多或更复杂的作用机制路径，而这些都值得在未来进行深入研究。

参考文献

［1］［美］查尔斯·都希格.习惯的力量［M］.北京：中信出版社，2017.

［2］［美］丹·艾瑞里.怪诞行为学［M］.北京：中信出版社，2008.

［3］［美］克莱顿·克里斯坦森.创新者的窘境（第2版）［M］.北京：中信出版社，2014.

［4］［美］拉里·唐斯，［美］保罗·纽恩斯.大爆炸式创新［M］.杭州：浙江人民出版社，2014.

［5］［美］瑞·达利欧.原则［M］.北京：中信出版社，2018.

［6］［英］查尔斯·汉迪.第二曲线：跨越"S型曲线"的二次增长［M］.北京：机械工业出版社，2017.

［7］白景坤，王健.环境威胁与创业导向视角下的组织惰性克服研究［J］.中国软科学，2016（9）：180 – 192.

［8］白景坤，王健.如何有效克服组织惰性？——基于双元学习的案例研究［J］.研究与发展管理，2016，28（4）：61 – 71.

［9］白景坤，荀婷，张贞贞.组织惰性：成功的副产品，抑或组织病症？——基于系统性审查方法的述评与展望［J］.外国经济与管理，2016（12）：113 – 128.

［10］白景坤.组织惰性生成研究——环境选择、路径依赖和资源基础观的整合［J］.社会科学，2017（3）：55 – 65.

［11］白景坤.组织惰性视角下组织变革对企业持续成长影响研究——以柯达公司历史上的5次重大组织变革为例［J］.财经问题研究，2014（11）：120 – 126.

［12］曹瑄玮，席酉民，陈雪莲.路径依赖研究综述［J］.经济社会体制比较，2008（3）：185 – 191.

［13］陈传明，张敏.企业文化的刚性特征：分析与测度［J］.管理世界，2005（6）：101 – 106.

［14］陈春花，张超.组织变革的"力场"结构模型与企业组织变革阻力的克服［J］.科技管理研究，2006（4）：203 – 206.

［15］陈笃升，王重鸣．组织变革背景下员工角色超载的影响作用：一个有调节的中介模型［J］．浙江大学学报（人文社会科学版），2015（3）：143－157．

［16］陈劲，吴航，金珺．企业如何实施开放式创新：组织变革的视角［J］．中国地质大学学报（社会科学版），2012（1）：74－80．

［17］陈立新．现有企业突破生创新的惯性障碍及其超越机制研究［J］．外国经济与管理，2008（7）：20－25．

［18］陈麒．组织变革困境：成因与对策——文化刚性的观点［J］．中华文化论坛，2011（3）：163－168．

［19］陈彦亮，高闯．组织惯例的跨层级演化机制［J］．经济理论与经济管理，2014（3）：59－69．

［20］陈扬，陈瑞琦．基于惯性视角的企业变革能量损耗影响因素研究：一个概念模型［J］．科技进步与对策，2011，28（6）：94－98．

［21］陈瑶．公司创业下组织变革特征与组织学习及绩效关系研究［D］．浙江大学，2008．

［22］陈莹，周小虎．战略变革背景下组织变革信心的构建过程研究［J］．管理案例研究与评论，2017（5）：478－490．

［23］储小平，盛琼芳．组织变革、心理所有权与员工主动离职研究——兼论 Lee 和 Mitchell 的员工离职展开模型［J］．中山大学学报（社会科学版），2010（3）：156－163．

［24］党兴华，魏龙，闫海．技术创新网络组织惯性对双元创新的影响研究［J］．科学学研究，2016（9）：1432－1440．

［25］邱杨，孙聃．实现企业组织变革平稳过渡的主要障碍及对策［J］．中国软科学，1998（2）：90－93．

［26］丁德明，茅宁，廖飞．组织惯性、激励机制与新型企业的治理实践［J］．经济管理，2007（5）：39－43．

［27］杜宪．制造企业创新网络关系强度对创新绩效的影响机理研究［D］．哈尔滨工程大学，2017．

［28］樊耘，邵芳，张翼．基于文化差异观的组织文化友好性和一致性对组织变革的影响［J］．管理评论，2011（8）：152－161．

［29］范公广，施杰．组织惰性与市场知识转移关系研究——吸收能力的中介作用［J］．科技进步与对策，2017（21）：111－117．

［30］范钧，高孟立．知识惯性一定会阻碍服务企业绩效的提升吗？——基于 KIBS 企业的实证［J］．商业经济与管理，2016（4）：28－38．

［31］冯岩松．SPSS22.0 统计分析应用教程［M］．北京：清华大学出版

社，2015.

[32] 高静美，陈甫．组织变革知识体系社会建构的认知鸿沟——基于本土中层管理者 DPH 模型的实证检验[J]．管理世界，2013（2）：107－124.

[33] 高天鹏．基于管理熵的组织变革模型研究[J]．西南民族大学学报（人文社会科学版），2010（10）：171－174.

[34] 郭会斌，王书玲，武宗志等．互联网赋能与组织惯例重构——基于六家"中华老字号"的解释[J]．中国人力资源开发，2017（6）：94－107.

[35] 郭琳．变革型领导对员工变革承诺的影响研究［D］．山西大学，2016.

[36] 哈罗德·J．利维特．管理心理学［M］．北京：中国人民大学出版社，1989.

[37] 韩立丰，王重鸣．基于创业视角的组织变革与市场过程研究[J]．南开管理评论，2011（5）：74－82.

[38] 何心展，康廷虎．组织变革的多样性管理：一种系统性框架[J]．心理科学，2004（4）：920－923.

[39] 何一清，崔连广，张敬伟．互动导向对创新过程的影响：创新能力的中介作用与资源拼凑的调节作用[J]．南开管理评论，2015（4）：96－105.

[40] 侯杰泰，温忠麟，成子娟．结构方程模型及其应用［M］．北京：教育科学出版社，2004.

[41] 胡银花．虚拟品牌社区消费者参与行为的动机、影响因素及其作用机制研究［D］．江西财经大学，2016.

[42] 黄芳铭．结构方程模式：理论与应用［M］．北京：中国税务出版社，2005.

[43] 黄艳，陶秋燕，孟猛猛．社会网络、资源拼凑与新创企业的创新绩效[J]．技术经济，2017（10）：31－37.

[44] 霍明．复杂动态环境下企业 IT 能力、组织变革与绩效的关系研究［D］．天津大学，2012.

[45] 姜春林，张立伟，谷丽．组织惯性的形成及其对我国民营企业转型的影响[J]．科技管理研究，2014（20）：108－112.

[46] 李海东，林志扬．组织结构变革中的路径依赖与路径创造机制研究——以联想集团为例[J]．管理学报，2012（8）：1135－1146.

[47] 李黎．问题倒逼与组织变革理论探析[J]．领导科学，2017（8）：63－64.

[48] 李平，杨政银，汪潇．新时代呼唤管理理论创新——大卫·梯斯与动态能力理论[J]．清华管理评论，2017（12）：58－67.

[49] 李平，周诗豪．梦想性巧创：中国企业的独特创新范式[J]．清华管理

评论，2017（6）：74-80.

　　[50] 李希. 企业战略演化中的组织惯性研究［D］. 南京邮电大学，2016.

　　[51] 李秀菊. 基于网络关系视角的专业服务企业全球市场参与战略研究［D］. 南开大学，2010.

　　[52] 梁建，谢家琳. 实证研究中的问卷调查法［A］//陈晓萍，沈伟. 组织与管理研究的实证方法［M］. 北京：北京大学出版社，2018：197-230.

　　[53] 林志扬，李海东. 组织结构变革中的路径依赖与路径突破［J］. 厦门大学学报（哲学社会科学版），2012（1）：133-140.

　　[54] 林志扬. 从治理结构与组织结构互动的角度看企业的组织变革［J］. 中国工业经济，2003（2）：77-82.

　　[55] 刘海建，龙静，黄婷静. 组织结构演化的效率与适应悖论［J］. 财经科学，2012（1）：56-65.

　　[56] 刘海建，余舒意，马文丽. 能力惰性、企业衰败与成长：一个演化模型［J］. 软科学，2012（5）：103-106.

　　[57] 刘海建，周小虎，龙静. 组织结构惯性、战略变革与企业绩效的关系：基于动态演化视角的实证研究［J］. 管理评论，2009（11）：92-100.

　　[58] 刘海建. 成熟企业战略转型成长盲点研究——基于组织缺陷视角［J］. 科技进步与对策，2014（17）：75-79.

　　[59] 刘海建. 企业组织结构的刚性特征及对战略变革的影响［J］. 科学学与科学技术管理，2007（3）：126-132.

　　[60] 刘汉民，谷志文，康丽群. 国外路径依赖理论研究新进展［J］. 经济学动态，2012（4）：111-116.

　　[61] 刘洪. 创新战略、能力建设与组织变革［J］. 南京社会科学，2010（1）：36-42.

　　[62] 刘洪. 组织变革的复杂适应系统理论［J］. 经济管理，2006（9）：31-35.

　　[63] 刘洁，梁淑茵，何小文. 组织惯性、网络位置与双元技术创新实证研究——基于广东省制造企业数据［J］. 软科学，2017（7）：24-28.

　　[64] 刘敏. 知识型企业组织惯性的维度构成及实证研究［D］. 东华大学，2011.

　　[65] 刘石兰. 基于全面质量管理的组织变革：一个变革模型［J］. 科学学与科学技术管理，2006（5）：114-120.

　　[66] 刘思亚. 组织变革感知、心理契约违背与知识创造绩效的关系［J］. 中国科技论坛，2014（9）：90-94.

　　[67] 刘学元，丁雯婧，赵先德. 企业创新网络中关系强度、吸收能力与创新绩效的关系研究［J］. 南开管理评论，2016（1）：30-42.

［68］逯笑微，原毅军．基于企业组织变革的产业演化过程［J］．大连理工大学学报（社会科学版），2008（4）：31－35．

［69］吕一博，程露，苏敬勤．组织惯性对集群网络演化的影响研究——基于多主体建模的仿真分析［J］．管理科学学报，2015（6）：30－40．

［70］吕一博，韩少杰，苏敬勤．翻越由技术引进到自主创新的樊篱——基于中车集团大机车的案例研究［J］．中国工业经济，2017（8）：174－192．

［71］吕一博，韩少杰，苏敬勤．企业组织惯性的表现架构：来源、维度与显现路径［J］．中国工业经济，2016（10）：144－160．

［72］毛忞歆，龙立荣．变革型领导与员工对组织变革认同感的关系研究［J］．管理学报，2009（5）：595－600．

［73］孟范祥．组织惯性对企业组织变革影响机理及系统动力学模型研究［D］．北京交通大学，2010．

［74］孟庆伟，胡丹丹．持续创新与企业惯性形成的认知根源［J］．科学学研究，2005（3）：428－432．

［75］孟晓斌，王重鸣，杨建锋．企业组织变革中的动态能力多层适应性探析［J］．外国经济与管理，2008（2）：1－8．

［76］穆文奇．建筑企业动态能力对持续竞争优势的作用研究［D］．北京交通大学，2017．

［77］宁静．员工对组织变革的结果预期、变革承诺与压力反应研究［D］．电子科技大学，2013．

［78］欧燕．制造业中组织惯性、组织创新与组织绩效关系研究［D］．重庆大学，2012．

［79］潘松挺，蔡宁．企业创新网络中关系强度的测量研究［J］．中国软科学，2010（5）：108－115．

［80］潘松挺．网络关系强度与技术创新模式的耦合及其协同演化［D］．浙江大学，2009．

［81］秦志华，王冬冬，冯云霞．组织变革承诺的提升机制——模型与跨层次检验［J］．科学学与科学技术管理，2015（12）：79－89．

［82］邱皓政，林碧芳．结构方程模型的原理与应用［M］．北京：中国轻工业出版社，2009．

［83］阮鹏宇．台湾地区中小企业组织变革与组织绩效关系之实证研究［D］．苏州大学，2016．

［84］施萧萧，张庆普．组织惯性对企业渐进性创新能力影响研究［J］．科学学与科学技术管理，2017，38（11）：101－115．

[85] 时晓虹,耿刚德,李怀. "路径依赖" 理论新解[J]. 经济学家, 2014 (6): 53 – 64.

[86] 史丽萍,刘强,贾亚男,等. 网络关系强度、全面质量管理实践与组织学习关系研究——拓展触发组织学习的潜在路径[J]. 管理评论, 2014 (5): 48 – 60.

[87] 宋亚金. 服务企业中组织惯性、组织学习与组织绩效的关系研究[D]. 东华大学, 2015.

[88] 宋志红. 企业创新能力来源的实证研究[D]. 对外经济贸易大学, 2006.

[89] 苏芳,毛基业,谢卫红. 资源贫乏企业应对环境剧变的拼凑过程研究[J]. 管理世界, 2016 (8): 137 – 149.

[90] 苏敬勤,韩贵龄. 资源运作模式对能力演化的影响研究——基于组织惯性的调节作用[J]. 管理评论, 2017, 29 (8): 198 – 210.

[91] 孙锐,周飞. 企业社会联系、资源拼凑与商业模式创新的关系研究[J]. 管理学报, 2017 (12): 1811 – 1818.

[92] 孙秀霞,朱方伟,宋昊阳. 感知信任与项目绩效:组织承诺的中介作用[J]. 管理评论, 2016 (12): 155 – 165.

[93] 孙永磊,陈劲,宋晶. 双元战略导向对企业资源拼凑的影响研究[J]. 科学学研究, 2018 (4): 684 – 690.

[94] 唐杰,林志扬,石冠峰. 价值观匹配对员工应对组织变革的影响研究:多个模型的比较[J]. 华东经济管理, 2012 (8): 147 – 151.

[95] 唐杰. 基于精细加工可能性模型的员工应对组织变革研究[J]. 经济管理, 2010 (8): 178 – 185.

[96] 汪良军. 企业成长的企业家活动分析——兼论成长中的路径依赖及其超越[D]. 南京大学, 2000.

[97] 王凤彬,郑腾豪,刘刚. 企业组织变革的动态演化过程——基于海尔和IBM纵向案例的生克化制机理的探讨[J]. 中国工业经济, 2018 (6): 174 – 192.

[98] 王皓. 新产品定位决策对市场结构的影响——基于中国轿车行业产品层面数据的实证分析[J]. 中国工业经济, 2016 (5): 57 – 74.

[99] 王佳. 认同与忠诚:在线品牌社群社会资本对品牌的作用机制研究[D]. 武汉大学, 2016.

[100] 王建明. 资源节约意识对资源节约行为的影响——中国文化背景下一个交互效应和调节效应模型[J]. 管理世界, 2013 (8): 77 – 90.

[101] 王钦. 人单合一管理学:新工业革命背景下的海尔转型[M]. 北京:经济管理出版社, 2016.

［102］王钦. 下一个范式：未来，管理走向何处——"知识管理之父"野中郁次郎专访［J］. 清华管理评论，2017（Z1）：56－66.

［103］王钦. 新工业革命背景下的管理变革：影响、反思和展望［J］. 经济管理，2014（12）：176－185.

［104］王嵘冰. 云计算应用对企业组织变革影响研究［D］. 辽宁大学，2015.

［105］王向阳，刘战礼，赵英鑫. 基于企业生命周期的路径依赖和吸收能力关系研究［J］. 科研管理，2011（9）：1－6.

［106］王向阳，卢艳秋，赵英鑫. 知识获取、路径依赖对企业创新能力的影响研究［J］. 图书情报工作，2011（18）：103－106.

［107］王学东，陈道志. 基于信息技术的企业组织变革研究［J］. 情报科学，2006（1）：39－42.

［108］王玉峰，金叶欣. 组织变革情境下的应对研究：一个新的议题［J］. 贵州社会科学，2013（11）：50－55.

［109］王玉峰，杨多. 企业组织变革对员工压力的形成机制及压力管理研究［J］. 贵州社会科学，2014（6）：94－99.

［110］韦惠兰，黄家飞. 企业自主创新：路径依赖与突破［J］. 青海社会科学，2008（1）：41－44.

［111］温忠麟，侯杰泰，张雷. 调节效应与中介效应的比较和应用［J］. 心理学报，2005（2）：268－274.

［112］温忠麟，刘红云，侯杰泰. 调节效应和中介效应分析［M］. 北京：教育科学出版社，2012.

［113］温忠麟，叶宝娟. 中介效应分析：方法和模型发展［J］. 心理科学进展，2014，22（5）：731－745.

［114］邬贺铨. 新一代信息技术的发展机遇与挑战［J］. 中国发展观察，2016（4）：11－13.

［115］吴亮，刘衡. 资源拼凑与企业创新绩效研究：一个被调节的中介效应［J］. 中山大学学报（社会科学版），2017（4）：193－208.

［116］吴亮，赵兴庐，张建琦. 以资源拼凑为中介过程的双元创新与企业绩效的关系研究［J］. 管理学报，2016（3）：425－431.

［117］吴明隆. 结构方程模型：AMOS的操作与应用［M］. 重庆：重庆大学出版社，2009.

［118］吴少微，杨忠. 组织变革情境下领导者再社会化的障碍及化解策略［J］. 江海学刊，2016（5）：81－87.

［119］武志伟，陈莹. 企业间关系质量的测度与绩效分析——基于近关系理

论的研究[J]. 预测, 2007 (2): 8 – 13.

[120] 奚雷, 彭灿, 杨红. 资源拼凑对双元创新协同性的影响: 环境动态性的调节作用[J]. 技术经济, 2017 (4): 1 – 5.

[121] 徐婷. 网络关系强度、组织学习与技术创新的关系研究[D]. 中北大学, 2014.

[122] 徐学军, 查靓, 周武静. 基于组织变革理论的精益生产实施内涵研究[J]. 华东经济管理, 2010 (9): 89 – 91.

[123] 许小东. 组织惰性行为初研[J]. 科研管理, 2000 (4): 56 – 60.

[124] 弋亚群, 刘益, 李垣. 企业家的战略创新与群体创新——克服组织惯性的途径[J]. 科学学与科学技术管理, 2005 (6): 142 – 146.

[125] 尹晓峰. 领导风格对组织人力资源效能作用机制研究[D]. 北京理工大学, 2015.

[126] 尹贻梅, 刘志高, 刘卫东. 路径依赖理论研究进展评析[J]. 外国经济与管理, 2011 (8): 1 – 7.

[127] 于淼, 马文甲. CEO 个性、资源拼凑与开放式创新——基于中小企业视角的研究[J]. 山西财经大学学报, 2018 (5): 83 – 94.

[128] 于爽. 组织惰性影响因素研究[D]. 西安工业大学, 2012.

[129] 余红剑. 新创企业外部网络关系品质、内部能力与成长绩效研究[D]. 浙江大学, 2007.

[130] 余伟萍, 陈进, 胡豪. 信息时代条件下的企业组织变革研究[J]. 财经研究, 2003 (6): 52 – 58.

[131] 余伟萍, 段桂敏. 基于信息化的组织变革四要素分析[J]. 经济体制改革, 2004 (6): 64 – 67.

[132] 袁佳. 组织变革承诺的形成及其对员工心理和行为倾向的影响[D]. 电子科技大学, 2014.

[133] 袁群. 企业员工心理资本对建言行为的影响研究[D]. 南京航空航天大学, 2016.

[134] 袁蓉. 中文版变革承诺量表的修订[D]. 北京大学, 2005.

[135] 张灿泉. 变革沟通对变革承诺的影响机制研究[D]. 浙江大学, 2011.

[136] 张宸璐, 沈灏, 张洁等. 闲置资源、双元创新与持续竞争优势——基于资源拼凑视角[J]. 华东经济管理, 2017 (12): 124 – 133.

[137] 张江峰. 企业组织惯性的形成及其对绩效的作用机制研究[D]. 西南财经大学, 2010.

[138] 张婕, 樊耘, 纪晓鹏. 组织变革因素与员工对变革反应关系研究[J].

管理评论, 2013 (11): 53 - 64.

[139] 张婕, 樊耘, 张旭. 组织变革中的情绪唤起及其影响机制研究[J]. 管理评论, 2016 (3): 126 - 138.

[140] 张康之. 论组织变革的困境与出路[J]. 教学与研究, 2008 (9): 32 - 38.

[141] 张瑞敏, 姜奇平, 胡国栋. 基于海尔"人单合一"模式的用户乘数与价值管理研究[J]. 管理学报, 2018 (9): 1265 - 1274.

[142] 张晓东, 朱占峰, 朱敏. 规则管理与组织变革综述[J]. 工业技术经济, 2012 (9): 152 - 160.

[143] 张秀娥, 张坤. 创业导向对新创社会企业绩效的影响——资源拼凑的中介作用与规制的调节作用[J]. 科技进步与对策, 2018 (9): 91 - 99.

[144] 张雪冰, 杨忠. 变化与变革——从组织学习视角看知识经济时代的企业组织变革[J]. 江苏社会科学, 2006 (5): 54 - 58.

[145] 张玉利, 田新, 王晓文. 有限资源的创造性利用——基于冗余资源的商业模式创新: 以麦乐送为例[J]. 经济管理, 2009 (3): 119 - 125.

[146] 赵兴庐, 张建琦. 资源拼凑与企业绩效——组织结构和文化的权变影响[J]. 经济管理, 2016 (5): 165 - 175.

[147] 周清杰. 企业成长中的路径依赖与突破[J]. 财经科学, 2005 (6): 101 - 107.

[148] Allcorn S. Workplace psychodynamics and the management of organizational inertia [J]. Competitiveness Review, 2011, 21 (1): 89 - 104.

[149] Amburgey T L, Kelly D, Barnett W P. Resetting the clock: The dynamics of organizational change and failure [J]. Administrative Science Quarterly, 1993, 38 (1): 51 - 73.

[150] Appelbaum S H, Cameron A, Ensink F, et al. Factors that impact the success of an organizational change: A case study analysis [J]. Industrial and Commercial Training, 2017, 49 (5): 213 - 230.

[151] Arthur W B. Competing technologies, increasing returns, and lock - in by historical events [J]. Economic Journal, 1989, 99 (394): 116 - 131.

[152] Astley W G, van de Ven A H. Central perspectives and debates in organization theory [J]. Administrative Science Quarterly, 1983, 28 (2): 245 - 273.

[153] Baker T, Miner A S, Eesley D T. Improvising firms: Bricolage, account giving and improvisational competencies in the founding process [J]. Research Policy, 2003, 32 (2): 255 - 276.

[154] Baker T, Nelson R E. Creating something from nothing: Resource construction through entrepreneurial bricolage [J]. Administrative Science Quarterly, 2005, 50 (3): 329 - 366.

[155] Baker T, Pollock T G, Sapienza H J. Winning an unfair game: How a resource - constrained player uses bricolage to maneuver for advantage in a highly institutionalized field [J]. Advances in Entrepreneurship, Firm Emergence and Growth, 2013, 15 (1): 1 - 41.

[156] Baker T. Resources in play: Bricolage in the toy store (y) [J]. Journal of Business Venturing, 2007, 22 (5): 694 - 711.

[157] Bareil C. Two paradigms about resistance to change [J]. Organization Development Journal, 2013 (31).

[158] Beck N, Brüderl J, Woywode M. Momentum or deceleration? Theoretical and methodological reflections on the analysis of organizational change [J]. Academy of Management Journal, 2008, 51 (3): 413 - 435.

[159] Becker H S. Notes on the concept of commitment [J]. American Journal of Sociology, 1960, 66 (1): 32 - 40.

[160] Beckman C M, Burton M D. Founding the future: Path dependence in the evolution of top management teams from founding to IPO [J]. Organization Science, 2008, 19 (1): 3 - 24.

[161] Bel R, Smirnov V, Wait A. Managing change: Communication, managerial style and change in organizations [J]. Economic Modelling, 2018 (69): 1 - 12.

[162] Bellaiche J. On the path - dependence of economic growth [J]. Journal of Mathematical Economics, 2010, 46 (2): 163 - 178.

[163] Bollen K A. Structural equations with latent variables [M]. New York: John Wiley & Sons, 1989.

[164] Boyer M, Robert J. Organizational inertia and dynamic incentives [J]. Journal of Economic Behavior & Organization, 2006, 59 (3): 324 - 348.

[165] Burke W W, Litwin G H. A causal model of organizational performance and change [J]. Journal of Management, 1992, 18 (3): 523 - 545.

[166] Burnes B. Complexity theories and organizational change [J]. International Journal of Management Reviews, 2005, 7 (2): 73 - 90.

[167] By R T. Organizational change management: A critical review [J]. Journal of Change Management, 2005, 5 (4): 369 - 380.

[168] Carrillo J D, Gromb D. Cultural inertia and uniformity in organizations

[J]. Journal of Law Economics & Organization, 2006, 23 (3): 743 – 771.

[169] Castillo C, Fernández Alarcón V, Sallán Leyes J M. The six emotional stages of organizational change [J]. Journal of Organizational Change Management, 2018, 31 (3): 468 – 493.

[170] Chen M, Yang Z, Dou W, et al. Flying or dying? Organizational change, customer participation, and innovation ambidexterity in emerging economies [J]. Asia Pacific Journal of Management, 2018, 35 (1): 97 – 119.

[171] Christensen C M, Bower J L. Customer power, strategic investment, and the failure of leading firms [J]. Strategic Management Journal, 1996, 17 (3): 197 – 218.

[172] Churchill G A. A paradigm for developing better measures of marketing constructs [J]. Journal of Marketing Research, 1979, 16 (1): 64 – 73.

[173] Colombo M G, Delmastro M. The determinants of organizational change and structural inertia: Technological and organizational factors [J]. Social Science Electronic Publishing, 2002, 11 (4): 595 – 635.

[174] David P A. Clio and the economics of QWERTY [J]. American Economic Review, 1985, 75 (2): 332 – 337.

[175] Delfgaauw J, Swank O H. Task – specific human capital and organizational inertia [J]. Journal of Economics & Management Strategy, 2016, 25 (3): 608 – 626.

[176] Desa G. Optimization or bricolage? Overcoming resource constraints in global social entrepreneurship [J]. Strategic Entrepreneurship Journal, 2013, 7 (1): 26 – 49.

[177] Dixit A K, Pindyck R S. Investment under uncertainty [J]. Economics Books, 1994, 39 (5): 659 – 681.

[178] Duymedjian R, Rüling C C. Towards a foundation of bricolage in organization and management theory [J]. Organization Studies, 2010, 31 (2): 133 – 151.

[179] Feldman M S, Pentland B T. Issues in empirical field studies of organizational routines [J]. Handbook of Organizational Routines, 2008 (1): 1 – 31.

[180] Feldman M S, Pentland B T. Reconceptualizing organizational routines as a source of flexibility and change [J]. Administrative Science Quarterly, 2003, 48 (1): 94 – 118.

[181] Feldman M S, Pentland B, D'Adderio L, et al. Beyond routines as things: Introduction to the special issue on routines dynamics [J]. Organization Science, 2016, 27 (3): 505 – 513.

[182] Feldman M S. Organizational routines as a source of continuous change

[J]. Organization Science, 2000, 11 (6): 611 – 629.

[183] Felin T, Foss N J. The endogenous origins of experience, routines, and organizational capabilities: The poverty of stimulus [J]. Journal of Institutional Economics, 2011, 7 (2): 231 – 256.

[184] Garud R, Karnøe P. Path dependence and creation [M]. London: Lawrence Erlbaum Associates, 2001.

[185] Giddens A. The constitution of society: Outline of the theory of structuration [M]. Berkeley, CA: University of California Press, 1984.

[186] Gilbert C G. Unbundling the structure of inertia: Resource versus routine rigidity [J]. Academy of Management Journal, 2005, 48 (5): 741 – 763.

[187] Godkin L, Allcorn S. Overcoming organizational inertia: A tripartite model for achieving strategic organizational change [J]. Journal of Applied Business and Economics, 2008, 8 (1): 82 – 94.

[188] Grimolizzi – Jensen C J. Organizational change: Effect of motivational interviewing on readiness to change [J]. Journal of Change Management, 2018, 18 (1): 54 – 69.

[189] Haeder S F. Beyond path dependence: Explaining healthcare reform and its consequences [J]. Policy Studies Journal, 2012, 40 (1): 65 – 86.

[190] Hakonsson D D, Klaas P, Carroll T N. Organizational adaptation, continuous change, and the positive role of inertia [J]. Academy of Management Annual Meeting Proceedings, 2009 (1): 1 – 6.

[191] Hannan M T, Freeman J. Structural inertia and organizational change [J]. American Sociological Review, 1984, 49 (2): 149 – 164.

[192] Hannan M, Freeman J. The population ecology of organizations [J]. American Journal of Sociology, 1977, 82 (5): 929 – 964.

[193] Hernes T, Hendrup E, Schäffner B. Sensing the momentum: A process view of change in a multinational corporation [J]. Journal of Change Management, 2015, 15 (2): 117 – 141.

[194] Hernes T. A process theory of organization [M]. London: Oxford University Press, 2014.

[195] Herscovitch L, Meyer J P. Commitment to organizational change: Extension of a three – component model [J]. Journal of Applied Psychology, 2002, 87 (3): 474 – 487.

[196] Hu L T, Bentler P M, Kano Y. Can test statistics in covariance structure

analysis be trusted? [J]. Psychological Bulletin, 1992, 112 (2): 351 – 362.

[197] Huang H C, Lai M C, Lin L H, et al. Overcoming organizational inertia to strengthen business model innovation [J]. Journal of Organizational Change Management, 2013, 26 (6): 977 – 1002.

[198] Jacobs G, Witteloostuijn A V, Christe Zeyse J. A theoretical framework of organizational change [J]. Journal of Organizational Change Management, 2013, 26 (5): 772 – 792.

[199] Johannisson B, Olaison L. The moment of truth—Reconstructing entrepreneurship and social capital in the eye of the storm [J]. Review of Social Economy, 2007, 65 (1): 55 – 78.

[200] Jones S L, van de Ven A H. The changing nature of change resistance: An examination of the moderating impact of time [J]. Journal of Applied Behavioral Science, 2016, 52 (4): 482 – 506.

[201] Kaplan S, Henderson R. Inertia and incentives: Bridging organizational economics and organizational theory [J]. Organization Science, 2005, 16 (5): 509 – 521.

[202] Kelly D, Amburgey T L. Organizational inertia and momentum: A dynamic model of strategic change [J]. Academy of Management Journal, 1991, 34 (3): 591 – 612.

[203] Kotter J. Leading change: Why transformation efforts fail [J]. Harvard Business Review, 1995, 2 (73): 59 – 67.

[204] Lamberg J A, Pajunen K, Parvinen P, et al. Stakeholder management and path dependence in organizational transitions [J]. Management Decision, 2008, 46 (6): 846 – 863.

[205] Le Mens G, Hannan M, Polos L. Drifting tastes, inertia, and organizational viability [J/OL]. SSRN Electronic Journal, 2011.

[206] Lederer A L, Sethi V. Critical dimensions of strategic information systems planning [J]. Decision Sciences, 1991, 2 (4): 104 – 119.

[207] Lee K, Sharif M, Scandura T, et al. Procedural justice as a moderator of the relationship between organizational change intensity and commitment to organizational change [J]. Journal of Organizational Change Management, 2017, 30 (4): 501 – 524.

[208] Leonard – Barton D. Core capabilities and core rigidities: A paradox in managing new product development [J]. Strategic Management Journal, 1992, 13 (S1): 111 – 125.

[209] Levitt B, March J G. Organizational learning [J]. Annual Review of Sociology, 1988, 14 (1): 319 – 338.

[210] Lynne H, John P M. Commitment to organizational change: Extension of a three – component model [J]. The Journal of Applied Psychology, 2002, 87 (3).

[211] March J G, Simon H A. Organizations [J]. Social Science Electronic Publishing, 1958, 2 (1): 105 – 132.

[212] March J G. Continuity and change in theories of organizational action [J]. Administrative Science Quarterly, 1996, 41 (2): 278 – 287.

[213] Marciano A, Khalil E L. Optimization, path dependence and the law: Can judges promote efficiency? [J]. International Review of Law and Economics, 2012, 32 (1): 72 – 82.

[214] Mathews B, Linski C M. Shifting the paradigm: Reevaluating resistance to organizational change [J]. Journal of Organizational Change Management, 2016, 29 (6): 963 – 972.

[215] Meyer J P, Allen N J. A three – component conceptualization of organizational commitments [J]. Human Resource Management Review, 1991 (1): 61 – 89.

[216] Meyer J P, Herscovitch L. Commitment in the workplace: Toward a general model [J]. Human Resource Management Review, 2001, 11 (3): 299 – 326.

[217] Miller D, Friesen P H. Innovation in conservative and entrepreneurial firms: Two models of strategic momentum [J]. Strategic Management Journal, 1982, 3 (1): 1 – 25.

[218] Miller D, Friesen P H. Momentum and revolution in organizational adaptation [J]. Academy of Management Journal, 1980, 23 (4): 591 – 614.

[219] Mintzberg H, Westley F. Cycles of organization change [J]. Strategic Management Journal, 1992, 13 (S2): 39 – 59.

[220] Nedzinskasš, Pundziene A, Buožiute – Rafanavičienè S, et al. The impact of dynamic capabilities on SME performance in a volatile environment as moderated by organizational inertia [J]. Baltic Journal of Management, 2013, 8 (4): 376 – 396.

[221] Nelson R R, Winter S G. An evolutionary theory of economic change [M]. Cambridge, MA: Harvard University Press, 1982.

[222] North D C. Institutions, institutional change and economic performance [M]. Cambrige: Cambridge University Press, 1990.

[223] Nunnally J C, Bernstein I H. Psychometric Theory [M]. New York: McGraw – Hill, 1994.

[224] Oreg S, Vakola M, Armenakis A. Change recipients' reactions to organizational change: A 60 - year review of quantitative studies [J]. Journal of Applied Behavioral Science, 2011, 47 (4): 461 - 524.

[225] Panayiotou A, Putnam L L, Kassinis G. Generating tensions: A multilevel, process analysis of organizational change [J]. Strategic Organization, 2017 (11): 1 - 30.

[226] Perello - Marin M R, Marin - Garcia J A, Marcos - Cuevas J. Towards a path dependence approach to study management innovation [J]. Management Decision, 2013, 51 (5): 1037 - 1046.

[227] Perkmann M, Spicer A. How emerging organizations take form: The role of imprinting and values in organizational bricolage [J]. Social Science, 2014, 25 (6): 1785 - 1806.

[228] Pham X. Five principles of path creation [J]. Oeconomicus, 2007, 8 (1): 5 - 17.

[229] Piderit S K. Rethinking resistance and recognizing ambivalence: A multidimensional view of attitudes toward an organizational change [J]. Academy of Management Review, 2000, 25 (4): 783 - 794.

[230] Pierson P. Increasing returns, path dependence, and the study of politics [J]. American Political Science Review, 2000, 94 (2): 251 - 267.

[231] Porras J I, Robertson P J. Organizational development: Theory, practice, and research [J]. Handbook of Industrial and Organizational Psychology, 1992, 15 (1): 141 - 142.

[232] Rafferty A E, Jimmieson N L. Subjective perceptions of organizational change and employee resistance to change: Direct and mediated relationships with employee well - being [J]. British Journal of Management, 2017, 28 (2): 248 - 264.

[233] Reeves M, Deimler M. Adaptability: The new competitive advantage [J]. Harvard Business Review, 2011, 89 (7 - 8): 135 - 141.

[234] Ruckes M, Rønde T. Dynamic incentives in organizations: Success and inertia [J]. The Manchester School, 2015, 83 (4): 475 - 497.

[235] Salunke S, Weerawardena J, McColl - Kennedy J R. Competing through service innovation: The role of bricolage and entrepreneurship in project - oriented firms [J]. Journal of Business Research, 2013, 66 (8): 1085 - 1097.

[236] Schaefer S. Influence costs, structural inertia, and organizational change [J]. Journal of Economics & Management Strategy, 1998, 7 (2): 237 - 263.

[237] Schweiger S, Stouten H, Bleijenbergh I L. A system dynamics model of

resistance to organizational change: The role of participatory strategies [J]. Systems Research & Behavioral Science, 2018, 35 (4): 658 – 674.

[238] Schienstock G. Path dependency and path creation: Continuity vs. fundamental change in national economies [J]. Journal of Futures Studies, 2011, 15 (4): 63 – 75.

[239] Schmidt R H, Spindler G. Path dependence, corporate governance and complementarity [J]. International Finance, 2002, 5 (3): 311 – 333.

[240] Schwarz G M. The logic of deliberate structural inertia [J]. Journal of Management, 2012, 38 (2): 547 – 572.

[241] Schweiger S, Stouten H, Bleijenbergh I L. A system dynamics model of resistance to organizational change: The role of participatory strategies [J]. Systems Research & Behavioral Science, 2018, 35 (4): 658 – 674.

[242] Seggewiss B J, Straatmann T, Hattrup K, et al. Testing interactive effects of commitment and perceived change advocacy on change readiness: Investigating the social dynamics of organizational change [J]. Journal of Change Management, 2018 (19): 1 – 23.

[243] Senyard J, Baker T, Davidsson P. Entrepreneurial bricolage: Towards systematic empirical testing [J]. Frontiers of Entrepreneurship Research, 2009, 29 (5): 5 – 21.

[244] Senyard J, Baker T, Steffens P, et al. Bricolage as a path to innovativeness for resource – constrained new firms [J]. Journal of Product Innovation Management, 2014, 31 (2): 211 – 230.

[245] Shi X, Zhang Q. Inbound open innovation and radical innovation capability: The moderating role of organizational inertia [J]. Journal of Organizational Change Management, 2018, 31 (3): 581 – 597.

[246] Shin J, Taylor M S, Seo M G. Resources for change: The relationships of organizational inducements and psychological toward organizational change [J]. Academy of Management Journal, 2012, 55 (3): 727 – 748.

[247] Sirmon D G, Hitt M A, Ireland R D. Managing firm resources in dynamic environments to create value: Looking inside the black box [J]. Academy of Management Review, 2007, 32 (1): 273 – 292.

[248] Staw B M, Ross J. Behavior in escalation situations: Antecedents, prototypes and solutions [J]. Research in Organizational Behavior, 1987, 9 (4): 39 – 78.

[249] Stene E O. An approach to a science of administration [J]. American Po-

litical Science Review, 1940, 34 (6): 1124 – 1137.

[250] Sull D N. Why good companies go bad [J]. Harvard Business Review, 1999, 77 (4): 42 – 50.

[251] Sune A, Gibb J. Dynamic capabilities as patterns of organizational change: An empirical study on transforming a firm's resource base [J]. Journal of Organizational Change Management, 2015, 28 (2): 213 – 231.

[252] Sydow J, Chrey G, Och J. Organizational path dependence: Opening the black box [J]. Academy of Management Review, 2009, 34 (4): 689 – 709.

[253] Tabachnick B G, Fidell L S. Using multivariate statistics (5th Ed.) [M]. Boston, MA: Allyn & Bacon, 2007.

[254] Teece D J, Pisano G, Shuen A. Dynamic capabilities and strategic management [J]. Strategic Management Journal, 1997, 18 (7): 509 – 533.

[255] Teece D J. Explicating dynamic capabilities: The nature and microfoundations of (sustainable) enterprise performance [J]. Strategic Management Journal, 2007, 28 (13): 1319 – 1350.

[256] Tripsas M, Gavetti G. Capabilities, cognition, and inertia: Evidence from digital imaging [J]. Strategic Management Journal, 2000, 21 (10 – 11): 1147 – 1161.

[257] van de Ven A H, Poole M S. Explaining development and change in organizations [J]. Academy of Management Review, 1995, 20 (3): 510 – 540.

[258] van Driel H, Dolfsma W. Path dependence, initial conditions, and routines in organizations: The Toyota production system re – examined [J]. Journal of Organizational Change Management, 2009, 22 (1): 49 – 72.

[259] Vanevenhoven J, Winkel D, Malewicki D. Varieties of bricolage and the process of entrepreneurship [J]. New England Journal of Entrepreneurship, 2011, 14 (2): 1 – 14.

[260] Vergne J P, Durand R. The missing link between the theory and empirics of path dependence: Conceptual clarification, testability issue, and methodological implications [J]. Journal of Management Studies, 2010, 47 (4): 736 – 759.

[261] Webster M. Incorporating path dependency into decision – analytic methods: An application to global climate – change policy [J]. Decision Analysis, 2008, 5 (22): 60 – 75.

[262] Winter S G. Toward a neo – schumpeterian theory of the firm [J]. Industrial and Corporate Change, 2006, 15 (1): 125 – 141.

附　录

附录一　初始调查问卷

组织惯性对组织变革作用机制的调查问卷（预调研版）

> 如果您在作答过程中对问卷有任何困惑或建议，请不吝指出并直接在题目上标注说明。

亲爱的朋友，您好：

这是一份用于**纯学术研究**的调查问卷，现邀请您参与，请按照实际情况进行作答，答案**没有对错之分**，您提供的信息对我们的研究结论具有重要影响。问卷采用匿名方式统计，我们将对您提供的信息进行**严格保密**，请您放心作答。填写完本问卷需要 8 ~ 10 分钟，非常感谢您的不辞辛劳，如果您对本研究的结果感兴趣，可在问卷结尾处留下您的联系方式，以便我们将研究成果及时发送给您。

中国社会科学院研究生院　工业经济系

第一部分　基本信息

1. 贵公司的名称是：＿＿＿＿＿＿＿＿＿＿＿＿＿＿

2. 贵公司的所在地：＿＿＿＿＿＿＿省＿＿＿＿＿＿＿市

3. 贵公司所属行业：＿＿＿＿＿＿＿＿＿＿＿＿＿＿

4. 贵公司的性质是：

□国有企业　　　□民营企业　　　□中外合资　　　□外商独资

5. 贵公司的成立年限是：

□ <3 年　　　　□3 ~ 5 年　　　□6 ~ 10 年

□11 ~ 20 年　　□20 年以上

6. 贵公司的员工人数是：

□ <50 人　　　　□50 ~ 99 人　　　□100 ~ 299 人

□300 ~ 499 人　　□500 ~ 1000 人　　□1000 人以上

7. 您的性别：

□男性　　　　　　　□女性

8. 您在该公司的工作年限：

□<3 年　　　　　□3~5 年　　　　　□5~8 年　　　　　□8 年以上

9. 您在该公司的职位级别：

□普通职工　　　　□基层管理者　　　□中层管理者　　　□高层管理者

10. 您所处的部门类别：

□财务/行政/人事　□市场/营销　　　□研发/设计

□生产/运输　　　　□其他

第二部分　问卷内容

填写说明：以下所有问题都设置了 1~7 级的量表，数字越大说明越符合实际情况，越小说明越不符合，请在您觉得合适的分值上打钩（√）。

1. 强烈不赞同，2. 中等不赞同，3. 轻微不赞同，4. 一般，5. 轻微赞同，6. 中等赞同，7. 强烈赞同								
ZZBG1	近三年来，公司合并、组建或裁减过部门	1	2	3	4	5	6	7
ZZBG2	公司的组织层级有所增加或减少	1	2	3	4	5	6	7
ZZBG3	公司员工比以前拥有更多的决策权或更少的决策权	1	2	3	4	5	6	7
ZZBG4	公司至少有一种工作流程或生产流程发生了明显的变化	1	2	3	4	5	6	7
ZZBG5	公司的管理系统和管理方法发生了明显的变化	1	2	3	4	5	6	7
ZZBG6	相比以前，公司的管理制度出现过重要创新	1	2	3	4	5	6	7
ZZBG7	公司因业务需求调整过人力资源的配置	1	2	3	4	5	6	7
ZZBG8	公司的岗位设置发生过变化（增加/减少/变更）	1	2	3	4	5	6	7

1. 强烈不赞同，2. 中等不赞同，3. 轻微不赞同，4. 一般，5. 轻微赞同，6. 中等赞同，7. 强烈赞同								
WLGX1	公司与供应商、客户企业、联盟企业等多个主体形成了合作伙伴关系	1	2	3	4	5	6	7
WLGX2	公司经常与合作伙伴进行正式和非正式的信息交流	1	2	3	4	5	6	7
WLGX3	公司与合作伙伴之间制定了良好的共事规则	1	2	3	4	5	6	7
WLGX4	公司在制定某项方案时会兼顾合作伙伴的利益	1	2	3	4	5	6	7
WLGX5	公司在对外业务决策时会考虑地区内同行企业的反应	1	2	3	4	5	6	7
WLGX6	公司投入的软硬件资源很难转移到其他合作伙伴身上	1	2	3	4	5	6	7
WLGX7	公司与某些企业的合作持续了很多年	1	2	3	4	5	6	7

	1. 强烈不赞同，2. 中等不赞同，3. 轻微不赞同，4. 一般，5. 轻微赞同，6. 中等赞同，7. 强烈赞同							
DX1	公司成员习惯安于现状而不喜欢改变，工作中不求有功但求无过	1	2	3	4	5	6	7
DX2	我们害怕自己不理解的新知识、新想法，通常用旧方法解决新问题	1	2	3	4	5	6	7
DX3	我们不关心其他公司如何解决问题	1	2	3	4	5	6	7
DX4	我们很少观察和学习新观念来改变我们的思维和行动	1	2	3	4	5	6	7

	1. 强烈不赞同，2. 中等不赞同，3. 轻微不赞同，4. 一般，5. 轻微赞同，6. 中等赞同，7. 强烈赞同							
GX1	我们一旦形成某种认知就很难发生改变	1	2	3	4	5	6	7
GX2	我们进行实验性/创造性活动的限制程度很高	1	2	3	4	5	6	7
GX3	我们公司追求全体成员行动的一致性	1	2	3	4	5	6	7
GX4	环境发生变化时，公司因害怕利润损失而延迟把资源转移到新业务上去	1	2	3	4	5	6	7

	1. 强烈不赞同，2. 中等不赞同，3. 轻微不赞同，4. 一般，5. 轻微赞同，6. 中等赞同，7. 强烈赞同							
KX1	当面临工作变化时我会唤起痛苦回忆并感到很焦虑	1	2	3	4	5	6	7
KX2	当公司内部改革时我会害怕失去利益或担心不能胜任新的角色	1	2	3	4	5	6	7
KX3	当公司发生变化时我们会极力维护现有的组织规范和工作习惯	1	2	3	4	5	6	7
KX4	当公司出现与主流文化相异的价值观时我们会排斥它	1	2	3	4	5	6	7

	1. 强烈不赞同，2. 中等不赞同，3. 轻微不赞同，4. 一般，5. 轻微赞同，6. 中等赞同，7. 强烈赞同							
LJYL1	公司有些事情虽然不合理但是我们已经习以为常并接受	1	2	3	4	5	6	7
LJYL2	当有多种选择时，我们倾向于选择熟悉的行动路径和方案	1	2	3	4	5	6	7
LJYL3	某些决策和行动我们坚持得越久越觉得其是正确的	1	2	3	4	5	6	7
LJYL4	公司有些事情因为以前的承诺而不能够改变	1	2	3	4	5	6	7
LJYL5	公司的新产品或技术与已有产品或技术高度关联	1	2	3	4	5	6	7
LJYL6	公司的发展路径基本是不变的	1	2	3	4	5	6	7

	1. 强烈不赞同，2. 中等不赞同，3. 轻微不赞同，4. 一般，5. 轻微赞同，6. 中等赞同，7. 强烈赞同							
ZYPC1	公司的技术和其他生产资源主要是从实践中逐渐积累起来的	1	2	3	4	5	6	7

1. 强烈不赞同，2. 中等不赞同，3. 轻微不赞同，4. 一般，5. 轻微赞同，6. 中等赞同，7. 强烈赞同							
ZYPC2	公司善于对现有人力或物质资源进行整合而创造出新的价值	1	2	3	4	5	6	7
ZYPC3	公司会使用原本不打算使用的资源来应对新的挑战	1	2	3	4	5	6	7
ZYPC4	当资源不足时，我们能够利用其他未被充分利用的资源来补充代替	1	2	3	4	5	6	7
ZYPC5	我们善于利用一切可利用的手头资源来应对新的挑战或机会	1	2	3	4	5	6	7

1. 强烈不赞同，2. 中等不赞同，3. 轻微不赞同，4. 一般，5. 轻微赞同，6. 中等赞同，7. 强烈赞同							
GL1	我们的日常工作有许多需要依据惯例来展开	1	2	3	4	5	6	7
GL2	公司不同人员对某项工作惯例的理解和执行会有所不同	1	2	3	4	5	6	7
GL3	公司经常进行工作流程优化以提高工作效率	1	2	3	4	5	6	7
GL4	在不知不觉中我们公司至少有一项工作惯例发生了变化	1	2	3	4	5	6	7

1. 强烈不赞同，2. 中等不赞同，3. 轻微不赞同，4. 一般，5. 轻微赞同，6. 中等赞同，7. 强烈赞同							
DL1	公司每次发生变化都是在前一次变化的基础上进行的	1	2	3	4	5	6	7
DL2	公司下一步即将发生的变化很容易预测	1	2	3	4	5	6	7
DL3	公司很少发生明显的变化而总是逐步调整改变	1	2	3	4	5	6	7
DL4	当发生比较熟悉的变化时我们更容易接受	1	2	3	4	5	6	7
DL5	我们经常从过去的变化中进行学习而获益	1	2	3	4	5	6	7

1. 强烈不赞同，2. 中等不赞同，3. 轻微不赞同，4. 一般，5. 轻微赞同，6. 中等赞同，7. 强烈赞同							
YGCN1	当公司制订方案征求过我的意见时我更愿意执行该方案	1	2	3	4	5	6	7
YGCN2	当公司关心我的工作时我对公司的支持度会明显提升	1	2	3	4	5	6	7
YGCN3	我愿意相信公司的决策是正确的并自觉支持它	1	2	3	4	5	6	7
YGCN4	我不愿冒险反对公司制定的决策	1	2	3	4	5	6	7
YGCN5	我觉得我有义务支持公司的决策	1	2	3	4	5	6	7

问卷到此结束，再次感谢您的支持，祝您生活愉快！

附录二　正式调查问卷

企业组织惯性对组织变革的作用机制调查研究

亲爱的朋友，您好：

　　这是一份用于学术研究的调查问卷，现邀请您参与，请按照实际情况进行作答，答案**没有对错之分**，您提供的信息对我们的研究结论具有重要影响。问卷采用**匿名方式**统计，我们将对您提供的信息进行**严格保密**，请您放心作答。填写完本问卷需要**8~10分钟**，非常感谢您的不辞辛劳，如果您对本研究的结果感兴趣，可在问卷结尾处留下您的联系方式，以便我们将研究成果及时发送给您。

中国社会科学院工业经济系

第一部分　基本信息

1. 贵公司的所在地：＿＿＿＿＿＿＿＿＿＿省＿＿＿＿＿＿＿＿＿＿市
2. 贵公司所属行业：＿＿＿＿＿＿＿＿＿＿＿＿＿＿＿＿＿＿＿＿

□制造业　　　　　□工程建设　　　　□房地产业

□金融服务业　　　□IT行业　　　　　□影视传媒

□教育培训　　　　□其他：＿＿＿＿＿＿

3. 贵公司的性质是：

□国有企业（含国有控股）　　　　　□民营企业

□中外合资　　　　　　　　　　　　□外商独资

4. 贵公司的成立年限是：

□＜2年　　　　　□2~5年　　　　　□6~10年

□11~20年　　　　□20年以上

5. 贵公司的员工人数是：

□＜50人　　　　　□50~99人　　　　□100~299人

□300~499人　　　□500~1000人　　　□1000人以上

6. 您的性别：

□男性　　　　　　□女性

7. 您在该公司的工作年限：

□＜2年　　　　　□2~4年　　　　　□5~8年　　　　　□8年以上

8. 您在该公司的职位级别：

□普通职工　　　　□基层管理者　　　□中层管理者　　　　□高层管理者

9. 您所处的部门类别：

□财务/行政/人事　□市场/营销　　　□研发/设计/技术

□生产/运输　　　□其他

第二部分　问卷内容

填写说明：以下所有问题数字越大说明越符合您的实际情况，越小说明越不符合，请在您觉得合适的分值上打钩（√），请尽量避免选择中性答案。请勿漏选任何题目，请勿大量选择同一分值，否则问卷将失效。

	1. 不符合，2. 中立，3. 符合			
ZZBG1	近两年来，公司合并、组建或裁减过部门	1	2	3
ZZBG2	公司的组织层级有所变化（增加/减少）	1	2	3
ZZBG3	公司员工拥有的决策权有所变化（变多/变少）	1	2	3
ZZBG4	公司至少有一种工作/生产流程发生了明显的变化	1	2	3
ZZBG5	公司的管理系统和管理方法发生了明显的变化	1	2	3
ZZBG6	公司因业务需求调整过人力资源的配置	1	2	3
ZZBG7	公司的岗位设置发生过变化（增加/减少/变更）	1	2	3

	1. 非常不符合，2. 中等不符合，3. 轻微不符合，4. 中立，5. 轻微符合，6. 中等符合，7. 非常符合						
WLGX1	公司与供应商、客户企业、联盟企业等多个主体形成了合作伙伴关系	1	2	3	4	5	6	7
WLGX2	公司经常与合作伙伴进行正式和非正式的信息交流	1	2	3	4	5	6	7
WLGX3	公司与合作伙伴之间制定了良好的共事规则	1	2	3	4	5	6	7
WLGX4	公司在制定某项方案时会兼顾合作伙伴的利益	1	2	3	4	5	6	7
WLGX5	公司在对外业务决策时会考虑地区内同行企业的反应	1	2	3	4	5	6	7
WLGX6	公司与某些企业的合作持续了很多年	1	2	3	4	5	6	7

	1. 非常不符合，2. 中等不符合，3. 轻微不符合，4. 中立，5. 轻微符合，6. 中等符合，7. 非常符合						
DX1	我们喜欢工作稳定而害怕变动，工作中不求有功但求无过	1	2	3	4	5	6	7
DX2	我们通常不会主动接受新知识，而是习惯使用已有知识和方法解决问题	1	2	3	4	5	6	7
DX3	我们公司不关心其他公司如何解决问题	1	2	3	4	5	6	7
DX4	我们少有机会观察和学习新观念来改变思维和行动	1	2	3	4	5	6	7

1. 非常不符合，2. 中等不符合，3. 轻微不符合，4. 中立，5. 轻微符合，6. 中等符合，7. 非常符合								
GX1	我们公司追求全体成员行动一致性	1	2	3	4	5	6	7
GX2	当环境发生变化时，公司会优先保有现有市场而延迟把资源转移到新业务上去	1	2	3	4	5	6	7

1. 非常不符合，2. 中等不符合，3. 轻微不符合，4. 中立，5. 轻微符合，6. 中等符合，7. 非常符合								
KX1	当面临工作变化时我会唤起痛苦回忆并感到很焦虑	1	2	3	4	5	6	7
KX2	当公司内部改革时我会害怕失去利益或担心不能胜任新的角色	1	2	3	4	5	6	7
KX3	当公司发生变化时我们会积极维护现有的组织规范和工作习惯	1	2	3	4	5	6	7
KX4	当公司出现与主流文化相异的价值观时我们会排斥它	1	2	3	4	5	6	7

1. 非常不符合，2. 中等不符合，3. 轻微不符合，4. 中立，5. 轻微符合，6. 中等符合，7. 非常符合								
LJYL1	公司有些事情虽然不合理但是我们已经习以为常并接受	1	2	3	4	5	6	7
LJYL2	当有多种选择时，我们倾向于选择熟悉的行动路径和方案	1	2	3	4	5	6	7
LJYL3	某些决策和行动我们坚持得越久越觉得其是正确的	1	2	3	4	5	6	7
LJYL4	公司有些事情因为以前的承诺而不能够改变	1	2	3	4	5	6	7
LJYL5	公司的新产品或技术与已有产品或技术高度关联	1	2	3	4	5	6	7
LJYL6	公司的发展路径基本是不变的	1	2	3	4	5	6	7

1. 非常不符合，2. 中等不符合，3. 轻微不符合，4. 中立，5. 轻微符合，6. 中等符合，7. 非常符合								
ZYPC1	公司的技术和其他生产资源主要是从实践中逐渐积累起来的	1	2	3	4	5	6	7
ZYPC2	公司善于对现有人力或物质资源进行整合而创造出新的价值	1	2	3	4	5	6	7
ZYPC3	公司会使用原本不打算使用的资源来应对新的挑战	1	2	3	4	5	6	7
ZYPC4	当资源不足时，我们能够利用其他未被充分利用的资源来补充代替	1	2	3	4	5	6	7
ZYPC5	我们善于利用一切可利用的手头资源来应对新的挑战或机会	1	2	3	4	5	6	7

1. 非常不符合，2. 中等不符合，3. 轻微不符合，4. 中立，5. 轻微符合，6. 中等符合，7. 非常符合								
GL1	我们工作中的日常事务处理有许多惯例可以参考	1	2	3	4	5	6	7
GL2	不同人员对某项惯例的理解和执行会有所偏差	1	2	3	4	5	6	7
GL3	我们会对某些惯例进行调整或优化以提高工作效率	1	2	3	4	5	6	7
GL4	在不知不觉中我们公司至少有一项工作惯例发生了变化	1	2	3	4	5	6	7

续表

	1. 非常不符合，2. 中等不符合，3. 轻微不符合，4. 中立，5. 轻微符合，6. 中等符合，7. 非常符合							
DL1	公司每次发生变化都是在前一次变化的基础上进行的	1	2	3	4	5	6	7
DL2	公司下一步即将发生的变化是可以预测的	1	2	3	4	5	6	7
DL3	公司很少发生明显的变化而总是逐步调整改变	1	2	3	4	5	6	7
DL4	当发生比较熟悉的变化时我们更容易接受	1	2	3	4	5	6	7
DL5	我们经常从过去的变化中进行学习而获益	1	2	3	4	5	6	7
	1. 强烈不赞同，2. 中等不赞同，3. 轻微不赞同，4. 一般，5. 轻微赞同，6. 中等赞同，7. 强烈赞同							
YGCN1	当公司制定方案征求我的意见时我更愿意执行该方案	1	2	3	4	5	6	7
YGCN2	当公司关心我的工作时我对公司的支持度会明显提升	1	2	3	4	5	6	7
YGCN3	我愿意相信公司的决策是正确的并自觉支持它	1	2	3	4	5	6	7

问卷到此结束，再次感谢您的支持，祝您生活愉快！

您的邮箱（选填）：_____

后　记

　　博士三年一晃而过，随着论文写作的完成和最终答辩的结束，我的博士生活即将画上圆满的句号。回首往事，仿佛昨天才进入校园，而如今就将离开，如果用一句话来形容此时此刻的感觉，那就是：一切仿佛一瞬间。

　　但所幸的是，我并没有在此虚度光阴，实际上，博士这三年的生活，比以往任何求学经历都要过得充实、艰辛，从入学第一天开始，我就在王老师的严格要求下开始了博士学习，王钦研究员是我的导师，我跟随他学到了大量的知识，而且也从他那里获得了许多生活上的关心，对此我充满敬佩与感激。至今仍清晰记得，第一次进京时，王老师就与我进行了亲切的交谈，言语之中充满着关心和期待，使我坚定了对未来的信心。刚入学报到，王老师又驱车从市里赶到良乡，与我们几位同学共进午餐，殷切地对我们提出博士学习和生活的建议，当时就让我明白了一个最重要的道理：时间是最为宝贵的，不要拿着宝贵的时间去做奢侈的"消费"。

　　然而不止于此，王老师对于我的教导和启发已经不计其数，有必要把其中一些心得在此列出，以对我的下一人生阶段形成鞭策。第一，要具有超强的学习能力。学习无处不在、无时不在，没有学不会的东西，只有懒于学习的人。所以，要时刻注意培养自己的学习能力，拥有了学习能力，就拥有了学习其他能力的能力。第二，思考问题要深入，善于抓住问题的本质。学术上是以解决问题为导向，人生中亦是如此，如何才能更好地学习？那就是不断地提出问题，提出深刻的问题，层层递进直击问题本质，然后再锲而不舍地回答。好的问题是人生的统领，直面现实、提出问题、解决问题，人生就是在这样的步骤中前进的。第三，敢于分享，善于分享。分享不是好为人师，也不是影射他人，而是一个自我梳理和提升的过程，在与他人分享和交流的过程中，自己会想明白许多道理，有利于把以往的碎片加工整合成一个系统，从而提升自己的认知能力。最后，要事事闭环。一件事情不能半途而废，而必须要有一个最终反馈。凡事有始有终，从开始到结束，要反观这件事处理得如何，是否符合初心，以及在此基础上形成新的循环，这才能保证做一件真正有意义的事。

　　除王老师以外，还有尊敬的锁老师，锁箭教授是我的硕士导师，也是我人生中重要的启蒙者，是锁老师一步步把我的视界和思维打开，思想逐渐开阔，促使我走向博士求学生涯。而且在考取社科院的过程中，他给予了我极大的鼓励和指导，以至于我能走到今日。在此，我对锁老师充满深深的感谢和敬意。当然还有黄速建老师，在我考取博士以前他就对我很关心，在读博期间也时常给我一些鼓励，在学位论文开题报告中还给了我重要的指导，对此，我也一直充满感激。

接下来我想感谢余红剑老师，他初到工经所时我有幸与他结缘，恰逢我毕业论文写作之际，我曾多次向余老师请教论文写作问题，余老师无一例外地给予我耐心指导，对此，我深深感激。现在答辩得以通过，我还要感谢各位评审老师以及答辩专家，他们是杨德林老师、徐炜老师、高闯老师、崔新健老师、黄速建老师、杜莹芬老师、贺俊老师等，感谢他们对我提出的宝贵意见。

在具体的论文写作过程中，大量的老师和同学都给予了我诚挚的帮助，王钦老师、赵剑波老师帮我联系了部分问卷发放对象，王鹏飞博士、凌鸿程博士、陈彦博博士、朱芳芳博士等在数据处理方法上和我进行了有益的探讨，使我受益良多，我对他们深表感谢。在我写作困惑与迷茫之时，王老师于百忙之中每周与我见面，逐句和我探讨论文内容，那些在咖啡馆中谈话的场景，至今仍历历在目，非常感谢王老师！当然，还有我的师兄闵宏博士，他对我的帮助更是不遗余力，每次苦闷之时，我都与师兄进行交流，从他那里我总能获得许多安慰和写作灵感，感谢闵师兄。

李先军师兄在硕士时就曾对我有许多学术指导，在考博士的过程中，更是对我提供了不可或缺的帮助，我对李师兄充满了感激。还有我的博士师弟张崔博士、蒋鑫博士等，他们在我需要帮助时也伸出了无私的援手，非常感谢他们。而我的室友金天鸿博士，更是我的挚友，经常与我谈天说地，纵论古今，我们时常一起谈论哲学到深夜，期间极大地丰富了我的认知，非常感谢他。

博士期间发生过许多事情，仍有两件使我终生难忘：其一是在房山区环保局挂职锻炼的日子，在那里我得到了刘金局长、孙爱华副局长、郭利副局长、李静书记等的悉心指导和帮助，使我对环保工作有了深刻的认识，而且也学到了许多做人的道理，我为环保部门能有这样的领导班子而感到欣慰，同时也对他们的指导与帮助深表感谢。其二是参加中美杰出青年暑期培训项目，这一体验极大地开阔了我的视野，对我产生了深深的震撼，江晓华老师是我在美期间的室友，给了我极大的帮助和鞭策，让我学到了许多知识；戴维老师是一名华人，颇具"美国通"色彩，全程竭尽全力与我们探讨交流，教给我们许多关于美国的政治知识；而 Professor B.（B 教授）则通过极强的感染力和影响力为我们安排了丰富多彩的课程，极大地影响了我的人生态度。对于这三位老师，我充满了敬意和感谢！

最后，博士生活能坚持走到今天，全然离不开家人的默默支持，正因为他们的爱总是默默无闻，所以总是易被忽略。父母、姐姐，他们总是在我感觉人生受挫、苍白无助时给予我鼓励和支持，他们虽然学问不深，但是抚慰的能力总是无穷无尽，尤其是我的妈妈，我几乎每天要与她通话，在我惶恐不安时，她总能及时地洒上阳光雨露，请让我把今生最至诚的爱献给我的妈妈——我爱我的母亲，我爱我的家人！

停笔之际，突然又想起了那句曾在我脑子中回响过无数遍的话：克服自我惯性，走出舒适区，走向不确定性——这是本书所带给我的最大收获。

秦铮

2019 年 5 月于北京·良乡